Singularität

Dialoge über künstliche Intelligenz und Spiritualität

MIEKE MOSMULLER

SINGULARITÄT

Dialoge über künstliche Intelligenz und Spiritualität

OCCIDENT VERLAG

Aus dem Niederländischen
Holger Niederhausen

1. Auflage 2019
2. Auflage 2023

Band MM 54

Occident Verlag
Geerstraat 1
5111PS Baarle-Nassau
Niederlande

Telefon: +31 (0)13 - 507 99 48
E-Mail: info@occident-verlag.de
Internet: www.occident-verlag.de

Grafische Gestaltung: Carina van den Bergh
Umschlagbild: Carina van den Bergh

ISBN: 978-3-946699-10-1

1

Es ist, als ob manchmal die Natur alle Fähigkeiten zusammenführt, um in *eine* Erbanlage alle menschlichen Möglichkeiten zu legen. Normalerweise bekommt jedes Menschenkind einen kleinen Teil des Ganzen – und sind wir zusammen etwas. Manchmal aber scheint das ganze Universum sich in *ein* Kind zu ergießen.

Das Wundersame ist, dass man, wenn man auf die Eltern eines solchen Kindes schaut, oft nicht einmal von besonders talentierten Menschen sprechen kann, und doch zeugen sie zusammen ein Kind, das die größtmögliche Intelligenz oder eine den Weg zu den großen Konzertbühnen eröffnende künstlerische Anlage oder sogar beides offenbaren wird.

So wurde in einer gewöhnlichen Stadt, in einem durchschnittlichen Holland in einem gemäßigten Europa ein Junge geboren. In den ersten Monaten schien mit dem Kind nichts Besonderes zu sein. Es schlief und trank und weinte wie alle Babys und lachte später der Welt freundlich entgegen. Es war das erste Kind der Eltern, sie hatten kein Vergleichsmaterial. Sie fanden es nicht seltsam, dass dieser Junge schon nach einem Jahr zu sprechen und Sätze zu bilden begann, noch bevor er gut laufen konnte. Auch achteten sie nicht besonders darauf, dass der Kleine Lieder nachsang, die er im Fernsehen hörte, während andere Kinder noch überhaupt keine Worte dafür hatten. Mit dem Laufen begann er etwas später, aber auch das war nicht auffällig. Der Vater unterrichtete in einer Grundschule, die Mutter war Sekretärin in einer großen Firma, sodass der Junge schon früh in den Kindergarten gebracht wurde. Da fiel es dann doch auf, wie schnell das Kind sprechen konnte und wie wach es war, wieviel Freude es bei kleinen Arbeiten hatte. Er wollte vorwärts! So klein wie er war. *Lernen* schien die größte Freude in seinem jungen Leben zu sein...

Als er mit vier Jahren in die Grundschule ging, fiel erst wirklich auf, wie begabt er im Wahrnehmen, im Aufmerksamsein, im Lernen war.

Es dauerte nicht lange, bis die Eltern zu einem Gespräch in die Schule kommen mussten. Inzwischen waren noch zwei Schwestern geboren worden, die diese auffällige Entwicklung überhaupt nicht zeigten. Natürlich sahen die Eltern jetzt wohl den Unterschied, und sie freuten sich auch darüber. Offenbar war ihr Kind hochbegabt...

In der Schule, die der Junge besuchte, hatte man ein Auge für dieses Phänomen der Hochbegabung. Dadurch fiel sie auch unmittelbar auf. Und so wurde mit den Eltern die Frage besprochen: Wie sollen wir hiermit künftig umgehen? Sollen wir seine Lernbegierde hemmen und dafür sorgen, dass er mit seinen Altersgenossen im Gespräch bleiben kann? Oder ist es für ihn besser, seine Lernbegierde anzuregen und ihm ein ganzes Paket an Entwicklungsmöglichkeiten zu bieten?

In diesen Überlegungen kamen Eltern und Lehrer zu dem Schluss, dass das hochbegabte Kind so viel angeregt werden sollte wie möglich. So bekam es mit vier Jahren schon Klavierstunden. Die Lehrerin, die diese gab, stand verblüfft vor dem Vermögen des Kindes, einfache Melodien unmittelbar nachzuspielen, sich die Notenschrift anzueignen und ein Stück nach dem anderen perfekt einzuüben.

In der Schule lernte er mit vier Jahren Lesen und Schreiben, und als er fünf war, las er schon Bücher. Er saß zu Hause im Wohnzimmer auf dem Sofa mit dem so-und-so-vielten Buch aus der Bibliothek in den Händen – und er las und las und las...

Mit fünf Jahren ging er in die erste Klasse, und es wurde schnell beschlossen, dass er eine Klasse überspringen sollte. Als er in der dritten Klasse war, wurde nochmals entschieden, dass er eine Klasse überspringen könne. So flog der Junge auf den Flügeln seiner Möglichkeiten durch die Schuljahre. Seine Eltern hatten kein Bewusstsein dafür, dass sie vielleicht versuchen sollten, zu vermeiden, dass er sich aufgrund seiner Möglichkeiten *über* seine Altersgenossen stellte. Sie waren stolz auf ihn, zeigten dies – und merkten nicht, dass ihr Stolz auch in ihm Fuß fasste.

Wenn er ein Buch zum Lesen bekam, hatte er die Neigung, direkt auf die letzte Seite zu gehen. Wenn er ein neues Buch mit Klavierstücken bekam, versuchte er, das letzte Stück des Buches sofort zu spielen. Bekam er in der Schule neue Lehrbücher, tat er dasselbe: Er versuchte, alles zu überspringen und zu sehen, ob er die Aufgaben am Ende des Buches lösen konnte. Solange es um Berechnungen ging, gelang dies auch. Bei den Sprachen gelang es ebenfalls. Aber die mehr inhaltlichen Fächer verlangten natürlich doch, sich damit zu beschäftigen. Ein Geschichtsbuch las er nicht gern… Seine Eltern suchten dann nach einem Video oder der einen oder anderen Fernsehsendung, wodurch er den Inhalt, den er lernen musste, dennoch schnell und angenehm aufnehmen konnte. Geduld lernte er auf diesen intellektuellen Reisen gewiss nicht…

Er war ein echtes Kind des Vogelflugs. Wenn er länger bei etwas verweilen musste, um es fassen zu können, verlor er recht schnell sein Interesse.

Geduld mit seinen Spielkameraden hatte er auch nicht wirklich. Er übernahm selbstverständlich die Führung im Spiel und vertrug nicht viel Widerspruch. Er musste der Anführer sein, die Regeln bestimmen, und hatte kaum ein Auge dafür, was andere Kinder im Spiel eigentlich wollten. Dennoch hatte er viele Freunde und einige Freundinnen. Die Kinder bewunderten seine Erfindungsgabe, sie genossen seinen Humor, seine Scherze, seine Aufmerksamkeit und seine Ideen. Sie gaben sich dem gern hin und gaben ihm die Führung, die er so gern haben wollte.

Es ist natürlich deutlich, dass man, wenn man so ein Junge ist, in dem die Natur offenbar alles anlegen wollte, um ihn später im Erwachsenenalter zu großer Höhe zu führen, vor allem mit der eigenen Entwicklung beschäftigt ist. Die Eltern sahen das nicht, auch sie waren voller Bewunderung für dieses Wunderkind und hatten nicht den Eindruck, dass sie ihn aufhalten oder ihm eine bestimmte moralische Tiefe beibringen müssten. Sie waren davon überzeugt, dass in diesem Wunderkind alles gut, ja bestens angelegt war und dass sie als Eltern nur staunend zuzuschauen brauchten, wie sich dies alles entfaltete.

Heftig schlug er seinen Laptop zu.

‚Was hast du?!', rief seine Freundin irritiert.

‚Das wird doch alles nichts! Ich will über meine Kindheit schreiben, und es wird eine völlig kühle, nichtssagende Geschichte.'

‚Was hast du denn gemacht?'

‚Ich habe über meine ersten Jahre geschrieben, den Kindergarten, die Grundschule – aber da ist nichts, es geht um nichts – es hat mit mir überhaupt nichts zu tun!'

‚Aber hast du dann aus deinem Erleben heraus geschrieben?'

‚Erleben? Was für ein Erleben! Ich will einfach die Tatsachen aufschreiben... Wie es ist, wenn man als Wunderkind geboren wird und dann zur Schule geht; was man da alles mitmacht, wie die Menschen einen behandeln, was man lernt, was man nicht lernt, die Irritationen, die Ungeduld, das Fehlen von Menschen, die begreifen, wovon man spricht…'

‚Aber warum willst du das aufschreiben? Wer hat davon etwas?'

‚Warum? Weil ich denke, dass es für viele Menschen interessant ist, zu sehen, wie so ein Wunderkind letztlich gar nicht so sehr etwas Besonderes wird...'

‚Nun', sagte Els, ‚du hast ein Einkommen von Zweihunderttausend im Jahr…'

‚Aber darum geht es mir nicht, das meine ich nicht. Wenn ich wirklich ein Wunderkind wäre, das zur Blüte gekommen wäre, hätte ich zwei Milliarden im Jahr. Aber es geht mir nicht um das Geld, es geht mir darum, dass das, was als Vermögen offenbar sehr groß war, letztlich doch mittelmäßig endet.'

‚Du bist echt verrückt! Wieso mittelmäßig! Du hast einen fantastischen Job, du hast ein dreifaches Studium parallel absolviert, hast alle drei mit Auszeichnung abgeschlossen, bist promoviert, hast diese großartige Arbeit, kannst Klavier spielen, als wärst du ein Konzertpianist – und noch immer ist es nicht gut.'

‚Es gibt so viele Menschen, die gut absolvieren und einen großartigen Job kriegen und auch noch ein Instrument spielen. Das ist nichts Besonderes.'

‚Ja, aber du bist wirklich besonders, das weißt du sehr gut.'

Er seufzte.

‚Ich weiß es nicht. Ich will gern aufschreiben, wie es ist, immer das Gefühl zu haben, dass man die Dinge am besten kann und also eine Erwartung des Allergrößten mitzukriegen – und dass man dann, wenn man vierunddreißig ist, herausfinden muss, dass es doch alles sehr gewöhnlich ist. Überhaupt nichts Besonderes, nichts Berühmtes. Außerdem habe ich das Gefühl, dass meine Kapazität eher ab- als zunimmt, ich habe nicht das Gefühl, dass ich mich in einem Wachstumsprozess befinde. Das war damals in der Schule und auf der Universität zwar so, aber danach… Ich habe nun einmal einen Job, eine feste Freundin, vielleicht kriegen wir noch ein paar Kinder. Was ist daran so besonders?'

Els legte ihr Handy zur Seite und schenkte ihm nun erst ihre ganze Aufmerksamkeit. Zuerst war sie mit dem Gefühl noch halb bei ihren Facebook-Berichten gewesen. Nun begann sie, zu merken, dass es doch recht ernst war.

,Was hast du denn erwartet?'

Er sah nachdenklich vor sich hin.

,Sie haben mir immer den Eindruck vermittelt, dass ich die Spitze erreichen würde.'

,Aber die hast du doch erreicht?'

,Von wegen… Ich wünschte mir, dass das, was mir aufgrund meiner Talente vierunddreißig Jahre lang vorgespielt wurde, Wirklichkeit werden würde. Nicht bloß mit irgendeinem teuren Appartement, einer Freundin und einem guten Einkommen zufrieden sein müssen.'

,Und nun hast du angefangen zu schreiben. Warum machst du dann nicht weiter? Vielleicht hilft das, und kommst du im Schreiben zu einer Einsicht, was du in deinem Leben weiter willst.'

,Dafür habe ich nicht mit dem Schreiben angefangen. Ich habe angefangen, weil ich dachte: So eine Lebensgeschichte ist für andere Menschen interessant.'

,Sodass du dann wenigstens damit berühmt werden könntest?'

,Vielleicht … es ist einfach schwer, zu akzeptieren, dass man in seinen gewaltigen Talenten, deren Existenz einem immer vermittelt wurde, feststeckt.

,Du könntest mir auch erzählen, was du eigentlich aufschreiben wolltest. Vielleicht wird es dann lebendiger, weil du es jemandem erzählst, dem du wirklich etwas bedeutest, der an dir interessiert ist. Jemandem, der gern hätte, dass es dir gut geht.'

,Ich werde es versuchen…', sagte er zögernd.

,Ich glaube, es ist wichtig, dass du dein Erleben beschreibst – wie du die Dinge gefühlt hast.'

,Das ist der weibliche Aspekt, es geht mir mehr um die Tatsachen.'

,Du hast selbst auch einen weiblichen Aspekt! Sonst wärst du jetzt nicht so unzufrieden. Unzufriedenheit ist auch Erleben. Erzähl mir einmal, was du eigentlich dem Papier anvertrauen wolltest…'

Er stellte seinen Laptop an seinen Platz, setzte sich auf einen Stuhl, holte tief Atem und begann zu erzählen.

Els setzte sich auf das Sofa und dachte gerade noch rechtzeitig daran, ihr iPhone anzumachen, um das Gespräch aufzunehmen. Vielleicht musste es letztlich als Grundlage eines biografischen Romans dienen?

‚Erzähl!', sagte sie einladend, und er fing an zu erzählen.

‚Weißt du, als Kind hat man natürlich nicht das Bewusstsein, dass etwas mit einem besonders ist. Von sich aus hätte man dieses Bewusstsein wirklich nicht, man bekommt es beigebracht, weil die Erwachsenen, die einen umgeben, so sehr betonen, dass man alles besser kann als die anderen Kinder. Ob das für ein Kind nun so gut ist, ist die Frage. Man wird dadurch vielleicht nicht eingebildet, aber man wird in jedem Fall in dem Stolz auf sich selbst bestärkt. Es wurde nicht verhehlt, dass ich so schnell lernen konnte, so lernbegierig war, so musikalisch, so technisch, so geschickt, so künstlerisch, begabt, an allem interessiert und auch noch fröhlich und auch in gewissem Sinne sozial. Kurzum ein Kind, das allbegabt zu sein schien… Nochmals: Ich hätte das nicht begriffen, wenn es nicht immer wieder gesagt worden wäre, und die Schmeichelei – oder das Lob – regte mich natürlich an, auf dem Weg des Ehrgeizes weiterzugehen und so viel wie möglich zu versuchen, die Dinge, die ich auf meinem Weg fand, so gut und so schnell wie möglich zu machen. Ich holte mir alle möglichen Bücher aus der Bibliothek, und ich glaube, dass ich nicht übertreibe, wenn ich sage, dass ich mit neun Jahren die ganze Erde durchgenommen hatte. Ich hatte das Pflanzenreich durchforscht, ich hatte die ganze Tierwelt kennengelernt, ich kannte die Mineralien, die Edelsteine, die Metalle, ich lernte schon das Periodensystem der Elemente kennen, ich vertiefte mich in die verschiedenen bekannten Erdschichten in Zusammenhang mit den geschichtlichen Entwicklungsphasen, ich las über Meteorologie, die Entwicklung der Wolken, von Regen, Wind, Ebbe und Flut, atmosphärischen Veränderungen, Ursachen von Erdbeben und Vulkanausbrüchen. Ich las Bücher über die Geschichte, erst der Niederlande, dann von Europa, Griechenland, Rom, aber auch Asien, Mexiko, Amerika. Alles, was ich nur finden konnte, las ich. Ich versuchte, die Völker der Erde kennenzulernen, und man muss sich vorstellen, das alles auf Papier und am Fernseher. Ich lernte auch sehr viel durch Dokumentarfilme. Stell dir vor, ein Junge von sieben, acht Jahren, der sich in die Wissenschaft vertieft, die für einen Universitätsstudenten geeignet ist…

Meine Eltern ließen mich meinen Weg gehen. Ich kann mich nicht erinnern, dass sie je versucht haben, dem Einhalt zu gebieten, und dass sie je gesagt hätten: Nun sollst du einmal einen Monat lang keine Filme schauen, oder nun solltest du einmal für einige Zeit keine Bücher ausleihen, oder du brauchst nicht jeden Tag zwei Stunden Klavier zu üben. Ich hatte einen unbeschreiblichen Impuls, zu lernen und mich zu entwickeln, und ich will auch nicht sagen, dass es nicht etwas Besonderes gewesen ist oder nicht gut wäre, denn ich war sehr glücklich damit. Ich habe immer das Gefühl gehabt, die ganze Zukunft steht offen, denn man kann lernen, sein ganzes Leben lang.

Aber wie gesagt, mit neun Jahren hatte ich trotzdem die ganze Erde kennengelernt, und ich wollte weiter. Also begegnete ich dem Weltall…

Zuerst war ich damit beschäftigt, mir über räumliche Konstellationen klarzuwerden. Später versuchte ich auch, die Bewegung der Planeten untereinander und den Stand der Sterne am Nachthimmel zu erfassen. Mein Vater und meine Mutter wussten von diesen Dingen gar nichts, hatten keinerlei Kenntnis auf diesem Gebiet. Auch das musste ich mir ganz aus Büchern und wissenschaftlichen Filmen holen. Ich sparte für einen Sternenkalender und ein Fernrohr, um die Sterne besser sehen zu können. Auch hier kam ein Moment, wo ich mich fragte: Was ist die Geschichte des Weltalls? Die Geschichte der Erde hatte ich studiert, wie sie der Wissenschaft bekannt ist, nun wollte ich die wissenschaftliche Geschichte des Weltalls kennenlernen, wie sie in Büchern gefunden werden kann. Ich arbeitete mich in die gewöhnlichen Vorstellungen über die Entstehung des Weltalls ein. Es kamen dabei keine kritischen Fragen in mir auf. Ich glaube, dass das auch nicht zum Grundschulalter passt. Man nimmt auf, was einem geboten wird, und speichert das gleichsam auf seiner internen Festplatte…'

‚Hoho!', rief Els.

‚Na gut, man versucht, es zu behalten', lächelte er. ‚Aber man hat nicht unmittelbar die Neigung, dabei auch Fragen zu stellen, etwa: Ist das auch wahr? Wie du weißt, denken oder fühlen meine Eltern überhaupt nicht religiös. Sie empfinden sich als freie Materialisten, und ich bin ausgehend von der Triebfeder aufgezogen worden: Versuche, aus diesem Leben das Optimum und das Maximum herauszuholen, denn es ist das einzige, was du hast. Ich kann nicht sagen, dass sie das jeden Tag gesagt haben, aber sie lebten selbst so, und für mich war das eine unausgesprochene Zustimmung in Bezug darauf, so viel Wissen wie möglich zu erwerben.

Nun verfügt man natürlich als Grundschulkind, auch wenn man hochbegabt ist, nicht über die volle Wissenskapazität, die ein Erwachsener hat. Ein astronomisches Universitätsstudium wäre vielleicht doch zu viel verlangt für ein, sagen wir, zwölfjähriges Kind. Aber auf eine populärwissenschaftliche Weise näherte ich mich dennoch diesem Wissen, und es wurde dann natürlich schwierig, im Alltagsleben den mühsamen Fortgang des Wissenserwerbs an einer normalen Schule zu ertragen.

Mit elf Jahren war ich schon im Gymnasium, und das brachte immerhin neue interessante Themen mit sich. So fand ich das Lateinstudium außerordentlich interessant. Nicht so sehr wegen der Wortbedeutungen oder dem Inhalt der Texte, die wir lesen lernten. Sondern vielmehr wegen der merkwürdigen grammatikalischen Konstruktionen, die das Lateinische hat und die sich von unseren modernen Sprachen so unterscheiden. Der Lehrer der klassischen Sprachen merkte, dass ich dafür ein Gefühl hatte, und begann ebenfalls wieder, sein Erstaunen lauthals zu verkünden: Dieser Junge hat ein angeborenes Talent, in den grammatikalischen Formen die Logik der Sprache zu spüren! Das sagte er meinen Eltern, mein Vater schrieb es auf und erzählte es mir später. Ich verstand nicht einmal genau, was damit gemeint war, aber vage fühlte ich es sehr wohl, denn genau das war es, warum mich diese klassische Sprache des Lateinischen so interessierte. Weil sich der Zusammenhang der Begriffe noch viel mehr in den sprachlichen Konstruktionen enthüllte, als es dann bei unseren modernen Sprachen der Fall ist, wo sich sozusagen alles einfach Wort für Wort entrollt.

Das Griechische war für mich eine noch viel mysteriösere Sprache. Das kommt natürlich auch von dem anderen Alphabet, den anderen Zeichen, wodurch man den Klang gleichsam durch einen Schleier hindurchhört. Ich fand die Grammatik des Griechischen viel künstlerischer als die das Lateinischen, aber dadurch auch weniger interessant. Vielleicht ist es so, dass im Lateinischen, wenn wir diese Sprache heute kennenlernen, alles beschlossen liegt, was Menschen mit dieser Sprache gedacht haben? Wenn man daran denkt, dass die umfassende Weisheit der katholischen Kirche in Latein gedacht ist, bekommt man gleichsam eine Gänsehaut.'

Els unterbrach seinen Wortstrom und sagte:

‚Aber das ist doch fast eine spirituelle Einsicht? Das ist für dich doch nichts, so etwas zu sagen! Wie soll man sich vorstellen, dass etwas, was nicht festgelegt wird – zwar in Wort und Schrift, aber nicht in der Sprache selbst –, indem man katholische Weisheiten in dieser Sprache gedacht hat, dies daran kleben bleibt? Wie soll ich mir vorstellen, dass man, wenn man als moderner Mensch das Lateinische kennenlernt, das Katholische darin erleben kann? In der Sprache selbst?'

Er sah nachdenklich vor sich hin und sagte:

‚Ja, das habe ich mir natürlich auch selbst mehrmals gesagt, und doch … ich bin nicht katholisch erzogen, bin nie bei einer katholischen Messe oder etwas dergleichen gewesen, kenne auch kaum katholische Priester – und gerade deshalb ist es so verwunderlich, dass ich in dieser lateinischen Sprache von Anfang an etwas empfunden habe, von dem ich später kennenlernte, dass es die katholische Weisheit ist. Für mich ist das eine Tatsache. Wie das erklärt werden kann, ist etwas anderes, das kann ich auch nicht, aber für mich ist es trotzdem eine Tatsache.'

‚Interessant…', sagte Els und meinte es auch so. ‚Aber ich frage mich: Wo hat sich das eigentlich alles abgespielt? Es klingt wie die Entwicklung einer Welt von innen, die keine Umgebung hat. Natürlich, du sprichst über deine Eltern und über Lehrer, aber wo spielte sich dies ab? Hast du draußen gespielt – und wo? Hast du Schlittschuhlaufen gelernt, bist du im Regen gelaufen, bist du gefallen und hast dir die Knie aufgeschlagen, bist du ausgeschimpft worden, weil du im Unterricht geschwatzt hast, wie sah dein Schulhof aus, was habt ihr da gemacht, bist du jeden Tag zur Schule gegangen, bliebst du dort, oder bist du mittags nach Hause gegangen – wie war dein Leben über die Bücher und die Filme hinaus?'

Er sah sie fassungslos an und sagte:

‚Diesen Teil meines Lebens kennst du doch? Darüber haben wir so oft gesprochen! Du weißt doch, dass ich absolut nicht nur von innen lebe!'

‚Ja, *ich* weiß das schon, aber ich dachte, wir führen dieses Gespräch auch als ein autobiografisches Gespräch, das für andere Menschen interessant sein könnte. Bis jetzt sehe ich einen außerordentlich schlauen und vielleicht auch sehr lieben Jungen, aber er hat keine Umgebung.'

‚Gut, gut...', sagte er, und ihn durchzuckte der Gedanke, dass sie natürlich, wie immer, wieder Recht gehabt hatte. Denn tatsächlich hatte die Betonung in seiner Kindheit auf dem Leben im Inhalt von Büchern und Filmen und der Freude und der Entwicklung aufgrund des Lernens und des Bemerkens, dass man darin gut war, gelegen. Wenn er auf diese Zeit zurückblickte, stand das in der Tat sehr stark im Vordergrund. Wonach Els jetzt fragte – die Umgebung –, das musste er gleichsam mit Gewalt hinzuziehen! Natürlich hatte er seine Erinnerungen an diese Umgebung, aber sie spielten eine wesentlich weniger prominente Rolle...

‚Gut, gut...', wiederholte er noch einmal und begann zu erzählen.

‚Die Umgebung, wo sich dies alles abspielte, ist die große Stadt Amsterdam. Da bin ich geboren, da bin ich aufgewachsen, da habe ich teilweise studiert –'

‚Teilweise?', fragte sie. ‚Ich dachte, du hast dein ganzes Studium in Amsterdam gehabt?'

‚Mit ‚teilweise' meine ich – du weißt, ich habe drei Studien gleichzeitig absolviert, zwei davon hier in Amsterdam und ein drittes in Delft. Gewohnt habe ich in Amsterdam, solange ich lebe, und wie du weißt, wohne ich noch immer hier. Ich kenne die Stadt gut.'

‚Aber wo bist du geboren? In welchem Teil der Stadt?'

‚Ich bin in einer der Straßen in der Nähe der Churchilllaan geboren. In einer Wohnung, von denen man in Amsterdam so viele hat, diese Doppelhaushälften. Es ist kein einfaches Appartement, aber es ist auch kein ganzes Haus, es ist ein halbes Haus – in diesem Fall oben. Mit einer eigenen Treppe, einer eigenen Tür. Durch diese Tür kommt niemand außer dem, der hier wohnt. Da bin ich geboren und aufgewachsen und habe da gewohnt, bis ich dich kennenlernte und mit dir zusammengezogen bin.

Es war eigentlich schon nicht mehr die Zeit, wo man einfach so draußen spielen konnte. Es war zu hektisch, es fuhren zu viele Autos und es gab viel zu viele seltsame Leute auf der Straße. Meine Mutter dachte, dass sie mir vielleicht etwas Böses tun könnten. Obwohl es sehr wohl noch Kinder gab, die auf der Straße spielten, machte ich dabei jedenfalls nicht mit. Ich ging auf eine Schule in der Nähe, es gab einen großen umzäunten Spielplatz, und da habe ich immer mit viel Freude mit meinen Klassenkameraden gespielt. Auch mal gekämpft, aber vor allem herumgetollt, Spiele gespielt, die Lehrerinnen geärgert und so was alles, was Kinder in der Freizeit machen. Aber ich war immer sehr froh, wenn es klingelte und ich nach Hause konnte, um weiter an meinen eigenen Projekten zu basteln...'

‚Hattest du Freunde, mit denen du das auch zusammen tatest?', fragte Els.

‚Ich verstehe natürlich, dass du mich als hochbegabtes Kind ohne soziale Umgebung darstellen willst, aber so war es doch wirklich nicht. Es ist mir immer gelungen, meine Altersgenossen oder Klassenkameraden für meine Projekte zu interessieren, und obwohl sie mehr die Funktion eines Zulieferers von Information hatten ... ich meine, sie gingen für mich zur Bibliothek oder suchten für mich bestimmte Filme, die wir dann zusammen schauten und natürlich auch zusammen erlebten. Nur bei meinen Freunden hörte das Interesse in dem Moment auf, wo sie bei mir aus der Tür gingen, und bei mir kam dieses Interesse dann erst wirklich zu seinem Recht! In diesem Sinne kann man also sagen, dass ich ein einsames Kind war... Und doch habe ich das so nie erlebt. Wenn ich in meine Jugenderlebnisse zurückfühle, dann empfinde ich eine große Dankbarkeit für das Glück, dass ich in meiner Jugend erlebt habe. Eltern, die mich frei ließen, Lehrer, die mich bewunderten, Freunde, die zu mir aufschauten...'

‚Sie werden doch auch eifersüchtig auf dich gewesen sein?'

‚Das kann sein...', antwortete er. ‚Gemerkt habe ich das eigentlich nicht, vielleicht liegt das an meiner starken Innenwelt, durch die ich nicht so genau wahrgenommen habe, was es darüber hinaus an Erlebnissen gab. Aber wenn sie wirklich eifersüchtig gewesen wären, hätten sie sich sicher an mir abreagiert, und davon habe ich nie etwas gemerkt! Jedoch musste ich meine Freunde immer wieder zurücklassen. Zweimal eine Klasse zu überspringen, bedeutet, sich zweimal an eine ganz neue Klassenumgebung gewöhnen zu müssen. Ich erinnere mich durchaus daran, dass ich mir eingestehen musste, dass die Kinder mich mit einigem Misstrauen betrachteten. Was ist das für ein Aufschneider, Mitläufer oder Angeber oder so etwas. Es dauerte dann wieder einige Monate, bis ich das Vertrauen gewonnen hatte. Aber ich bekam es wohl.'

‚Okay', sagte Els. ‚Nun weiß ich etwas mehr von deiner Außenwelt. Aber ich habe noch eine Frage: Hast du auch die Natur erlebt – oder hast du nur Häuser und Straßen gesehen?'

‚Mein Naturerleben liegt vor allem in den Büchern über die Natur, das stimmt. Meine Eltern fuhren zwar jeden Sommer zum Campen, und dann musste ich natürlich mit. Dann standen wir mit einem Zelt drei, vier, manchmal fünf Wochen mitten in der Natur, und dann hatte ich vollauf Gelegenheit, das, was ich in den Büchern kennengelernt hatte, auch in der freien Natur zu sehen.'

‚Also du hattest eigentlich zuerst das Wissen und erst später die Wahrnehmung davon?'

‚Im Großen und Ganzen ja. Aber im Alltagsleben läuft es natürlich doch so, dass man alles zuerst einmal sieht und dann denkt: was ist das? Man hört, was es ist, man bekommt es gelehrt, und dann erkennt man es von diesem Moment an wieder. Aber ich hatte sehr viel über das Klassifizieren der Pflanzen und Tiere gelesen, und wenn ich dann neben dem Zelt auf dem Gras stand und all das anschaute, was da wuchs und blühte – ja, dann fügte sich mein Wissen dem, was ich sah, hinzu. Und ich kann dir sagen, dass das ein großes Glück in meinem Leben ist, dass ich so viel weiß, dass ich auch so viel wiedererkenne. Eigentlich ist meine Sehnsucht natürlich, dass ich *alles* wissen und dann auch *alles* wiedererkennen könnte...'

‚Das ist doch unmöglich, was du jetzt sagst!'

‚Natürlich ist es in diesem Moment in jedem Fall noch unmöglich. Aber wenn man von dem Prinzip aus lebt, dass man nur *einmal* auf dieser Erde ist, warum sollte man nicht danach streben, so viel wie möglich von dieser Erde kennenzulernen?'

Fassungslos sagte Els:

‚Das ist echt *seltsam*, was du jetzt sagst! Wenn man nur einmal auf dieser Erde lebt, warum sollte man das alles kennenlernen wollen? Wer hat davon was? Warum? Irgendwann gibt es dich nicht mehr. Du bist mit einer Hochbegabung geboren, du widmest dein ganzes Leben dem Erwerben von Wissen, wofür? Du stirbst, und alles ist weg.'

Els verstand die Kunst, ihn zum Schweigen zu bringen, jedes Mal wieder. Manchmal dachte er: Sie ist eigentlich die Hochbegabte. Ihr Wissen geht viel weiter als meines. Sie weiß nicht so viel – obwohl sie sehr viele Dinge weiß, die ich nicht weiß –, aber mit diesem geringeren Wissen scheint sie weiter zu sehen, während ich kurzsichtig bin. Ich sehe zwar alle Details, aber kann nicht in die Ferne blicken. Sie sieht mit größter Leichtigkeit über die nahen Details hinweg und sieht große Perspektiven in der Ferne!

Er sagte ihr das nicht, er wollte das Gleichgewicht, in dem sie lebten, nicht stören. Obwohl er manchmal das Gefühl hatte, dass er darin nicht ehrlich war.

Sie machten eine Pause. Er machte einen Espresso für sie beide. Sie liefen etwas herum, lasen die Nachrichten auf ihrem Handy, schauten in die Zeitung hinein und beschlossen dann, das Gespräch fortzusetzen.

‚Stell ruhig kritische Fragen!', sagte er. ‚Es hilft mir, besser zu formulieren, wie so ein Leben wie meines in Wirklichkeit aussieht.'

‚Okay…', erwiderte sie und legte sogleich los. ‚Du hast mir erzählt, wie du beim Zelten alles genießen konntest, was da wuchs und blühte, und dass du das durch dein ausführliches Studium der verschiedenen Pflanzenarten erkennen konntest. Aber ich vermisse noch immer das Gefühl der Sonne auf deinem nackten Rücken, das Gras, das deine Füße kitzelte, den Geruch des Grases, wenn es gerade geregnet hat, den Eindruck des Sternenhimmels, wenn es stockdunkel ist, das gruselige Gefühl, wenn man in diesem Stockdunkel etwas über den Zeltplatz laufen muss, um zur Toilette zu gehen. So vermisse ich diese Dinge auch, wenn du dich in deinem Leben zu Hause und in der Schule beschreibst. Diese alltäglichen Dinge, durch die das Leben doch gerade Wert hat.'

Er lachte ihr zu und sagte:

‚Es ist nur die Frage, was man beschreiben möchte. Das, was du gerade alles gesagt hast – natürlich habe ich das auch alles gehabt und habe es noch immer! Wenn wir zusammen zum Kino gehen, auf den abendlich gefüllten Amsterdamer Straßen, denke ich wirklich nicht an die Schnelligkeit der Abfolge von Bildern, durch die ein Film entsteht, sondern dann fühle ich dich neben mir inmitten der geselligen Stadt und freue mich darauf, neben dir im Kino zu sitzen – welcher Film auch gespielt wird!'

Sie lachte ebenfalls und sagte:

‚Ja, du bist lieb, das weiß ich! Aber ich versuche einen Eindruck von den *Werten* zu bekommen, die in deinem Leben eine Rolle spielen. Was war wirklich wichtig?!'

‚Ja … da muss ich natürlich zugeben, dass das Gefühl des nassen Grases unter meinen Füßen von dem überstimmt wurde, was ein Mensch alles wissen kann. Aber das ist doch auch großartig? Wenn man einmal nasses Gras an seinen Füßen gefühlt hat, dann weiß man, wie sich das anfühlt! Diese Wiederholung brauche ich nicht so, ich kann sie aus der Erinnerung hervorrufen…'

Els unterbrach ihn und sagte:

‚Das klingt etwas hochmütig – vielleicht sogar sehr hochmütig!'

‚Wieso?', fragte er erstaunt. ‚Ich bin nicht damit beschäftigt, meine Nase in die Höhe zu recken, ich beschreibe nur, was du gefragt hast, nämlich: wo liegen für mich die Werte in meinem Leben? Ja, sie liegen wirklich in dem Erwerben von Wissen und dem immer größeren Überblick über das, was ein Mensch in der Welt und die Welt um den Menschen in Wirklichkeit ist.'

‚Hast du denn wirklich die Vorstellung', fragte sie, ‚dass man das in dem Maße, wie sich das eigene Wissen ausbreitet, besser weiß?'

‚Natürlich!', antwortete er ohne Zögern. ‚Wenn ich mir anschaue, was ich jetzt vom Weltall und von den kleinsten Teilchen, die auch in einem Menschenleib die kleinsten sind, weiß, und das mit dem vergleiche, was ich auf dem Gymnasium davon wusste, dann ist es ganz klar, dass ich jetzt viel mehr davon weiß.'

‚Und das Rätsel zum Beispiel des Menschen?', fragte sie. ‚Ist das nicht größer geworden?'

‚Nein, überhaupt nicht!', sagte er entschieden.

Sie holte tief Luft und sagte:

‚Nun, dann verstehe ich überhaupt nichts mehr. Ich bin, wie du weißt, gerade dabei, Italienisch zu lernen, mit so einer App, und ich merke, dass das Lernen in Wirklichkeit daraus besteht, sich einen möglichst großen Wortschatz anzueignen. Je mehr Worte man kennt, desto besser ist man in der Sprache zu Hause, die man lernen will.'

‚Aber das ist doch Unsinn. Wenn man nicht auch Verben und Konjugationen und die Zusammenhänge der Grammatik lernt, hat man doch nur mit einem völlig toten Teil so einer fremden Sprache zu tun.'

‚Siehst du!', sagte sie. ‚Hier siehst du es sehr wohl! Hier sieht du *durchaus*, dass man das Wissen endlos vergrößern kann und sich doch nicht in das lebendige Wesen der Sprache einlebt!'

‚Und was entspricht da dem Rätsel des Menschen im Weltall?'

‚Die Entsprechung ist, dass du mit deinem gigantischen Gedächtnis eine enorme Menge von Wissen aufgestapelt hast, das mit dem Lernen von Vokabeln vergleichbar ist. Wie all diese verschiedenen Fakten, die du weißt, als ein lebendiges Ganzes miteinander zusammenhängen – nun, ich glaube, dass man daran noch eine ganze Menge verbessern kann!'

Er fühlte eine ziemliche Empörung in sich aufsteigen und sagte:

‚So ist es natürlich gar nicht. Das sogenannte Wissen all dieser Fakten, von dem du sprichst, ist ein Wissen, bei dem diese Fakten sehr wohl in einem Zusammenhang miteinander stehen, sie bestehen gar nicht losgelöst voneinander und nur in sich! Der Zusammenhang dieser Tatsachen liegt gleichsam in einem Gebiet, das mit dem grammatikalischen Zusammenhang einer Sprache vergleichbar ist. Ich bestreite es wirklich, dass ich nur Tatsachen wissen würde. Ich habe tiefgehende Studien betrieben, die in Wirklichkeit in Gänze aus dem Erreichen von Zusammenhängen zwischen Tatsachen bestehen.'

‚Okay…', sagte sie. ‚Das ist dann deutlich dein Standpunkt. Ich sehe es anders, aber wir kommen im Verlauf unseres weiteren Gesprächs sicher noch darauf.'

Er brach in Lachen aus und sagte:

‚Als ob es etwas Neues zwischen uns ist, was hier zur Sprache kommt. Wir haben schon so oft darüber gesprochen und werden es auch künftig noch sehr oft tun.'

‚Lass uns weitermachen. Du bist auf das Gymnasium gegangen. Welches war es?'

‚Es lag natürlich nahe, dass ich auf das Gymnasium in der Nachbarschaft ging. Das lag und liegt noch immer ganz in der Nähe. Ich konnte sozusagen zu Fuß dorthin, aber ich nahm immer das Rad. Es war das Vossius-Gymnasium. Ich hatte da eine merkwürdige Zeit. Weil ich zwei Jahre jünger als meine Klassenkameraden war, behandelten sie mich wie einen jüngeren Bruder. Zwar sehr liebevoll und auch mit Respekt vor meinen Leistungen, aber nicht wie jemanden, der im sozialen Leben der Klasse wirklich mithalten konnte. Sie nahmen mich als jüngeren Bruder natürlich wie in Schlepptau, aber wirklich ernst genommen wurde ich nicht. Die Mädchen sahen mich als Kind, und ich muss sagen, dass ich selbst auch nicht sehr viel Interesse für die Erscheinung ‚Mädchen' hatte. Natürlich ging ich auf Klassenfeste, aber ich fühlte mich nicht berufen, wirklich mitzumachen bei dem, was auf diesen Festen üblich war. Also war ich vor allem Beobachter. Ich betrachtete alles mit großem Interesse, hatte aber das Gefühl, nicht wirklich Teilnehmer zu sein.'

‚Das scheint mir schmerzlich!', sagte Els.

‚Ja, wenn ich nun von meinem erwachsenen Standpunkt darauf schaue, finde ich es auch schmerzlich. Aber ich habe das damals gar nicht so erlebt. Ich fühlte mich in dieser Klasse zu Hause, sie waren lieb zu mir, ich konnte gut mitkommen. Ich war an allem interessiert. Ich bin nie so ein hochbegabtes Kind gewesen, das im Unterricht gelangweilt andere Sachen macht. Ich habe doch immer auch sehr viel Interesse für die Menschen gehabt, zum Beispiel für die Typen von Lehrern. Ich notierte mir in einem Buch bestimmte Charakterzüge der verschiedenen Lehrer der verschiedenen Fächer, auch schrieb ich auf, welche Art Kinder eine Abneigung gegen welche Art von Lehrern hatte und welche Art Kinder eine Abneigung gegen welche Art Fächer hatte...'

‚Was hat *das* nun wieder für einen Sinn!', rief sie aus.

‚Ich habe mich nie gefragt, ob das Sinn hatte, sondern ich tat es, weil ich daran interessiert war, bestimmte Strukturen zu denken, vielleicht bestimmte Muster in dem einen oder anderen wiederzuerkennen und dann zu sehen, wie das miteinander harmonisiert – oder auch gerade nicht.'

‚Und weil man dann auch weiß, dass es ein Ergebnis liefert...?'

‚Sicher. Auch wenn es kein Wissen ist, das konkret und exakt in einer Grafik wiedergegeben werden kann. Das hätte ich zwar schön gefunden, wenn so etwas möglich gewesen wäre, aber das ist mir nicht gelungen. Ich habe zwar typische Mathematiklehrer, typische Physiklehrer, typische Lehrer der klassischen Sprachen und so weiter kennengelernt. Natürlich liegt es doch in den Genen, welches Fach man wählt, und diese Gene bestimmen nicht nur, welches Fach man wählt, sondern das ganze *Sein*. Dass es hier also einen Zusammenhang gibt, erscheint mir ziemlich logisch.'

‚O je, Hilfe!', erwiderte Els. ‚Die Gene!'

‚Wir kommen noch darauf zurück', sagte sie dann. ‚Zuerst habe ich noch ein paar andere Fragen. Hast du auch jemals etwas mit deinen Händen gemacht, oder arbeitetest du nur da oben in deinem Gehirn-Stübchen?'

‚Ja, du weißt', sagte er, ‚dass ich mit meinen Händen sehr viel gemacht habe. Nämlich täglich stundenlang Klavier gespielt, das ist doch wirklich Aktivität mit den Händen? In dem Stübchen ist dann auch sehr viel geschehen, das wohl. Aber ich habe auch noch andere Dinge gemacht, das habe ich vielleicht noch nie erzählt. Seit ich ungefähr zehn oder so war, hatte ich ein unbezwingbares Bedürfnis, Apparate auseinanderzunehmen und wieder zusammenzusetzen.'

‚Was?!'

‚Ja, das war für meine Mutter und manchmal auch für meinen Vater nicht so toll, denn ich nahm die Kaffeemaschine auseinander, das Radio, den Staubsauger, und schaute mir dann an, wie alles zusammengehörte. Dann setzte ich es wieder instand. Meistens ging es gut, aber ich hatte natürlich auch Fehlschläge in dem Sinne, dass ich so einen Apparat völlig in seine Einzelteile zerlegt hatte und dann wirklich nicht mehr wusste, wie er zusammenzubauen war. Dann kann man nur noch eines damit machen, und zwar wegschmeißen. Aber meistens wusste ich ungefähr, was ich versuchen konnte und was nicht. Ich habe zum Beispiel nie versucht, das Telefon auseinanderzunehmen, obwohl das wahrscheinlich nicht einmal so schwer gewesen wäre, aber daran wagte ich mich dann doch nicht. später habe ich jedoch den Computer verschrottet… Ich habe vor allem Gebrauchsgegenstände kennenzulernen versucht, indem ich sie auseinandernahm und wieder zusammensetzte. So habe ich sehr viel von der Technik kennengelernt…'

‚Doch wieder ‚kennengelernt'!', sagte sie.

‚Ja, was sonst hat es für einen Sinn? Ich wüsste nicht, warum ich so basteln sollte, nur um zu basteln… Es hat doch immer einen bestimmten Sinn, warum man etwas tut.'

‚Nun, darüber muss ich einmal genau nachdenken!', sagte Els. ‚Ich glaube dennoch nicht, dass es wahr ist … aber vielleicht gilt es für dich durchaus. Ich finde es gerade herrlich, meine Zeit mit nutzlosen Tätigkeiten zu vertun, zum Beispiel mit dem Lackieren meiner Nägel…'

‚Das hat auch ein Ziel, nämlich dass die Hände danach schön, gepflegt und interessant aussehen.'

‚Na ja, wirklich sinnvoll finde ich es trotzdem nicht. Ober zum Beispiel eine Stunde in die Sauna gehen – warum sollte ich das tun? Warum tust du das eigentlich? Bist du dann auch damit beschäftigt, bestimmte Prozesse zu untersuchen?'

‚Ich mache es, weil ich es schön finde und weil ich denke, dass es auch gut für meinen Körper ist, von Zeit zu Zeit die ganze Maschinerie einmal aufzuwärmen – und ja, ich frage mich dann tatsächlich auch, was in dieser Maschinerie dann genau passiert. Ich schlage es auch nach...'

‚Warum hast du eigentlich nicht Medizin studiert? Das hättest du sehr gut noch so nebenbei machen können!'

‚Du verspottest mich!', sagte er. ‚Nein, ich habe schon verstanden, dass das Medizinstudium einen ganz in Anspruch nimmt, also habe ich es anders gemacht. Aber du hast noch mehr Fragen?'

‚Ja, insbesondere zu deinem Klavierspiel. Was hast du damit noch weiter gemacht? Wie entwickelte sich das?'

‚Das entwickelte sich gut. Aber es war für mich schon eine Enttäuschung, dahinterzukommen, dass ich mit meinem fortgeschrittenen Klavierspiel nicht im Studentenorchester mitspielen konnte. Da hat ein Klavier keinen Platz. Was ich dann gemacht habe, war, eine Reihe musikalischer Mitkameraden zu fragen, ob sie ein Quartett, ein Quintett bilden wollten. Das ist auch gelungen, und mit ihnen habe ich dann jahrelang sehr schön zusammen gespielt, und wie du weißt, tun wir das noch immer.'

‚Es scheint, als hätten deine Tage mehr als, sagen wir, sechzehn Stunden.'

‚Ich verwende meine Zeit sehr effizient, widme sie nicht so nutzlosen Dingen wie dem Lackieren meiner Nägel.'

‚Damals hattest du dein Abschlussexamen, du hast die exakte Richtung gewählt, nehme ich an.'

‚Ja natürlich, aber der Lehrer der klassischen Sprachen war so enttäuscht, dass er mich fragte, ob ich nicht parallel auch dort den Abschluss machen wollte –'

‚Und das hast du gemacht...'

‚Das habe ich tatsächlich gemacht, und zwar mit viel Freude. Dann hatte ich meinen doppelten Abschluss, und es war für mich eine absolute Sicherheit, dass ich exakte Fächer studieren wollte, aber ich hatte den Eindruck, dass es notwendig sei, eine Vorstellung davon zu bekommen, wie man als Mensch sein eigenes Erkenntnisvermögen beurteilt, und darum dachte ich, dass es auch wichtig wäre, Philosophie zu studieren.'

‚Was wolltest du eigentlich werden?'

‚Ja ... am liebsten wollte ich Erfinder werden, es war jedoch nicht fest umrissen, was ich erfinden wollte oder auf welchem Gebiet. Aber ich hoffte, mich zu den großen Erfindern auf dem Gebiet der Technik gesellen zu können. Als ich mit dem Studium begann, war die Entwicklung der Computerkunde in vollem Gange, also lag es nahe, dieses Fach in jedem Fall zu wählen. Am meisten interessierte mich daran die künstliche Intelligenz, aber ich wollte auch die Biowissenschaften studieren, namentlich ein exaktes biologisch-biochemisches Wissen über die DNA erwerben, und dafür bin ich nach Delft gegangen, um dort technische Mikrobiologie zu studieren. Da war dann auch eine Studienrichtung am Kommen – die jetzt voll entwickelt ist –, die Nanotechnologie. Darin habe ich mich in Delft auch vertieft, und in Amsterdam habe ich die künstliche Intelligenz studiert, insoweit sie schon als Studienrichtung bestand, ich studierte Informatik – und daneben Philosophie.'

‚Das ist beeindruckend!', sagte Els. ‚Wie hast du das in diese sechzehn oder achtzehn Stunden, in denen du wach bist, einprogrammiert? Dass du das alles zugleich tun konntest? Denn du hast damit ja nicht zwölf Jahre verbracht, du warst in den regulären sechs Jahren mit allen drei Studienfächern fertig.'

Er lachte und sagte:

‚Entweder man ist ein Wunderkind, oder man ist es nicht.' Es trat eine kleine Pause ein. ‚Das Thema ‚Wunderkind' war ja doch der Ursprung dieses Gesprächs.'

Nach einiger Zeit fragte Els:

‚Wenn du nun auf diese sechs Studienjahre zurückblickst, was hast du dann eigentlich Wichtiges gelernt?'

Er dachte nach, und nach einiger Zeit sagte er:

‚Wenn ich es zusammenfassen soll, muss ich sagen: Ich habe ein wirkliches Wissen der drei wissenschaftlichen Richtungen erworben, die unsere Menschheitsentwicklung umstürzen werden, in eine Art Flug hineinbringen, über sich hinaus, und das ist die Wissenschaft der DNA, die Nanotechnolgie – das heißt, die technische Möglichkeit, die komplizierteste Informationstechnik zum Beispiel in die kleinsten Fahrzeuge und Geräte zu bringen, sodass letztlich die Chips entwickelt werden, die immer kleiner und kleiner, aber stets mächtiger, stets weiser und stets selbstständiger werden. Und das Dritte ist – das ist dann eigentlich erst im Laufe meiner Studien als Thema aufgekommen – die Roboterkunde, und vielleicht muss ich dann sagen, als Viertes noch die Wissenschaft des Denkens selbst. Das habe ich nicht in der Philosophie gefunden, sondern in der Wissenschaft der künstlichen Intelligenz, die sich auf Erforschungen der Denkaktivität des menschlichen Gehirns gründet. Da habe ich die Wissenschaft des Denkens am zuverlässigsten gefunden.'

‚Tja…', sagte Els. ‚Das ist natürlich wirklich ein beeindruckendes Ganzes! Dass ein Mensch sich so ein umfangreiches Wissen aneignen kann!'

‚Ja', sagte er nachdenklich. ‚Aber zugleich begreift man, wie umständlich das menschliche Gehirn vorgeht, wie unbeholfen die Denkprozesse eigentlich sind, wenn man sie mit den künstlichen Denkprozessen vergleicht.'

Sie hob ihre Hände in die Höhe und rief aus:

‚Lieber Raymond! Ich weiß natürlich nur zu gut, dass du diesen Theorien anhängst! Aber wie kann ein Wunderkind so unglaublich *dumm* sein!'

Er liebte sie sehr, vielleicht auch gerade deshalb, weil sie seine Intelligenz mit ihrer ‚Dummheit' überflügelte. Manchmal dachte er, dass ihre Dummheit erst wirklich intelligent war – aber das verdrängte er natürlich immer wieder recht schnell und hielt stattdessen das Argument hoch: sie wüsste nichts!

Els fuhr fort:

‚Nein, ich habe keine Argumente, um dich von deiner Wunderkinder-Dummheit zu überzeugen. Dafür habe ich nicht genug gelernt. Ich habe ja schließlich auch studiert, auch mit guten Noten meinen Abschluss gemacht, habe promoviert und bin also offenbar doch nicht so ganz dumm. Aber auf dem Gebiet, auf dem du dich bewegst, weiß ich in der Tat so gut wie nichts. Das Einzige, was ich weiß, ist, was du mir darüber erzählt hast. Und jedes Mal, wenn wir darüber sprechen, reizt mich die Dummheit dieser Denkweise so unglaublich, dass ich sozusagen auf den Mond flüchten möchte, in der Hoffnung, dass da nur weise Wesen leben – denn dies ist wirklich unbeschreiblich!'

Er beherrschte seine Gefühle und sagte ruhig:

‚Es scheint mir eine gute Idee zu sein, wenn wir dieses Thema in einem nächsten Gespräch weiter vertiefen. Denn dies macht mein Leben als Wissenschaftler aus und ist genau das, was ich dem Papier anvertrauen möchte, aber ich bin dazu glaube ich nicht imstande. Sehr wohl aber kann ich es meiner liebsten Els, die davon maßlos gereizt wird, erzählen…'

2

Sie gingen bei dem nahen Italiener eine Pizza essen. Das Restaurant befand sich in einer ehemaligen Fleischerei, die diese großen, altmodischen Kühlschränke hatte. Der Raum war noch teilweise gefliest und war so dicht wie möglich mit Tischen angefüllt. Es war hier immer voll, und die Pizza war lecker und echt italienisch.

Sie bekamen einen Tisch im hinteren Teil und bestellten ihre Pizza mit einem Glas Rotwein. Sie waren hier gute Bekannte und kamen mindestens einmal pro Woche, wenn sie keine Zeit oder keine Lust hatten, selbst zu kochen. Als sie angestoßen und einen Schluck Wein getrunken hatten, sagte Els, während sie eine Olive nahm:

‚Nun würde ich so gerne wissen, wie deine Sinne funktionieren… Macht es dir etwas aus, ob du einfach Tafelwein aus einem Krug zu trinken bekommst oder aber den allerteuersten, tief geschmackvollen Rotwein aus Süditalien?'

Er sah sie kopfschüttelnd an und sagte:

‚Auf was für einem Kriegspfad bist du nur? Warum sollte ich etwas, was lecker ist, nicht lecker finden – und etwas weniger Leckeres weniger?'

‚Das schon…', sagte sie. ‚Aber dringt es auch wirklich zu dir durch, dass dieser Wein echt lecker ist?'

Er legte seine Hand auf die ihre und sagte:

‚Es dringt zu mir durch, was für ein unglaublich lieber Schatz du bist! Wenn ich überhaupt kein Gefühl hätte, dann würdest du das doch wohl merken? Wir sind schon fünf Jahre fast jeden Tag zusammen, und ich bekomme nicht den Eindruck, dass du unglücklich bist…'

‚Nein, bin ich auch nicht', gab sie zu. ‚Aber wenn ich einen Blick auf deine Innenwelt werfen darf, wie heute Mittag, dann beschleicht mich doch ein Gefühl der Unruhe, und dann denke ich: Wie soll man *leben* mit dieser Anschauung all dieser Neuronen und Synapsen im Gehirn? Diese Synapse ist für diese Wahrnehmung, diese für diesen Gedanken – und so weiter. Während man, wenn man einen Schluck Wein nimmt, in *einem* Eindruck weiß: Dieser Wein ist wirklich sehr guter, leckerer italienischer Wein und nicht saurer Essig aus dem Supermarkt!'

‚Es ist wirklich nicht so, dass so ein Totaleindruck, den ich jetzt habe, wenn ich einen Schluck Wein trinke, in eine nahezu unzählbare Menge von Synapsen zerfällt, um zu dieser Gewahrwerdung zu kommen. Das tue ich also nicht, damit bin ich absolut nicht beschäftigt.'

‚Nein, aber die Tatsache, dass du das in anderen Momenten wohl machst, muss doch eine Wirkung auf das ganze Leben haben?'

‚Worauf willst du hinaus, liebe Els?'

Er sagte ‚liebe', aber war doch gereizt.

‚Ich weiß nicht, worauf ich hinaus will. Du heißt ‚Raymond', und ich weiß nicht, ob du es weißt, aber die Bedeutung dieses Namens ist eine sehr alte, nämlich: ein starker Beschützer. Nun muss ich ehrlich sagen, dass bei all diesen sonderbaren Qualitäten, die du hast, das etwas ist, was ich überhaupt nicht bei dir fühle...'

‚Was fühlst du nicht?'

‚Dass du ein Beschützer wärst. Du bist unglaublich intelligent, du bist auch geschickt, aber es scheint, als ob der grobe Kampfwille, den ein Beschützer haben müsste, bei dir vergessen wurde. Du bist ganz und gar Gehirn, und insoweit das in deinen Fingern wirksam ist, kommst du auch zum Handeln. Aber so etwas wie eine vollkommen impulsive, undurchdachte starke Tat – das passt ganz und gar nicht zu dir.'

‚Das weiß ich nicht. Diese Gelegenheit ergibt sich auch nicht, oder? Angenommen, es würde jemand hier hereinkommen, der dir etwas Böses tun wollte, dann wäre es sehr wohl möglich, dass ich mich als dein Beschützer entpuppe!'

Sie brach in Lachen aus und sagte:

‚Weißt du, dass ich das sogar glaube? Aber du scheinst nicht zu verstehen, was ich meine.'

‚Nein', sagte er, ‚ich glaube auch wirklich, dass ich es nicht verstehe. Für mich ist es so, dass auch alles Handeln aus Impulsen hervorgeht, die im Gehirn oder im Rückenmark ihren Ursprung haben – alles beruht schließlich auf Elektrizität und Magnetismus, als Information tragendes Feld, und das ist natürlich etwas sehr Besonderes, dass die physikalischen Kräfte von Gesetzen, von Informationsgehalt durchwoben sind. Und von diesem Wissen aus könnte ich auch sehr gut ein Beschützer sein. Aber was du sagst, so impulsiv, ohne Überlegung, ohne Selbstbewusstsein ... nein, das kann ich nicht als ein Ideal sehen. Und wenn ich mich auf diese Weise verhalten würde, würde ich noch immer wissen, dass es nicht mein hoch spezialisiertes Gehirn ist, sondern das viel weniger hoch entwickelte Rückenmark, von dem ich diese groben Impulse empfange.'

Die Kellnerin kam mit den zwei Pizzen und setzte sie ihnen fröhlich vor.

‚So', sagte sie, ‚vielleicht kann das Ihr ernstes Gespräch etwas würzen!', und ging lachend wieder.

‚Das scheint mir eine gute Idee', sagte er.

Er schnitt seine Pizza an und aß sie genussvoll auf.

Statt einer Nachspeise tranken sie einen Cappuccino, und dabei holten sie Erinnerungen an ihre erste Begegnung herauf.

‚Es war doch ein merkwürdiger Zufall...', sagte er, ‚dass du und ich im ‚Concertgebouw' auf zwei Sitzen nebeneinander die Matthäuspassion am Palmsonntag hörten. Du warst mit deiner Schwester da, ich mit zwei Musikfreunden. Die beiden saßen links von mir, und deine Schwester saß rechts von dir, wir saßen nebeneinander. Ich gehe schon Jahrzehnte auf Konzerte, und wenn ich dann neben einem Fremden sitze – und das ist meistens so –, ist es nicht meine Gewohnheit, ein Gespräch zu beginnen. Das ist sehr interessant... Als wir da im ‚Concertgebouw' so zufällig nebeneinander zu sitzen kamen, kam tatsächlich ein Gespräch zustande...'

‚Ja', sagte Els, ‚aber ich tue das immer... Ich finde es schön, wenn ich so ‚zufällig', wie du es nennst, neben jemandem sitze, so intim eigentlich, dass sich sozusagen die Knie fast berühren. Wenn man so neben jemandem sitzt, habe ich immer die Neigung, ein Gespräch anzuknüpfen. Und das tat ich also auch bei dir. Das geht immer anhand von etwas Trivialem... Eine Tasche, die im Weg steht, oder jemand, der vorbei will, wodurch man aufstehen muss, das Programmheft, das du hattest und ich nicht. Ich fragte: Darf ich kurz schauen, wer die Musiker sind? Ja, das war bei uns der Anlass. Ich fand es schade, ein Paar Euro für so ein Heftchen auszugeben, das man dann doch wegwirft. Aber du hattest es getan, du hattest es in deiner Hand. Ich hatte zwar die Partitur mitgenommen, aber ich wusste nicht, wer die Musiker waren, nicht einmal, wer der Dirigent war. Also fragte ich dich: Könnte ich vielleicht kurz in das Heft schauen, um zu sehen, wer genau die Solisten sind? Du reagiertest, als ob du von einer Wespe gestochen wurdest.

Du fandest es sehr befremdend, dass ich dich einfach so ansprach und dann noch etwas fragte! Aber du gabst es mir, und ich schaute nach den Solisten… Ich kannte die Sopranistin sehr gut, also rief ich: Ach, das ist ja besonders, dass sie hier den Sopran singt! Du fühltest dich doch angesprochen und sagtest etwas wie: ‚wieso besonders' – und so kamen wir ins Gespräch, über Solisten, die auf dem Konservatorium gewesen sind, die in Europa Meisterklassen belegt haben und die schließlich hervortraten, weil sie gut oder geschickt waren.

Als die Musik begann, fühlte ich dich sehr stark neben mir, und vielleicht muss ich aufhören, zu fragen, ob du tiefe Gefühle anhand deiner Sinneseindrücke hast oder nicht. Denn meine erste Erfahrung mit dir war, dass ich jemanden neben mir fühlte, bei dem die Musik einen so tiefen Eindruck machte, dass du gleichsam bebend vor Rührung neben mir gesessen hast.'

‚Das stimmt. Ich habe das bei der Passionsmusik von Bach immer gehabt. Immer, aber diesmal hatte ich es ganz besonders, und ich muss dir sagen, dass ich sogar den Eindruck hatte, dass es davon kam, weil ich neben dir saß.'

‚Ich finde es eigentlich sehr gesellig...', sagte Els, als sie einander am Sonntagmittag wieder gegenübersaßen, um das Gespräch über das Wunderkind fortzusetzen. ‚Wir waren bei der Zeit am Gymnasium gewesen, bei der Musik, und waren zur Universität übergegangen. Wie hast du diese Studentenzeit erlebt?'

‚Ich habe natürlich sehr viel Zeit meinen drei Studien gewidmet, und ich muss sagen, dass ich langsam eine eigene Sicht entwickelte, die für mich sehr wichtig ist und der ich eigentlich mehr Wert beimesse als meiner Karriere – obwohl ich finde, dass ein Wunderkind etwas mehr Erfolg haben dürfte.'

‚Damit begann unser Gespräch gestern', sagte Els. ‚Dass du mit deiner Karriere eigentlich unzufrieden bist…'

‚Es ist schwer zu erklären. Aber du musst dir einmal vorstellen, du wächst auf, während die Umgebung dir fortwährend das Gefühl gibt, dass du etwas sehr Besonderes bist. Dieses Gefühl ist mir geblieben, als ich zu Ende studiert hatte. Ich habe dann noch eine Zeitlang mit einem Stipendium in Amerika studiert. Dann fühlt man eigentlich erst, wie groß die wissenschaftliche Welt ist und wie wenig man darin nur bedeutet, auch wenn man begabt ist. Wenn man im wissenschaftlichen Milieu Amerikas heimisch wird, hört das Gefühl, etwas Besonderes zu sein, recht bald auf…'

,Es wird doch nicht so sein, dass alle amerikanischen Studenten Wunderkinder sind?', sagte sie bestürzt. ,Du wirst doch auch da mit Kopf und Schultern über das Mittelmaß hinausgeragt haben?'

,Ja natürlich, das meine ich auch nicht. Es ist mehr, dass die wissenschaftliche Welt da so groß ist, dass da so viel in Bewegung ist, auch so schnell in Bewegung, dass da so viele Menschen sind, die innerhalb dieser wissenschaftlichen Entwicklung arbeiten, dass man zugleich fühlt, dass für einen selbst eigentlich kein Platz ist. Und wenn man dann anschaut, wie das eigene Leben dann aussehen wird, sieht man so etwas, wie es jetzt in der Tat wird! Eine besonders gute Stelle mit besonders guten Aussichten, aber in Wirklichkeit nichts Besonderes.'

,Aber du bist doch besonders, weil du du bist! Nicht weil du Anerkennung für deine Hochbegabung in der amerikanischen Wissenschaftswelt findest?'

,So einfach ist das für mich nicht. Auf meine Besonderheit wurde immer sehr stark von außen hingewiesen. Nun zu fühlen, dass diese Besonderheit in mir selbst liegt, ohne nach äußerer Bestätigung durch eine bestimmte Position in einem bestimmten, wichtigen wissenschaftlichen Institut zu verlangen, ist nicht so einfach. Ich hatte scheinbar doch erwartet, dass die ganze Welt auf mich wartet und ich mir einen Namen in der wissenschaftlichen Welt der Informationstechnologie und der künstlichen Intelligenz machen würde.'

,Das musst du mir um der Deutlichkeit willen dann doch noch einmal erklären. Was ist das alles?'

,Ja, da kommen wir zum Kern der Sache! Wir haben im Vorbeigehen schon einmal darüber gesprochen, aber es ist deutlich, dass du meine Auffassungen, mein Wissen nicht teilst. Es hat dann nicht so viel Sinn, darüber jedes Mal wieder ein Diskussion zu beginnen, denn du bringst mich doch nicht von meinem Standpunkt ab, und ich dich auch nicht. Und nun mehr oder weniger streitend oder diskutierend durchs Leben zu gehen, darin sehe ich auch keinen Sinn…'

,Ich auch nicht!', sagte sie. ,Aber dies ist etwas anderes. Wir versuchen jetzt, mehr oder weniger objektiv – soweit sie wissenschaftlich ist –, deine Lebensgeschichte aufzuschreiben, und dazu gehört natürlich sehr wohl dein Standpunkt. Was ich dagegen einzuwenden habe, scheint mir in der ganzen Geschichte nicht uninteressant. Das können wir doch einfach notieren, ohne dass wir das Gefühl haben, uns gleich bekriegen zu müssen?'

‚Gut, wenn du es so sehen kannst, dann werde ich versuchen, in Worte zu fassen, welchen wissenschaftlichen Standpunkt ich im Laufe meiner drei Studien entwickelt habe. Ich bin sehr beeindruckt worden von dem Tempo, in dem die Technologie sich entwickelt. Wenn man sieht, was in der Informationstechnologie möglich war, als ich mit meinem Studium begann, und was man alles konnte, als ich es beendete – dann ist der Unterschied eine ganze Welt. Die Entwicklung geht so schnell, dass man fast nicht anders kann, als sich ernste Fragen in Bezug auf die künftige Entwicklung zu stellen. Es scheint, als verliefe nicht nur die Schnelligkeit der Entwicklung, sondern auch die Verfeinerung der Entwicklung der Informationstechnologie exponentiell.'

‚Du meinst, dass man, wenn man das in einer Grafik darstellt, eine Kurve hat, die zuerst langsam ansteigt und dann irgendwann eine gigantische Beschleunigung bekommt, sodass es scheint, als ob in kurzer Zeit eine zunehmende, enorme Verbesserung erreicht wird...'

‚Genau, das hast du sehr gut ausgedrückt. Wenn man es von außen betrachtet, ist es vielleicht ein interessantes Etwas, von dem man sagt: Okay, es scheint, als würde es sich sehr schnell entwickeln, aber wir werden sehen, wo es hingeht. Wenn man aber in dieser technologischen Entwicklung mit seinem Wissen darinnen steht, beginnt man gleichsam zu fühlen, wie enorm diese Entwicklung verläuft und auf welche Weise man als Mensch darin mitgenommen, um nicht zu sagen mitgeschleift wird.'

‚Das klingt nicht positiv', sagte sie.

‚Ja, es hat etwas von einem Kanufahren über Wasserfälle hinweg, aber andersherum. Hier geht es nicht hinunter, sondern man geht immer wieder und immer schneller hinauf. Ich verstehe sehr gut, dass Menschen, die diese Entwicklung von außen betrachten, mit den Schultern zucken. Wir technischen Wissenschaftler, die mit ihrer Wissenschaft Teil dieses Entwicklungsprozesses sind, werden in diesem Strom mitgenommen, ob man sich dessen bewusst ist oder nicht. Es gibt innerhalb dieses Gebietes natürlich auch viele Wissenschaftler, die sich über die Schnelligkeit der Entwicklung überhaupt nicht wundern, die auch kein

Bedürfnis haben, dies grafisch darzustellen und sich zu fragen: Wohin geht das? Es gibt auch eine sehr große Gruppe von Wissenschaftlern, die sich mit dieser Entwicklung identifiziert. Was in Wirklichkeit geschieht, ist, dass eine Seite der Software des menschlichen Köpers immer klarer ans Licht kommt –'

'Software?!?', rief sie mit verzogener Miene.

'Ja, die ganze Erbanlage in der Aufeinanderfolge der DNA-Moleküle und, wovon wir schon früher gesprochen haben, die Bestimmung der Funktion jeder Nervenfaser und jeder Synapse im menschlichen Gehirn und so die Kartierung ihres Funktionierens. Das nenne ich Software.'

'Schrecklich! Aber gut, wir bleiben objektiv...'

'Genau! Das ist eine Entwicklung im Forschungsgebiet des Menschen selbst. Auf der anderen Seite ist da die Entwicklung der künstlichen Intelligenz. Der Computer ist eine Maschine, eine Rechenmaschine, das deutet der Name ja an, und das tut er, er rechnet. Und die Fertigkeit, die diese Maschine hat, um durch Berechnung komplizierte Denkprozesse nach dem Vorbild des menschlichen Gehirns auszuführen, diese Fertigkeit ist es gerade, die exponentiell zunimmt. Computer werden immer schneller, immer geschickter und auch immer kleiner. Sieh mal dein Handy an, das du immer in der Hand hast und das hier unser Gespräch aufnimmt. Dieser kleine Apparat umfasst inzwischen mehr Kapazität als dieser sehr große PC aus den neunziger Jahren. Ich kann mich noch erinnern, einen amerikanischen Film gesehen zu haben, wo ein Mädchen am Strand saß, einen Apparat ohne Kabel auf dem Schoß. Das nannten sie Laptop – einen Apparat, den man auf dem Schoß hat. Es war das erste Mal, dass ich diese verkleinerten, kabellosen Computer gesehen habe. Nun ist der Laptop aber tatsächlich eine Art Riesenmonstrum, verglichen mit dem Tablet oder dem Smartphone, und es wird nicht lange dauern, bis das Smartphone ein Monstrum ist, verglichen mit den intelligenten Chips, die, so klein, wie sie sind, in sich ein Vermögen der Informationsverarbeitung haben, das nicht seinesgleichen hat. Eine künstliche Intelligenz, die das Vermögen des Smartphones weit übersteigt.'

'Was willst du damit sagen?'

'Es gibt noch einen anderen Aspekt. Nämlich, dass wir in der technischen Entwicklung inzwischen schon seit einiger Zeit so weit sind, dass Programme so geschrieben werden können, dass der Apparat, der das Programm ausführt, durch dieses selbst weiser wird. Wir kennen das schon recht lang von der Spracherkennung. Wenn man gesprochenen Text in geschriebenen Text umwandeln will, musste man früher erst ein Stück Text sprechen, und dann ging der Apparat so vor, dass er den von dieser Person gesprochenen Test einigermaßen erkennen und in Schrift umsetzen konnte. Nun haben wir solche Funktionen auf unseren Smartphones, und diese Funktion wird in dem Maße ihres Gebrauchs immer präziser und besser. Das heißt, die Wirksamkeit korrigiert sich selbst. Das fängt doch wirklich an, in die Richtung menschlicher Tätigkeit zu kommen…'

‚Nimm es mir nicht übel, Raymond, ich will gern ganz objektiv sein, aber ich kann es nicht lassen, dagegen etwas einzuwenden. Denn ich finde es einen unmöglichen Gedanken, dass du das selbstlernende Prinzip einer Maschine mit zum Beispiel der Selbsterziehung des Menschen vergleichst, oder mit dem Entwickeln bestimmter Fähigkeiten, wie es jeder Mensch kann. Du spielst wunderschön Klavier. Willst du mir jetzt erzählen, dass die Entwicklung dessen, wo du jetzt stehst, mit dem zu vergleichen ist, was ein selbstlernender Computer tut, wenn er seine Programme jeweils aufgrund der Erfahrungen aktualisiert?'

‚Ja, das will ich eigentlich sagen. Und du verwendest selbst das Wort ‚Erfahrung'! Da liegt genau der Punkt. Denn die Gegner dieser Denkweise wenden stets ein, dass eine Maschine keine Erfahrungen haben kann. Man könne zwar sagen, dass sich aufgrund von Erfolg oder Misserfolg, ohne damit verbundenes Gefühl, bestimmte Prozesse aktualisieren, finden sie. Aber meine Erfahrung ist etwas anderes –'

‚Ja, du hast Recht', sagte sie. ‚Das Wort Erfahrung hatte ich ausgesprochen und dachte da bereits: Das ist eigentlich nicht das richtige Wort. Ich glaube nicht an Erfahrung bei einer Maschine. Ich sehe sehr wohl ein, wie dein Klavierspiel mit Hilfe der Erfahrung so technisch verfeinert und gefühlvoll schön geworden ist. Aber ja, ich habe keine Möglichkeit, zu beweisen, dass ich Recht habe. Ich verstehe nur nicht, wie es möglich ist, dass du diese zwei so unterschiedlichen Prozesse in einen Topf werfen kannst. Dann muss mit deinem Unterscheidungsvermögen doch etwas nicht stimmen!'

‚Vielleicht ist das so', sagte er. ‚Wenn wir es objektiv betrachten wollen, müssen wir auch dieser Möglichkeit objektiv ins Auge sehen. Aber zuerst muss ich dir weiter erzählen, was mein Standpunkt ist.

Wenn man die Evolution der Arten auf der Erde bis zum Menschen sinnvoll betrachtet, kann es natürlich nicht sein, dass über Millionen Jahre hinweg eine grandiose Entwicklung in Gang gekommen ist und sich bis zur Erscheinung Mensch fortgesetzt hat – und dass von dem Punkt an die Evolution stillstehen sollte, dass auf den Menschen keine Erhöhung, keine weitere Entwicklung mehr folgen sollte. Die Frage ist also, wenn man auf den Homo sapiens schaut und dann die weitere Entwicklung zum Homo sapiens sapiens sieht –'

,Was ist das??'

,Das ist der Mensch, der ein Selbstbewusstsein hat. So dass er also nicht nur bewusst ist und denken kann, sondern auch weiß, dass er denkt, weiß, dass er da ist. Dann muss man sich fragen: Wie geht vom Homo sapiens sapiens aus die Evolution weiter?'

,Bis jetzt hat sich nie jemand gefragt', sagte sie, ,wie die Evolution weitergeht. Die Evolution geht weiter, und wir werden es sehen.'

,O ja, da liegt nun genau der Punkt!', sagte er. ,Ich bin der Meinung – und ich bin nicht der Einzige, der so denkt –, dass vom Homo sapiens sapiens an keine andere Evolution möglich ist, als dass der Mensch diese Evolution *selbst* in die Hand nimmt. Wenn du diesen Standpunkt einnimmst, musst du dich *gerade* fragen: Wie geht diese Evolution nun weiter? Denn du nimmst sie selbst in die Hand!'

Els sagte:

,Siehst du dich selbst als Mensch denn imstande, diesen großartigen Schöpfungsprozess – ob du ihn nun als einen göttlichen Prozess oder als einen evolutionsbasierten Prozess von Trial and Error betrachtest –, siehst du dich selbst als Mensch dazu imstande, so genial zu sein, dass du aus eigener Kraft und Einsicht diesen Prozess fortsetzen könntest?'

,Ich denke schon, dass das das Ziel ist, ja.'

,Das würde dann bedeuten, wie ich es betrachte, dass es noch viele Tausende von Jahren dauern wird, bevor der Mensch mit dem Wissen und dem Beherrschen der Natur so weit ist, dass irgendeine Möglichkeit bestehen könnte, seinen eigenen Schöpfungsprozess zu übersteigen.'

,Wenn das ungeschickte Gehirn des Menschen diesen Prozess führen müsste, scheinen mir einige tausend Jahre noch viel zu wenig. Ich sehe es so: Der Mensch erfindet eine Technologie, die auf der Denktechnik des menschlichen Gehirns basiert, die aber nicht deren Mängel und Ungeschicklichkeiten hat, wodurch eine Maschine entworfen wird, langsam entsteht, die zunächst genauso intelligent ist wie die menschliche, die aber viel, viel effizienter arbeitet. Nicht ein bisschen effizienter, sondern unendlich effizienter, in exponentiellem Wachstum. Wenn der Punkt erreicht ist, wo das Wachstum des intelligenten Vermögens dieser Maschine wirklich exponentiell zunimmt, kommen wir in eine Situation, in der der Homo sapiens sapiens dieser Maschine unterlegen ist.'

‚Ich dachte, dass der Homo sapiens sapiens die weitere Evolution selbst in die Hand nehmen sollte? Nun sagst du, dass es eine Maschine ist, die auf das menschliche Stadium folgt?'

‚Ja, aber diese Maschinc ist durch den Menschen, sagen wir, erschaffen, und wenn der Mensch es schafft, sich selbst mit dieser Maschine in Verbindung zu halten, wodurch die menschlichen intelligenten Möglichkeiten durch das ungebremste technologische Wachstum des Einsatzes der künstlichen Intelligenz befruchtet werden, dann entsteht eine neue Art Mensch, die sich selbst mit der künstlichen Intelligenz bereichert.'

‚Wie soll das ungeschickte menschliche Gehirn des Homo sapiens sapiens Schritt mit dieser rasenden Entwicklung der Technologie der künstlichen Intelligenz halten? Da wird man dann doch völlig davon beherrscht?'

‚Nein – wenn es uns gelingt, diese rasend schnell sich entwickelnde Intelligenz, die künstlich ist, mit den eigenen Denkmöglichkeiten zu verbinden, werden wir auch wirklich das Gefühl haben, dass wir es selbst sind, die denken, wenn die technische Intelligenz in uns wirksam wird.'

‚Aber dann ist da noch etwas, was wir berücksichtigen müssen', sagte sie. ‚Und das ist, dass es auch Menschen geben muss, die darauf *Lust haben*. Ich habe einmal eine Vorhersage vom Beginn des 21. Jahrhunderts gelesen, dass am Ende des ersten Jahrzehnts, also um 2010, alle Menschen mit bestimmten Brillen herumlaufen würden, durch die sie in einer virtuellen Welt intelligent sein könnten. Wir schreiben nun das Jahr 2018, und ich sehe sie nicht, diese Menschen mit diesen Brillen. Vielleicht wenn sie so eine Brille aufsetzen, um vor dem Fernseher oder im Kino dreidimensional zu sehen, aber auch danach haben viele Menschen einfach kein Bedürfnis. Die Frage ist also, ob das, was du als eine Möglichkeit des Menschen siehst, die menschliche Evolution durch, sagen wir, eine ‚technische Explosion' zu übersteigen – die Frage ist, ob du Menschen findest, die dabei mitmachen wollen.'

‚Ich kenne Menschen genug! Ich habe sie in Amerika kennengelernt, bin da zu Vorträgen gewesen, habe mit sehr vielen Menschen gesprochen. Natürlich, das Gros der Menschen denkt nicht einmal darüber nach. Aber das ist doch gerade das Merkmal der Evolution, dass die am meisten Vorausstrebenden, die Vollkommensten der Art, den Übergang zu einer neuen Art bewerkstelligen oder zeigen?'

Els lehnte sich zurück und hob ihre Hände in die Höhe.

‚Mann, Mann, Raymond! Dies ist doch wirklich schrecklich! Was für ein Hochmut… Ich bin genauso areligiös wie du. Ich glaube nicht an Gott oder Gebote, wirklich. Aber bei dieser Anschauung würde ich wirklich wünschen, dass es einen Gott gäbe, der irgendwann einen Besen nimmt und euch alle miteinander von der Erde fegt und sagt: Diese nützen uns weiter nichts, nur ab in die Hölle, ihr hochmütigen Menschenwesen!'

Raymond brach in Lachen aus und sagte:

‚Vielleicht bin ich nicht einmal so areligiös wie du. Ich bin noch lange nicht mit der Frage fertig, wo der Ursprung dieses ganzen Prozesses liegt. Ist das wirklich die Physik, die Chemie, ein wundersamer Entwicklungsprozess, der aus sich heraus abläuft und bei dem die erfolgreichen Formen erhalten geblieben sind und die weniger erfolgreichen abgestoßen wurden? Oder befindet sich hinter all diesen Prozessen doch ein Überwesen, das so denkt, wie ich mir vorstelle, dass die künstliche Intelligenz letztlich denken können wird? Dass dieses ganze Geschehen bedacht hat und nun ausprobiert?'

‚Eine schöne religiöse Vorstellung ist das!', sagte sie. ‚Gott, der an der Tastatur sitzt, mit Headset und virtueller Brille. Und dann mal probieren, etwas von diesem – funktioniert nicht. Nächster Versuch, ein bisschen davon – oh, sieh mal an, was jetzt entstanden ist! Das finde ich toll, das will ich mal etwas weiterentwickeln.'

‚Du bist nicht ernst und überhaupt nicht mehr objektiv.'

Er war nun doch etwas böse.

‚Versuch du, dabei einmal objektiv zu bleiben! Es ist doch schrecklich… Wenn man sieht, was für ein lieber Mann du bist und wie intelligent und künstlerisch du bist… Und wenn du dann diese Art von Gedanken, die in dir leben, auszusprechen beginnst, dann bekomme ich ein Bild – na ja, ich werde es nicht sagen, aber schön ist es nicht.'

‚Du weißt doch wohl, dass ich so denke?'

‚Ja, aber ich glaube einfach nicht, dass du das selbst durch und durch glaubst. Das geht doch einfach nicht! Dann wärst du ein Roboter, ein Kerl mit einer glänzenden Intelligenz, aber völlig ohne Gefühl. So bist du nicht, du bist nett, und warum kann dieses Nette dich in dir selbst nicht davon überzeugen, dass es vorne und hinten nicht stimmt, was du denkst? Könnte ich es dir nur erklären, aber ich habe dafür nicht die Argumente…' Sie sagte abrupt: ‚Gehen wir weiter.'

‚Wir suchen nicht nur eine Möglichkeit, diese künstliche Intelligenz in Trägern zu verkörpern, die so klein sind, dass man sie in den menschlichen Körper bringen kann, wir streben auch nach einer immer größeren Schnelligkeit der Informationsübertragung. Bis jetzt scheint die Grenze in der Lichtgeschwindigkeit zu liegen, aber wenn die Zunahme der Schnelligkeit weiter so exponentiell wächst, wie es jetzt scheint, kommt ein Moment, wo diese Schnelligkeit die Lichtgeschwindigkeit übersteigt. Dann würde es möglich werden, den ganzen Kosmos mit sinnvoller, zusammenhängender, künstliche Intelligenz zu erfüllen. Bis jetzt reicht dies noch nicht wirklich weiter als bis zur direkten Umgebung der Erde. Aber es könnte eine Zeit kommen, wo sich die Informationswolke mit größerer Schnelligkeit als das Licht über den ganzen Kosmos ausbreiten und sogar durch schwarze Löcher hindurch in außerkosmische Welten strahlen kann – das heißt, in Gebiete, die wir jetzt noch nicht kennen können.'

‚Interessant', sagte Els ruhig.

Er sah sie aufmerksam an, aber er entdeckte keinen Spott. Offenbar begann sie doch einzusehen, dass ein Kern von Wahrheit – und auch von Möglichkeit – in seiner Auffassung lag…

‚Aber', begann sie nun, ‚du hast doch sicher früher auch das Buch von Roger Penrose gelesen, ‚The Emperors New Mind' (Des Kaisers neue Kleider)?'

‚Ja', sagte er, ‚ein oberflächliches, populäres Büchlein…'

‚Nun, Büchlein … ich hatte ziemliche Mühe, es zu Ende zu lesen. Aber es ist interessant, und darin wird doch sehr deutlich beschrieben, dass ein Computer zwar die kompliziertesten Aufgaben lösen kann, dass aber sehr einfache alltägliche Fragen für einen Computer unüberwindbar sind?'

‚Das war in den neunziger Jahren!', sagte er. ‚Inzwischen sind solche Probleme längst überwunden.'

‚Ja, klar', sagte sie ungläubig. ‚Ich erinnere mich, dass da ein Experiment beschrieben wird, wo der Computer gefragt wird, ob er aufgrund einer kurzen Geschichte über das Essen eines Hamburgers entscheiden kann, ob der Hamburger gegessen wird oder nicht. Ein Mann geht in ein Restaurant und bestellt einen Hamburger. Er bekommt einen Hamburger, findet ihn nicht gut und geht weg, ohne die Rechnung zu bezahlen. Das ist die eine Geschichte, und die andere Geschichte ist: Ein Mann geht in ein Restaurant und bestellt einen Hamburger. Er findet den Hamburger sehr lecker, bezahlt die Rechnung und geht weg. Die Frage war, wenn ich es richtig erinnere, in welchem der Fälle der Mann den Hamburger gegessen hat. Es erwies sich als ziemlich schwer für den Computer, von dem Gegebenen aus zu entscheiden, dass der Mann im einen Fall den Hamburger stehenließ und im anderen Fall aufgegessen hat. Dann wurde auch das Experiment von John Searle und dem Chinesischen Zimmer behandelt, wo ein Mensch, der kein Chinesisch kennt, dennoch anhand der chinesischen Zeichen wissen kann, was da steht, wenn er nur den richtigen Algorithmus zur Verfügung hat. Er bewies damit, dass man die Sprache, ohne sie zu kennen, lesen könne. Ich weiß es nicht mehr genau, aber ungefähr so war es. Auch wurde gesagt, dass die Anzahl der Rechenschritte, die der Computer machen muss, um eine so einfache Frage wie die nach dem Essen des Hamburgers zu beantworten, gigantisch ist – während der Mensch, wenn er eine Geschichte hört, unmittelbar weiß, was die Antwort auf die Frage ist.'

Raymond schien kurz aus der Fassung gebracht zu sein, aber er erholte sich schnell und sagte:

‚Das sind natürlich Schwierigkeiten, die wir nehmen müssen. Das menschliche Gehirn arbeitet nun einmal auch mit nicht-wissenschaftlichen alltäglichen Tatsachen, und die sind in der Tat schwieriger zu programmieren als die komplizierteste mathematische Aufgabe.'

‚Kommt das nicht davon', sagte Els, ‚dass der Mensch bei solchen Geschichten unmittelbar Bilder formt? Man sieht es vor sich – und das kann der Computer nicht, er rechnet sich dämlich und kommt letztlich mit einer Antwort. Was mich betrifft, ist es sozusagen mehr oder weniger Glück, ob er am Ende die richtige hat. Er hat schließlich eine Chance von fünfzig Prozent, während er überhaupt nicht begreift, worum es geht.'

‚Was du nun anführst, ist die Frage nach dem Bewusstsein. Das ist in der Tat eine schwierige Frage. Wissenschaftlich gesehen ist die Erscheinung Bewusstsein noch etwas Schwieriges. Und du hast schon Recht, wenn du sagst, dass es die Frage ist, ob eine Maschine, die eine komplizierte Frage mit einer Rechenmethode auflösen kann, sich dieses ganzen Prozesses auch bewusst ist.'

‚Das scheint mir nicht so!', sagte Els unmittelbar.

‚Das ist eine subjektive Reaktion! Wir in der Wissenschaft sind intensiv mit der Frage beschäftigt, ob das Vollziehenkönnen eines Denkprozesses nicht zugleich bedeutet, dass auch Bewusstsein da ist.'

Els holte tief Luft und sagte:

‚Ich bin froh, dass ich ein Subjekt bei meinem Denken dabeihabe und dass ich unmittelbar einsehe, dass das gar nicht sein kann, was ihr mit so viel Mühe wissenschaftlich herauszufinden versucht. Ob ein maschineller Denkprozess notwendigerweise mit Bewusstsein einhergeht! Was für ein Unsinn! Das weiß man doch unmittelbar, dass das nicht sein kann? Wenn man sich vorstellt, wie so ein Apparat vorgeht, ganz geführt von Algorithmen, die ihr hineingebracht habt, dann durchläuft dieser Apparat blind diese Prozesse. Er ist natürlich superobjektiv, hat auch keinen Begriff von Wahrheit oder Unwahrheit, von Richtigkeit oder Unrichtigkeit, sondern donnert einfach wie ein Zug von einer Station zur nächsten, schonungslos und ganz sicher nicht mit Bewusstsein. Das wäre dasselbe, wie wenn ich sagen würde, dass meine Waschmaschine, weil sie computergesteuert ist, wissen würde, was sie tut. Dass sie weiß, wann sie eine Weißwäsche mit 60 Grad macht. Sie tut es, weil ich es eingestellt habe. Dass sie davon auch Bewusstsein hätte – Raymond, sorry, aber das ist doch keine Frage, so etwas?'

Es trat eine Stille ein. Wie sollte er darauf antworten? Eigentlich fühlte er sich in gewissem Sinne schachmatt gesetzt, obwohl er dennoch völlig davon überzeugt war, dass sie nicht Recht hatte. So, wie sie meinte, dass eine Maschine, die dachte, kein Bewusstsein hatte, so meinte er selbst, zu sehen, dass eine Maschine, die dachte, Bewusstsein haben musste.

‚Hast du früher nie mit einer elektrischen Eisenbahn gespielt?', fragte sie.
Er brach in Lachen aus und sagte:
‚Was hat das damit zu tun!?'
‚Sehr viel', erwiderte sie. ‚Dieser ganze Prozess denkender Maschinen lässt mich doch sehr stark an eine Eisenbahnanlage denken, wo die Weichen auf bestimmte Weise gesetzt werden, sodass der Zug nicht anders kann, als entlang dieser Weichen die vorbestimmte Route zurückzulegen. Meiner Meinung nach ist das in grobsinnlichem Sinne das Vorbild für eure Denkmaschinen. Die gehen natürlich unendlich fein und verzweigt vor, aber das Grundprinzip bleibt doch immer: links oder rechts oder geradeaus? Wenn man das vorher festgelegt hat, kann man also nicht, wenn man an eine Gabelung kommt, nachdenken: Würde ich gerne geradeaus gehen, soll ich nach links, soll ich nach rechts abbiegen? Was vorprogrammiert ist, das hat man zu tun, dann läuft das Denken einfach, wie es nicht anders kann. Aber da gibt es doch keinerlei Möglichkeit der Überlegung, was eine typisch menschliche Eigenschaft ist?'
Wieder trat eine Stille ein. Raymond sagte:
‚Du siehst es an sich sehr genau, aber was du übersiehst, ist die selbstlernende Aktivität, die wir als Programmierer auch in einen Algorithmus bringen können.'
‚Aber dann läuft dieser Prozess, der selbstlernend ist, doch auch nach bestimmten Mustern ab, die du erst hineingelegt hast? Das ist doch etwas sehr anderes, als dass man irgendwann etwas denken kann, was absolut originell ist und von dem man weiß, dass es originell ist?'
‚Nach unserer Meinung ist das nur Schein, und der Denkprozess läuft anhand biologischer Information ebenso automatisch ab, wie es bei einem selbstlernenden Computer der Fall ist. Dass du diese Dinge, die du mir nun sagst, so sagst, das beruht auf deiner biologischen Information.'
‚Das würde bedeuten', sagte sie, ‚dass du mich auch nie von deiner Sicht überzeugen kannst.'
‚Das hängt davon ab', entgegnete er, ‚inwieweit deine biologische Anlage so ist, dass dieses selbstlernende Element, durch das du über deine organische Verfassung hinaussteigen kannst, in dir in Gang gesetzt werden kann.'
‚Also keine Freiheit', sagte sie einigermaßen trübsinnig.

‚Ich kann mir selbst weismachen, dass ich ein originell denkender und schaffender Mensch bin, aber in Wirklichkeit liegt in meiner Organisation ein Algorithmus verborgen, der dafür sorgt, dass ich genau das denke und tue, was darin vorgeschrieben ist und was überstiegen werden könnte, wenn man die Möglichkeit bekommen kann, die biologische Anlage mit Hilfe künstlicher Intelligenz zu bereichern und zu verfeinern. Die dann nicht außerhalb von einem steht wie jetzt der PC oder der Laptop oder ein Smartphone, sondern die in den Organismus selbst eingebracht wird, wodurch man die Möglichkeiten dieses über einen hinausgehenden Algorithmus mit dem, den man von der biologischen Anlage her hat, vereinigen kann.'

‚Ich finde es wirklich einen sehr interessanten Gedankengang', sagte Els. ‚Und tatsächlich auch ein großartiges Thema für die Science-Fiction-Literatur, was natürlich auch so ist. Aber dass es einen Menschen geben könnte, der das auch glaubt, einen Menschen aus Fleisch und Blut, mit einem Herzen, das finde ich unbegreiflich – und dass du das bist', fügte sie hinzu, ‚das finde ich schrecklich!'

Er wurde ein wenig unruhig und dachte: Wenn dieses biografische Experiment nur nicht zu einer Scheidung der Geister führt, indem Els nun meine tiefsten Überzeugungen erkennt und selbst absolut kein Organ dafür hat… Er fühlte jedoch auch einen Hauch von Zweifel an seiner eigenen Sicht, das hatte sie also doch bewirkt… Es gab etwas in ihrer Argumentation, die die Sache auf schwache Füße stellte – und er wusste nicht genau, was es war. Es schien, als hätte er dafür kein Organ…

‚Aber fahr fort', sagte sie. ‚Das ist zugleich sehr interessant, was du alles erzählst. Worauf beruht diese Theorie? Was ist ihr Ursprung?'

‚Lass mich zuerst sagen', sagte er, ‚dass ich es nicht als eine Theorie sehe, sondern als eine realistische Zukunftsanschauung. Der Ursprung liegt länger zurück, als man denken würde. 1965 hatte einer der Gründer der großen Firma Intel – die Chips herstellte – eine Studie bezüglich des Tempos der technologischen Entwicklung begonnen. Sein Name ist Gordon Moore. Er formulierte aufgrund dieser Studie eine Gesetzmäßigkeit, nämlich, dass sich die Anzahl der Transistoren in einem integrierten Schaltkreis jedes Jahr verdoppelt. Das ergibt eine exponentielle Kurve, wenn man es in einer Grafik darstellt. Darauf beruht die Vorstellung, dass die technologische Entwicklung schließlich eine solche Schnelligkeit erreichen wird, dass sie die Kapazität des menschlichen Gehirns nicht nur übertreffen, sondern mit exponentiellem Wachstum weit, weit hinter sich lassen wird.'

Els sagte:

‚Es geht doch nicht nur um die Anzahl von Transistoren in einem Schaltkreis?'

‚Einige Zeit danach hat er diese Sicht aktualisiert und hat eine Verdoppelung alle zwei Jahre geschätzt. Nein, es geht nicht nur um diese Transistoren, es bedeutet, dass im selben Maße auch eine Verkleinerung der Apparate möglich wird – was wir in unserem Smartphone sehen, der eigentlich ein Computer ist, oder sogar in der Smartwatch. Wenn man dann noch die Nanotechnologie hinzufügt, ergibt sich, wie ich schon sagte, die Möglichkeit, in nicht allzu ferner Zukunft einen ganzen Computer auf einem Chip unterzubringen, der so groß wie ein Blutkörperchen ist.'

‚Ist diese Vorhersage eingetroffen?', fragte Els.

‚Nun, ehrlich gesagt, hat Moore selbst 2005 gesagt, dass das Wachstum ein Limit erreicht hat und dass es physische Barrieren gibt, die überwunden werden müssen – und dass das noch nicht so einfach ist.'

‚Ich denke immer', sagte Els, ‚dass man bei Zukunftsvorhersagen besser darauf achten sollte, was nicht eintrifft, als darauf, was eintrifft. Was eintrifft, gibt einer Sichtweise Nahrung, aber was nicht eintrifft, wird oft vertuscht. Du weißt sicher noch, 2012 sollte die Welt am 12. Dezember untergehen, nach einer bestimmten Zeitrechnung des Mayakalenders. Sie ist nicht untergegangen, und die Menschen leben einfach weiter und raufen sich nicht die Haare, dass sie so dumm gewesen sind, daran zu glauben.'

‚Ich glaube nicht, dass es ein Problem sein wird, dass diese Anschauung nicht eintreffen wird. Physische Barrieren? Wir haben in der Nanotechnologie inzwischen so weitgehende Resultate erzielt, dass zu erwarten ist, dass sich das ganze Rätsel der Materie derart lösen wird, dass es möglich wird, synthetisch jeden beliebigen Stoff herzustellen.'

‚Auch Gold?', fragte sie.

‚Auch Gold. Wenn wir die Technik beherrschen, mit Hilfe der Nanotechnologie die Atome selbst synthetisch herzustellen, wird jedes existierende Element hergestellt werden können.'

‚Moderne Alchemie also', sagte sie.

‚Ja, aber ohne alle magische Spekulation.'
‚Du hast doch auch Philosophie studiert. Hast du da Denker gefunden, die diese Zukunftsanschauung mit einer entsprechenden Weltanschauung untermauern können?'
‚Ja', antwortete er. ‚Du hast nach dem Ursprung dieser Zukunftsanschauung gefragt. Sie liegt also nach dem Zweiten Weltkrieg, und damals ging es sehr viel um eine Anschauung, wonach im neuen Jahrhundert – also dem, in dem wir jetzt leben – eine völlige Veränderung des Menschengeschlechts auftreten würde. Ein neuer evolutionärer Schritt. Es ist nicht nur die künstliche Intelligenz, die sich damit beschäftigt hat. In der Philosophie findet man auch einen Denker, der seine Prophetie auf der Entwicklung der technisch-kommunikativen Möglichkeiten aufbaut.'
‚Und wer ist das?'
‚Pierre Teilhard de Chardin.'
‚Und du hast darin etwas gesehen, in dieser Prophetie?'
‚Ich sehe noch immer sehr viel darin.'
‚Aber das war doch ein Jesuit!'
‚Raymond brach in Lachen aus und sagte:
‚Du bist ja wirklich gut über alles informiert! Ja, er war Jesuit.'
‚Und ich erinnere mich', sagte sie, ‚dass er gerade eine Zukunftsanschauung hatte, die tief religiös ist. Das passt doch überhaupt nicht zu deiner Zukunftsanschauung?'
‚Das darfst du nicht so einfach sagen', erwiderte er. ‚Wir fragen uns natürlich wirklich, was die moralischen Konsequenzen dieses Schrittes der Evolution des Weltalls sein werden. Und wir fragen uns auch, ob diese Evolution eine, sagen wir, spirituelle Bedeutung hat.'
‚Du glaubst doch an nichts?!', sagte Els erstaunt.
‚Ich glaube daran nicht, nicht so direkt…', sagte er. ‚Aber ich will es schon erwägen. Und an sich ist es, wenn man nur die Worte dieses Denkers aufnimmt, schon plausibel, dass sich ein neuer Schritt in der Evolution nähert. Das sagen die Anhänger der ‚Singularität' auch. Es stehe ein Schock in der Evolution bevor, bei dem sich die Krone der Schöpfung, der Mensch, selbst übertreffen und eine neue Art ins Leben rufen wird, die über eine transhumane Entwicklung schließlich zu einer posthumanen Art führen wird. Das ist genau das, was Pierre Teilhard de Chardin auch beschreibt, aber bei ihm wird das von einer tiefen Vorstellung des moralischen Charakters getragen. Globale Ge-

meinschaftsbildung, bis die Menschheit insgesamt *ein* Organismus ist. Er nennt den Ursprung oder den Endpunkt, das, worauf sich alles zubewegt, was aber seine Impulse in einem ursprünglich göttlichen Tun, könnte man sagen, in einem großen umfassenden Bewusstsein findet, zu dem der Mensch sich entwickeln wird, das aber ohne den Menschen schon da ist – er nennt das mit einem Begriff aus der biblischen Apokalypse den Omegapunkt.'

‚Das ist schaurig… Aber warum habe ich die ganze Zeit das Gefühl, dass es zwar irgendwo stimmt, das aber die Wahrheit nicht berührt wird? Dass sie ganz abseits von diesen Überlegungen steht? Und doch wüsste ich absolut nicht, wo ich die Argumente für meinen Eindruck herholen sollte.'

‚Wahrscheinlich hast du Angst vor dieser turbulenten Erneuerung.'

‚Das glaube ich nicht', sagte sie. ‚Ich empfinde keine Angst, sondern ich fühle, dass es nicht stimmt. Wie man es bei einem Patienten haben kann, der mit völlig unschuldigen Symptomen in die Sprechstunde kommt und wo man dann das Gefühl hat: da stimmt etwas nicht, sei auf der Hut, da liegt etwas ganz anderes vor, als diese Symptome glauben machen wollen!'

‚Ja', sagte er, ‚darin bist du wirklich sehr gut – im Ahnen von Gefahr in einem Menschenleben.'

‚Genau so', sagte sie, ‚empfinde ich auch hier in gewissem Sinne eine Gefahr. Aber ich bin dazu ausgebildet, losgelöst von allen vernünftigen Gedanken, dass es nicht so schlimm ist, doch Intuitionen in Bezug darauf zu haben, was es noch sein könnte. Bei dem Patienten, der mit unauffälligen Symptomen hereinkommt, muss man es wagen, einzugreifen, vertiefte Untersuchungen zu veranlassen und so ein Leben zu retten. In dem, was wir jetzt besprechen, habe ich genau das gleiche Gefühl. Ich weiß, dass es da etwas anders liegt, aber ich bin nicht dafür ausgebildet, zu sehen, wie. Ich sage dir aber: Es stimmt nicht, du bist mit deiner Anschauung auf einem falschen Weg!'

Wieder bekam er das merkwürdige Gefühl, dass sie Recht haben könnte. Es war, als ob mitten in armiertem Beton dennoch ein Riss erschien, als ob ein Bauwerk Ermüdungssymptome bekäme.

‚Du bist doch viel zu gut, ich meine nett, lieb, herzlich, um in deinem Kopf ein so trostloses Zukunftsbild zu tragen, so farblos wie das Gehirn selbst…'

‚Ich finde es überhaupt nicht trostlos, ich finde es außerordentlich spannend und blicke voller Erwartung auf die nächsten Entwicklungen.'

‚Aber du liest doch auch die Zeitung? Du liest doch auch die andere Seite dieser technischen Entwicklung? Dass es auf die Dauer kein Fleckchen auf der Erde mehr geben wird, wo man sich verbergen kann; dass alles, was man denkt, was man fühlt, was man tut, öffentlich sein wird? Und wenn man dann noch mit einem Computer auf einem Chip eingesponnen wird, der so groß ist wie eine Zelle… Man muss doch sehen, dass man dann ein Programm in sich trägt, das jemand gemacht hat, der mit einem nichts zu tun hat? So kann die Menschheit doch zu einer dummen Herde geformt werden, die selbst nicht mehr weiß, was originelles Denken ist, und die sich herrlich mitgleiten lässt, auf dem Strom der Virtualität. Denn darüber hast du noch nicht gesprochen: Wie würde unsere Umgebung in dieser posthumanen Epoche aussehen?'

‚Das läge völlig in unseren eigenen Händen. Wie man jetzt, wenn man einen Tempel sehen will, nach Griechenland reist, oder wenn man einen buddhistischen Tempel sehen will, zum Beispiel nach Thailand reist, so kann man das dann einfach um sich herum entstehen lassen, wodurch man genau da sein wird, wo man sein will.'

‚In Bildern!', sagte sie.

‚Nicht wirklich in Bildern, sie wären von der Wirklichkeit nicht zu unterscheiden. Man würde den Wind in seinem Haar fühlen, den Duft von Pinien riechen und so weiter. Genau so, wie es da ist, wo man sich vorstellt zu sein…'

‚O, mein Gott!', sagte sie. ‚Es wird ja immer schlimmer! Gäbe es dann noch eine Möglichkeit, in die nicht-virtuelle Welt hineinzugehen?'

‚Das ist die Frage', sagte er. ‚Es ist die Frage, ob man das noch wollen würde. In diesen ärmlichen und kahlen Kontrast, der dann die Wirklichkeit sein wird, zu gehen, während man sich in der virtuellen Realität an allem ergötzen kann, was man nur will.'

‚Das kann man schon sprachlich nicht verantworten, was du jetzt sagst: virtuelle Realität. Aber wie soll ich mir das vorstellen, wie kann ein Mensch mit einer nachgeahmten Natur zufrieden sein?'

‚Wenn man von der Wiege auf daran gewöhnt ist, wird man damit keine Schwierigkeiten haben.'

‚Dies lässt mich', sagte Els, ‚an einen Roman denken, den ich einmal gelesen habe, ich glaube von einem dänischen Autor. Der Titel war: ‚Olsens Torheit'.'*

‚Johannes Anker Larsen.'

‚Genau! Am Ende des Buches zeigt sich, dass der Mann, der da im Irrenhaus ist, weil er nun einmal verrückt ist, eigentlich in Wirklichkeit der Einzige ist, der noch eine psychisch gesunde menschliche Art hat – weswegen man ihn ins Irrenhaus brachte. So etwas scheint mir dann zu entstehen. Wie wird es dann mit dem Tod sein? Denn ich glaube doch nicht, dass wir in der technischen Entwicklung schon so weit sind, dass der Tod überwunden ist?'

‚Da bin ich nicht so sicher. Wenn dein wunderbarer Geist, so, wie du denkst, wie deine Gefühle sind, wenn das in einem Algorithmus ausgedrückt werden könnte, dann wärst du unsterblich.'

‚Außer, dass ich nicht wüsste, dass ich es wäre…', sagte sie. ‚Denk an den alten Ausspruch: Wenn ich ein König wäre und wüsste es nicht – ich wäre kein König.'

‚Meister Eckhart. Natürlich würdest du wissen, dass du es bist. Deine ganze spezifische Art des Denkens und Fühlen würde deine spezifische Art des Bewusstsein aufrufen.'

‚Na…', sagte sie. ‚Was mich betrifft, ist es für heute genug gewesen. Vielleicht kannst du etwas Bach für mich spielen? Sodass ich fühlen kann, dass du ein echter Mensch bist?'

Er seufzte tief und fühlte wieder kurz eine Angst in sich aufsteigen, sie an diese Zukunftsanschauung zu verlieren. Er stand auf, ging zum Flügel und spielte vier Präludien und eine Fuge von Johann Sebastian Bach. Als er fertig war, stand er auf und umarmte sie.

‚Grandios', sagte sie. ‚Wirklich grandios. Was Bach komponiert hat, ist nicht nachzumachen.'

‚Außer', erwiderte er, durch künstliche Intelligenz. Eines der vier war ein synthetisches Bach-Präludium mit Fuge, komponiert anhand des Musters seiner Kompositionen.'

Sie hielt ihn auf Abstand und sah ihn an. Wie sehr liebte sie diesen Mann!

Sie sagte:

---

* 1941 Olsens Torheit, Johannes Anker Larsen.

‚Raymond, das habe ich gehört, es war das vierte.'

Er sah sie erstaunt an und sagte:

‚Wieso das vierte?'

‚Das vierte Präludium mit Fuge, das du gespielt hast, war nicht von Bach selbst. Denkst du, dass man das als Liebhaber von Bach nicht hören würde? Dass man nicht hören würde, dass es eine geistlose Kopie seines Schaffens ist, wie ein künstlicher Strauß von Plastikblumen? Dachtest du, ich würde das nicht hören?'

3

Im Lauf der Woche hatte es keine Zeit und auch keine Energie gegeben, diese Gespräche fortzusetzen. Sie hatten beide eine arbeitsreiche Stelle, und abends, wenn die Arbeit getan war, wenn sie gegessen und alles aufgeräumt hatten, sahen sie etwas fern oder saßen mit einem Glas Wein zusammen und sprachen über oberflächliche Dinge, die Geschehnisse des Tages. Das große Thema musste bis zum nächsten Wochenende ruhen. Von außen gesehen war alles ebenso geblieben wie zuvor, aber innerlich gab es einen großen Unterschied. Bei Raymond war eine Art Unruhe aufgekommen, ein Gefühl der Unsicherheit, ob Els den Menschen, der so seltsame Auffassungen hatte wie er, wohl weiter lieben könne. Auch wenn sie sich beherrschte, er sah sehr wohl, wie seine Ideen bezüglich der Zukunft des Menschen bei ihr ankamen. Er konnte sich ein Leben ohne Els überhaupt nicht vorstellen, und er tat sein Bestes, um in den alltäglichen kleinen Dingen seine Liebe zu zeigen.

Els konnte nicht mehr schlafen. Sie lag jede Nacht stundenlang wach, um mit den Gefühlen und Gedanken zu kämpfen, die die Gespräche bei ihr geweckt hatten. Manchmal konnte sie im Halbschlaf plötzlich mit dem Gedanken aufschrecken, dass überhaupt kein Mensch neben ihr lag, sondern dass unter dieser warmen, geliebten Haut und den Muskeln in Wirklichkeit die eisernen Schienen eines Roboters steckten, mit Gelenken aus Zahnrädern und einem Computer als Kopf. Raymond merkte nichts von ihren nächtlichen Ängsten.

Manchmal, im Licht des hellen Mondes, lag sie da und sah ihn an, während er ruhig schlief. Sie betrachtete sein geliebtes Haupt mit dem etwas dünnen Haar, sie hörte seinen ruhigen Atem, fühlte die von ihm ausgehende Wärme. Sie dachte: Wenn sein Bewusstsein nicht da ist, ist er unschuldig, aber sobald er wach wird und sein Gehirn wieder auf voller Geschwindigkeit ist, kommen diese idiotischen Gedanken in ihm auf, mit denen sie eigentlich nicht leben konnte.

In ihrer Arbeit hatte sie täglich mit Menschen aus Fleisch und Blut zu tun, die zum Arzt kamen, weil sie irgendwelche Beschwerden hatten.

Bei ihr kam niemals der Gedanke an eine posthumane Art auf, bei der dann wahrscheinlich das Phänomen Krankheit überwunden wäre, weil es ein technisch bereicherter Apparat wäre. Auf der anderen Seite beunruhigten sie oft die Berichte in der Fachliteratur über den zunehmenden Einfluss des Computers bei Untersuchung, Diagnose und Prognose. Was früher ganz im intuitiven Vermögen des Arztes lag, wurde nun mit einem Apparat berechnet. Zum Beispiel die Wahrscheinlichkeit, dass jemand aufgrund seiner DNA schließlich eine Demenz entwickeln würde. Solche Dinge konnten nach den Standards immer mehr berechnet werden. Sie hatte ein Grauen davor, und wenn sie mit bestimmten Kollegen darüber sprach, fühlte sie, dass sie als eine Art Urmensch betrachtet wurde, der nicht mit der modernen Zeit mitging – während sie doch noch jung genug war... Andererseits gab es auch sehr viele Kollegen, die mit ihr einig waren, ihre Gedanken dann aber nicht so weit führten, dass sie auch wirklich ahnen konnten, was die Zukunft des Arztes sein würde. In diesem Sinne fand sie in ihrem Fach sehr wohl oft die Vorzeichen dessen, was Raymond ihr als eine äußerste Konsequenz der technologischen Entwicklung geschildert hatte. Aber sie sah darin mehr etwas, was die Menschheit mit aller Kraft bekämpfen müsste, als ein spannendes, interessantes oder wünschenswertes Ideal. Nun hatte sie entdeckt, dass Raymond solche Entwicklungen tatsächlich als ein Ideal vor Augen hatte, und damit war eine Kluft zwischen ihnen entstanden.

Als er so neben ihr schlief, hatte er ein klopfendes Herz und einen ruhigen Atem, er hatte es schön warm, war ein Mensch, eine biologisch lebendige und sterbliche Erscheinung.

Gedanken an das Leben vor der Geburt oder nach dem Tod hatte sie nicht, diese kannte sie kaum. Aber während des Lebens zwischen Geburt und Tod empfand sie den Menschen als ein mysteriöses, nicht zu ergründendes Wunder. Und für sie war die Geografie des Gehirns überhaupt nicht maßgeblich für die wundersame Erscheinung Mensch.

So lag sie da neben ihm wach, manchmal ängstlich, dann wieder vertrauensvoll. Ihr Gemüt war verwirrt durch die Fülle an Information, die er ihr gegeben hat, den Wert, den er dem beimaß, dass dies möglicherweise doch reale Implikationen für die Zukunft hatte. So, wie sie diese nur fürchten konnte, suchte er nach den Früchten.

Sie suchte in seinem Bücherregal und fand ein Buch über die Singularität von einem gewissen Ray Kurzweil. Sie nahm auch die Bücher von Teilhard de Chardin aus dem Regal und begann zu lesen. Wenn sie nachts nicht schlafen konnte, stand sie auf und las ein paar Stunden. Sie wollte, wenn sie am Wochenende wieder weitersprechen würden, besser über diese einerseits groteske, aber andererseits möglicherweise auch reale Zukunftsanschauung Bescheid wissen.

Sie fragte sich, warum sie diesen Mann eigentlich so liebte. Nachdem sie einander damals im Konzerthaus begegnet waren, hatten sie unmittelbar ihre Kalender hervorgeholt, um eine Verabredung zu treffen, und so war es immer wieder gewesen. Bei jeder Begegnung nahmen sie ihre Kalender und verabredeten sich von neuem. In beiden begann eine Sehnsucht nach einer nächsten Begegnung zu brennen.

Er war kein wirklich hübscher Junge, auch nicht hässlich, aber er war interessant. Man fühlte sein Begriffsvermögen und seine künstlerische Veranlagung, man fühlte, dass er ein großer Mensch war, und dabei war er auch sehr nett, hatte viel Geduld, konnte gut zuhören. Man fühlte, dass er nicht nur ein offenes Ohr hatte, sondern dass er auch wirklich verstand, was man sagte. Und so verliebte sie sich in sein Begriffsvermögen. Seine ganze äußere Erscheinung schien eine Art sichtbar gewordenes Begriffsvermögen. Wie sie dies nun für sich selbst in Worte fasste, gab es ihr von neuem das Feuer der Liebe. Aber um so schmerzlicher war der Kontrast zu dieser idiotischen wissenschaftlichen Zukunftsanschauung, der er anhing.

Sie konnte wirklich nicht verstehen, wie ein Mann mit so viel künstlerischem Begriffsvermögen sich in Vorstellungen von einem Menschen verlieren konnte, der sich selbst fallen ließ, indem er sich an eine Rechenmaschine anschloss. Und wie konnte es sein, dass ein denkender Mensch nicht in sich selbst gewahr wurde, dass das Gehirn noch etwas anderes tat als nur rechnen? Dass ein Computer mit Programmen funktionierte, bei denen alles in Mathematik übersetzt war, hieß noch nicht, dass dies bei dem Vorbild für eine solche Rechenmaschine – nämlich dem Menschen – auch so war. Sie hatte das synthetische Stück inmitten der echten Musik von Bach zweifelsfrei unterscheiden können. Das war nicht durch Berechnung zustande gekommen, das war doch auch eigentlich nicht möglich. Synthetische Musik wurde aufgrund von bestimmten Mustern komponiert, die man bei dem ursprünglichen Komponisten fand. Das konnte sie sich noch vorstellen. Aber offensichtlich war gerade im Vergleich zu vielen Zeitgenossen bei Bach das Besondere, dass er in seiner Musik Takte hatte, die keinerlei Muster gehorchten. Dafür hatte sie ein Organ – um dies wahrzunehmen. Und in dem einen synthetischen Bach-Stück hatte sie nur Muster erkannt und gedacht: Wenn ich dieses Muster durch und durch kennen würde, könnte ich bis ins Unendliche neue Bachmusik schreiben und kein einziges Stück wäre interessant. Sie dachte an eine Bemerkung von Carl Maria von Weber, der der siebenten Symphonie von Beethoven beigewohnt hatte und nachher gesagt hatte, Beethoven habe nun wirklich den Verstand verloren. Gerade diese Symphonie mit ihrem zweiten Teil, dessen Schönheit einen ganz und gar in Entzücken versetzen kann, wurde von dem bürgerlichen Komponisten als wahnsinnig abgetan. Diese Qualität in der Musik würde durch einen Computer nie erreicht werden können.

Sie dachte auch an das Buch von Roger Penrose, der sich in seinen Darlegungen sehr bemüht hatte, zu zeigen, dass die Wirkung des menschlichen Gehirns nicht in einem Algorithmus zu fassen ist. Für sie war dies auch ohne Beweis unmittelbar logisch zu fassen. Wie konnte es sein, dass ihr liebster, so verständnisvoller Partner dies offenbar nicht begriff?

Manchmal dachte sie: Ich nehme das Flugzeug nach Nepal oder nach Neuseeland oder nach Neuguinea, und ich lebe unter den Papuanern, um diesen elenden Unsinn nicht mehr erleben zu müssen. Aber dafür war sie doch nicht geboren. Sie war eine moderne Frau, und sie liebte Raymond und fühlte eine Art heilige Mission in sich erwachen, diesen Mann aus seinem wissenschaftlichen Traum herauszuhelfen…

Am Samstagmittag setzten sie sich wieder einander gegenüber, das iPhone auf dem Tisch zwischen ihnen, um das Gespräch aufzunehmen. Er ergriff das Wort und sagte:

‚Ich habe in der zurückliegenden Woche noch ziemliche Sorgen über unsere Beziehung gehabt… Letztes Wochenende habe ich dich an meiner Weltanschauung und Zukunftsanschauung teilhaben lassen, und ich habe natürlich sehr deutlich gemerkt, dass du sie abweist, mehr noch, dass du sie als eine grauenvolle Anschauung empfindest. Ist es gut, dass ich diese Dinge so offen mit dir teile? Ist es nicht besser, wenn ich diese Dinge für mich behalte und dich nicht weiter damit belästige?'

‚Dann würdest du', erwiderte sie, ‚mich zwingen, meinen Kopf in den Sand zu stecken. Es ist doch besser, dass ich weiß, was in dir vorgeht.'

‚Aber', sagte er, ‚ich habe Angst, dass es schließlich zu einem Bruch zwischen uns führt.'

‚Nein!', sagte sie. ‚Ich liebe dich viel zu sehr, und ich kann es mir überhaupt nicht vorstellen, ein Leben ohne dich zu führen, während du hier auf Erden herumläufst. Wenn wir durch den Tod gezwungen werden würden, auseinanderzugehen, ist das etwas anderes. Aber ich glaube nicht, dass ich dich je im Stich lassen würde, nicht einmal, wenn ich dahinter käme, dass du nicht nur schlechte Dinge denkst, sondern sie auch tust.'

Er sah nachdenklich vor sich hin.

‚Findest du die Dinge, die ich denke, wirklich schlecht?'

‚Ja', sagte sie.

‚Warum?'

‚Weil ihnen ein großer Irrtum zugrunde liegt, auf den ich nicht die Finger legen kann. Ich müsste dein Studiengenosse werden, um die Argumente zu finden, die dich überzeugen, dass deine Anschauung nicht stimmt… Sie hat in dir so fest Fuß gefasst, dass ich mich nicht imstande sehe, da eine Veränderung zu bewirken. Und natürlich habe ich in dieser letzten Woche darunter gelitten. Ich wünschte, du hättest nie solche Dinge gelesen, studiert und gedacht. Ich habe in den Stunden, in denen ich nachts nicht schlafen konnte, dieses eine Buch zum Teil gelesen, das du sicher kennst – von Ray Kurzweil über die Singularität. Ich empfinde es wie eine Parade von Steckenpferdchen. Wobei man, wenn man länger darin liest, zu sehen beginnt, dass es auch noch immer dasselbe Steckenpferd ist, aus dem er eine ganze Parade macht. Ich habe schon öfter Bücher amerikanischer Autoren gelesen, die sich ganz in einer bestimmten Anschauung verloren und dann in eine Bewusstseinsverengung zu geraten schienen, wodurch sie den Rest des Daseins nicht mehr vernünftig wahrnehmen und denken konnten.

Natürlich ist es sehr interessant, was er alles schreibt, und offenbar sind viele seiner Zukunftsvorstellungen auf dem Gebiet der technischen Entwicklung auch eingetroffen. Aber wie ich schon sagte, man sollte besser auf das schauen, was nicht eintrifft. Und ich denke, es ist auch ein sehr großes Stück seiner Parade, was nicht eingetroffen ist. Wenn ich das lese, fühle ich, wie er sich in die elektrischen Schaltkreise des Gehirns und des Computers verrennt und dass er das Fleisch und Blut und die anderen Organe des menschlichen Leibes nicht mehr wahrnimmt.'

Raymond unterbrach sie und sagte:

‚Doch! Er lebt zum Beispiel sehr gesund, weil er sehr genau weiß, dass er seinen physischen Leib so jung und vital wie möglich halten muss, um die Verwirklichung seiner Zukunftsanschauung noch miterleben zu können und in eine Art Unsterblichkeit überzugehen!'

‚Siehst du!', sagte Els. ‚Das meine ich! Das ist doch Unsinn! Natürlich berührt die Technologie allmählich auch das Leben. Ich verstehe, dass die wundersame Codierung der DNA inzwischen auch verwendet wird, um in Computern damit zu rechnen. Mir ist noch nicht deutlich, ob das synthetische DNA ist oder ob es Virenmaterial entlehnt ist. Aber die Codierung, die im Grundmuster der DNA gegeben ist, gibt eine fast unendliche Möglichkeit, zu bestimmten Lösungen von Fragen zu kommen. Das verstehe ich, also in diesem Sinne berührt die Technologie das Leben. Aber ich bekomme dennoch nicht den Eindruck, dass die Technologie auch wirklich weiß, was Leben ist. Dass sie selbst Leben erwecken kann. Davon sehe ich nichts, und was ich auch nicht sehe, ist, welches Wissen darüber besteht, was Bewusstsein genau ist. Zwar stets wachsendes Wissen darüber, wie Denkprozesse im Gehirn verlaufen. Aber wie es möglich ist, dass ein Mensch davon auch ein Wissen hat, das ist glaube ich noch immer nicht bekannt.'

‚Das hängt davon ab, was man unter Bewusstsein verstehen will. Wenn man davon ausgeht, dass das Denken, wie es im Gehirn verläuft, aufgrund der Art dieses Prozesses auch Bewusstsein ergibt, hat man das Problem sehr wohl gelöst.'

‚Ja', sagte sie. ‚Theoretisch ist das so, aber ist es auch wirklich so? Wie würde man das durch ein Experiment beweisen wollen?'

‚Damit stehen wir tatsächlich noch ganz am Anfang…', gab er zu. ‚Aber es ist sehr wohl möglich, mit dem Wissen über das Gehirn bestimmte Prozesse, die durch Beschädigung unterbrochen sind, künstlich durch Technologie wiederherzustellen. Der, der diese Therapie erhält, hat dann auch ein Bewusstsein davon.'

‚Das beweist gar nichts!', sagte sie. ‚Denn der, der die Therapie erhält, ist schon ein Wesen mit Bewusstsein! Die ganze DNA-Technologie ist doch noch immer abhängig von dem Gebrauch von Mikroorganismen, die diese DNA in sich tragen, vervielfältigen, kopieren und so weiter. Aus sich heraus kann das Leben nicht hervorgebracht werden, wie ich es sehe.'

‚Das ist eine Frage der Zeit, und angesichts des exponentiellen Wachstums der Entwicklung ist es eine Frage nicht allzu langer Zeit.'

‚Ich finde', sagte sie, ‚dass du da den Kontakt mit der Wirklichkeit verlierst. Und dass dürfte man als Wissenschaftler doch eigentlich nicht!'

Er begann, sich ein bisschen zu ärgern. Was meinte sie eigentlich zu wissen?

‚Du beginnst, dich zu ärgern…', sagte sie. ‚Das verstehe ich auch, denn ich weiß nichts, aber ich arbeite täglich mit lebendigen Menschen, die Abweichungen in ihren Lebensprozessen haben. Und ob diese nun auf DNA-Mustern beruhen oder nicht, ich sehe, dass das *Leben* etwas ist, was fast wesenhaft im menschlichen Leib wirksam ist. Das sieht man erst wirklich, wenn man jemanden sterben sieht, oder jemanden, der gerade gestorben ist. Es ist ein großes Manko, dass ihr Wissenschaftler der künstlichen Intelligenz nicht verpflichtet werdet, während eures Studiums auch sterbende oder gerade gestorbene Menschen zu sehen.'

‚Du meinst, weil das Gehirn dann still wird?'

‚Ja, und man würde sehen – ich kann mir nicht vorstellen, dass man das nicht sehen würde –, man würde sehen, dass nicht nur das Gehirn still wird, das Herz still wird und die Atmung aufhört, sondern man würde sehen, dass da etwas entweicht, was unumkehrbar ist. Man könnte fast sagen, das Leben ist etwas, was beim Körper ist, solange er lebt, und was sich gleichsam zurückzieht, wenn der Tod eintritt.'

Raymond schwieg. Nach einer Pause sagte er:

‚Was willst du damit sagen?'

‚Dass dies euch zur Bescheidenheit mahnen müsste. Dass du keinen blassen Schimmer davon hast, was *Leben* eigentlich ist, und dass du erst recht keinen blassen Schimmer davon hast, wie man das Leben erwecken kann. Wenn man einen Computer aufgrund von lebendiger Virus-DNA wecken könnte, würde man das einmal Lebendige vielleicht handhaben können. Aber man würde dann noch immer wissen müssen, dass man das Virus *gebraucht* hat, um ihm das Leben zu entnehmen – und dass man nicht selbst imstande ist, einem Apparat Leben hinzuzufügen oder ihn zum Leben zu erwecken.'

‚Da hast du wohl Recht', sagte er. ‚Aber ich sehe nicht, warum das so wichtig ist. Es geht doch darum, dass wir Maschinen entwickeln, die ein Denken haben, das ebenso lebendig getragen wird wie das menschliche Denken, und dass letztlich wegen der enormen Zunahme der Möglichkeiten ein Stadium erreicht werden wird, wo dies dem menschlichen Denken gleichkommt, um dann rasend schnell diese Möglichkeiten zu übersteigen.'

‚Ich sage nicht, dass ich sicher weiß, dass dies unmöglich ist. Es könnte sicher einmal sein, dass dies noch möglich wird, aber dass du dies als *wünschenswert* ansiehst und dass du sagen kannst, dass *dieses* Denken, was dann entsteht, am menschlichen Denken vorbeistrebt – das finde ich so unsinnig, dass es mich zur Verzweiflung bringt. Ich verstehe wirklich nicht, dass du so kurzsichtig sein kannst. Dass du nicht in dir selbst erlebst, welch einen Reichtum das menschliche Denken hat, verglichen mit dem Gerechne eines Computers, und sei dieser noch so selbstlernend intelligent.'

Sie saßen eine Weile schweigend beieinander. Dann griff Els ihre Ausführungen wieder auf:

‚Dann habe ich auch Einiges von Pierre Teilhard de Chardin gelesen. Ich kann mir schon vorstellen, dass die katholische Kirche hier ein Verbot ausgesprochen hat. Aber ich kann mir auch vorstellen, dass diese Schriften, als sie einmal publiziert wurden, sich zu Millionen verkauften. Denn darin steckt etwas sehr Sympathisches und auch Anziehendes. Er sieht die technische Entwicklung und die Entwicklung der Medien, die sich über die ganze Welt erstreckt, als eine Möglichkeit zur Verbrüderung in der Menschheit, und er will es so sehen, dass dies letztlich zu einem Umschlag in eine totale Sympathie untereinander führt. So dass es nicht mehr möglich ist, auch nur etwas von Abneigung gegen seinen Mitmenschen zu fühlen. Man würde seinen Mitmenschen, seinen Nächsten, wirklich so lieben, wie man normalerweise nur sich selbst liebt – und vielleicht noch mehr. Er nimmt an, dass die Persönlichkeit dabei erhalten bleibt und sogar verstärkt wird, weil sie sich durch diese enorme Sympathiewirkung nur noch stärker fühlt. Die Bewegung der Sympathie würde dann eine Gemeinschaftsbildung über die ganze Erde hinweg zustande bringen, so kräftig, so stark, dass die Menschheit zu *einem* Organismus wird. Danach sehnen wir uns in gewissem Sinne alle. Man kennt das Gefühl, wenn man in einem Chor singt, und alle Sänger haben nur *ein* gemeinsames Streben – und das ist, die Musik so gut und so schön wie möglich zu Gehör zu bringen. So würde die Menschheit ein Chor werden, mit dem einzigen Ziel, den Menschheitscharakter so gut und so schön wie möglich zu Gehör zu bringen, wodurch sie sich einem Punkt nähert, von dem sie sich angezogen fühlt und dem sie sich auch wirklich nähert. Das ist der Omegapunkt, wobei er es sich dann so vorstellt, dass die sich verbrüdernde Menschheit, die nur noch die Sympathie kennt, in ihrer Totalität der Leib für den Geist dieses Omegapunktes wird – und das ist Christus. Obwohl wir nicht christlich sind, du nicht und ich auch nicht, lieben wir die Passionsmusik von Bach und leben uns anhand dieser Musik doch jährlich in dasjenige ein, was Johannes und Matthäus in der Bibel darüber geschrieben haben. Offenbar bleibt das nicht ohne Wirkung, denn beim Lesen dieser christlich-technologischen Anschauung wurde ich doch wirklich gerührt. Viel mehr getroffen als durch die Pferdchen bei Kurzweil.'

‚Du sagst es sehr schön, Els, wirklich.'

‚Ich finde es auch sehr schön, obwohl ich auch hierbei unmittelbar ein Erleben habe, dass es so nicht sein kann. Zwar schon, dass die Menschheit letztlich der Leib von Christus oder dem Sinn der irdischen Entwicklung oder so etwas werden könnte, dass eine Verbrüderung entstehen könnte. Aber dass das etwas mit der Technik zu tun hat? Ich könnte mir noch vorstellen, dass eine spezielle Technik entwickelt werden könnte, die mit dem Omegapunkt zu tun hat. Aber dass die Computertechnologie, wie wir sie jetzt haben, in direkter Linie oder meinetwegen in einem exponentiellen Wachstum zu einer Verbrüderung der Menschheit führen sollte – das scheint mir ausgeschlossen.'

Raymond sagte:

‚Das ist deutlich gewesen. Ich werde trotzdem morgen noch einmal versuchen, meine Anschauung *so* für dich zu erläutern, dass ich deine Einwände von heute dabei berücksichtige. Nicht, um dich zu überzeugen, denn ich glaube nicht, dass das gelingen würde, aber vielleicht kann ich sehr wohl ein Stück von deinem Widerwillen auflösen.'

‚Ich hoffe es…', sagte Els. ‚Wirklich, Raymond, das hoffe ich.'

4

Sie gingen Hand in Hand zur Pizzeria. Es war an diesem Samstagabend sehr voll, die Besitzerin musste zu ihrem Bedauern sagen, dass sie keinen Tisch frei hatte.

‚Aber wissen Sie', sagte sie, ‚wenn Sie noch etwas spazieren gehen, nicht allzu kurz, und dann wieder zurückkommen, dann habe ich einen Tisch für Sie.'

‚Gut', sagte er. ‚Wie lang sollen wir dann noch laufen?'

‚Ich würde sagen', erwiderte sie, ‚Sie gehen die Van Breestraat bis zur Emmastraat und dann durch die Johannes Verhulststraat wieder zurück. Bis dahin habe ich hier etwas organisiert.'

Und so wurde der gemeinsame Spaziergang ausgedehnt. Sie fühlten sich beide unbehaglich. Er, weil er unruhig war, sie, weil sie es nicht fassen konnte, dass er sich für diese Anschauung erwärmen konnte.

So hatten sie einander eigentlich nichts zu sagen. Aber nachdem sie ein paar hundert Meter so schweigend gelaufen waren, sagte er, was er auf dem Herzen hatte.

‚Weißt du, Els...', begann er. ‚Vielleicht wäre ich imstande, an meiner eigenen Weltanschauung zu zweifeln. Du scheinst mir die Einzige zu sein, die imstande ist, mich zum Zweifeln zu bringen. Aber die Frage ist, ob ich das will. Und ich fühle sehr gut, dass das für dich gerade nicht zu verdauen ist. Du willst mich so nicht sehen. Du siehst auf mein Herz, und du liebst mein Gehirn, insoweit es mit meinem Herzen verbunden ist. Wenn es in sich ans Denken geht, willst du nicht mehr mit. Und ich frage mich wirklich: Hält unsere Beziehung das aus?'

Sie kniff in seine Hand und sagte:

‚Die Tatsache, dass wir hierüber so offen sprechen können, zeigt doch wohl den Wert unserer Beziehung? Aber du hast Recht, ich kann es schwer aushalten, dass du deine Begabung verwendest, um nur mit deinem Frontallappen zu denken und die Verbindung mit deinem Herzen – wo meiner Meinung nach die Wahrheit wohnt – einfach zu negieren. Natürlich ist es interessant, diese Anschauung. Auf der anderen Seite denke ich, dass diese Zukunftsperspektive völlig überzogen ist.

Dennoch sehe ich auch, wie die künstliche Intelligenz immer weiter vorrückt, auch in meinem Beruf. Aber ich glaube, dass ich mehr die Bewegung einer Knechtung der Menschheit sehe, indem jede Persönlichkeit schematisch erfasst wird, als dass ich an eine Befreiung durch eine sich befreiende Intelligenz glaube. Du siehst etwas vor dir, wo die Intelligenz nicht mehr von den Grenzen des Körperlichen beschränkt werden würde. Ich denke, dass etwas ganz anderes die Absicht ist, soweit man von Absicht sprechen kann…'

‚Dann kommen wir auf das Gebiet der Verschwörungstheorien.'

‚Ich weiß nicht, auf welches Gebiet wir dann kommen. Ich weiß nicht, ob irgendwo ein Dr. No sitzt, der an den Knöpfen dreht, oder ob es die Menschheit in ihrer Gänze selbst ist, die sich durch die Sucht nach Beherrschung und Macht verführen lässt, einen Geist aus der Flasche zu lassen, der dann nicht mehr zurück kann.'

‚Geist aus der Flasche?', fragte er.

‚Ja! Was in deiner Erziehung fehlt, ist das Spielen mit elektrischen Eisenbahnen und die Grimmschen Märchen. Dadurch verfügst du nicht über solche moralischen Bilder, die das ganze Leben lang bei einem bleiben. Wie siehst du es denn vor dir, dass die nach Geld und Macht strebende Menschheit moralischen Gebrauch von einem eventuellen evolutionären Sprung zu einer mit dem Menschen verbundenen künstlichen Intelligenz machen würde?'

‚Daran müsste gearbeitet werden', sagte er.

‚Daran müsste ganz sicher einmal gearbeitet werden! Aber davon höre ich nichts, außer bei Teilhard de Chardin, der einen optimistischen Blick auf die Entwicklung der Menschheit hat. Ich finde übrigens, dass aber auch er sich mit seinem Glauben an die Zukunft in seinen Frontallappen verirrt hat.'

‚Was meinst du damit nur?'

‚Ich meine, dass es vollkommen abstrakt ist, zu sagen, dass ein Moment kommen wird, wo alle Antipathien und alle Schlechtigkeit aus der Menschheit verschwinden… Warum würde das stattfinden, wenn die Menschen individuell, Stück für Stück, nicht danach streben? Ich sehe das nicht.'

Unterdessen liefen sie durch die Johannes Verhulststraat wieder zum Restaurant zurück.

‚Ich glaube, dass ich wirklich verstehe, wo deine Bedenken liegen, und ich respektiere diese auch. Ich habe nur Angst, dass ich meine Zukunftsanschauung nicht haben darf, wenn ich mit dir zusammenbleiben will.'

‚Natürlich darfst du denken, was du willst!', sagte sie, ‚und du darfst auch finden, was du willst. Ich habe schon gesagt, ich werde dich darum nicht verlassen. Aber ich werde sehr wohl darunter leiden, und ich werde auch mein Bestes tun, um dir aus dem Traum herauszuhelfen. Nur fühle ich meine Ohnmacht dabei, denn ich argumentiere auf eine ganz andere Weise als du, und ich habe das Gefühl, dass ich mit meiner Weise des Argumentierens deine Denkart nicht erreiche.'

Er schlug einen Arm um sie und zog sie zu sich und sagte:

‚O doch, du erreichst mich sehr wohl! Ich merke auch an bestimmten Punkten deiner Abwehr, dass du etwas berührst, was ich ernst nehmen muss. Das sind nicht so sehr die unaussprechbaren Details, es ist mehr die Form deines Argumentierens.'

‚Das ist mein Herz', sagte sie.

‚Das weiß ich nicht, davon habe ich keine Vorstellung. Aber ich erlebe etwas von einer wahrhaftigen Form in deinem Denken, die nicht mit meiner Form kongruent sein kann. Wenn ich nur denken könnte, dass das nicht von Belang wäre, wäre ich sofort fertig damit. Aber es gibt manchmal einen Augenblick, wo ich diese Form erlebe und wo ich einen Riss in meinem Gedankengebäude empfinde.'

‚Der Punkt ist', sagte sie, ‚dass diese Zukunftsanschauung jedes Mal wieder auf dieses bekannte Gesetz von Moore zurückgeführt wird – das meine ich mit Steckenpferd weiter –, und während Moore selbst schon 2005 gesagt hat, dass sein Gesetz eine Grenze erreicht hat, geht der Rest der Welt mit seinem Steckenpferd und weist immer weiter darauf hin und argumentiert damit. So entsteht die Idee der Singularität, die Kurzweil einem schon für den Verlauf dieses Jahrhunderts voraussagt. Ich finde es übrigens zum Lachen, dass dieser Mann Kurzweil heißt. Wenn man sich einen spottenden Beinamen für all diese Menschen mit einem hochbegabten Gedankenflug ausdenken wollte, würde man einen Namen für das Gegenteil von Langeweile wählen. Ein Nerd langweilt sich nie –'

‚Also?', sagte er.

‚Also? Du kennst doch wohl das deutsche Wort für Langeweile? Also wie würde man so einen Nerd nennen wollen? Kurzweil…'

Er brach in Lachen aus.

,Ja, das ist nett. Du denkst, dass er mit bestimmten Gesetzmäßigkeiten im Universum nicht rechnet?'

,Es scheint mir, dass es auch im Universum einen Rhythmus gibt und dass es so etwas gibt wie Langeweile, dass es eine Zeitlang nicht weitergeht mit der Entwicklung. Man sieht doch sogar in der Bibel – ich erinnere mich dessen noch aus der Schule –, dass Gott die Welt schuf, dass er das in sechs Tagen vollbrachte, aber dass er am siebenten Tag ruhte? Das ist doch eine Art Besinnung darauf, dass es gut war, was er gemacht hatte.'

,Das ist die Bibel, Schatz!'

,Dennoch eine Art Urbild der Schöpfung, wie mir scheint. Möglicherweise einfach wiedergegeben, aber doch mit einem Urrhythmus...'

Inzwischen standen sie vor der Tür des Restaurants und wollten eigentlich noch weitersprechen. Da sie nun einmal das Ziel ihres Spaziergangs erreicht hatten, gingen sie doch hinein, wo in der Tat ein leerer Tisch auf sie wartete...

Am Sonntagmittag griffen sie das Gespräch wieder auf.

,Ich werde meine Anschauung noch einmal vor dir entfalten und deine Einwände berücksichtigen.'

,Wenn du das kannst...', lächelte sie.

,Ich kann es in jedem Fall versuchen! Wenn du das Gesetz von Moore nicht als ein bleibendes Prinzip sehen willst, ist es dennoch so, dass man, wenn auf die Entwicklung des Computers, der Informatik, der künstlichen Intelligenz, der Robotik schaut und die Periode von, sagen wir 1950 bis jetzt betrachtet, anfänglich ein mühsames In-Gang-Kommen der Technik sieht, ausgehend von einer Forderung bezüglich der Tauglichkeit der Technik, aufgestellt von Alan Turing.

Der Turing-Test ist ein Experiment, 1936 von ihm beschrieben und später, 1950, in seinem Artikel ,Computing Machinery and Intelligence' ausgearbeitet, um Licht auf die Frage zu werfen, ob eine Maschine menschliche Intelligenz zeigen kann.

Der Artikel beginnt wie folgt: ,Ich schlage die Betrachtung der Frage vor: ,Können Maschinen denken?' Dies sollte mit den Definitionen der Begriffe ,Maschine' und ,denken' beginnen.' Das ist schwierig, schreibt Turing. ,Anstatt eine derartige Definition zu versuchen, werde ich die Frage durch eine andere ersetzen, die eng mit ihr verwandt und in verhältnismäßig unzweideutigen Begriffen ausgedrückt ist.' Dann stellt er das ‚Imitationsspiel' vor, das seitdem der Turing-Test genannt wird:

Im Imitationsspiel spricht ein Befrager mit einem Mann und einer Frau. Der Mann muss sich als Frau darstellen, und die Frau muss versuchen, zu beweisen, dass der Mann ein Betrüger ist. Hierbei ist noch kein Computer einbezogen. Der erste Auftrag des Befragers ist, zu ermitteln, wer die Frau ist und wer der Betrüger. Danach wird der Computer in den Test gebracht. Dieser muss die Rolle des Mannes übernehmen. Ein Computer besteht den Turing-Test, wenn es für den Befrager nicht einfacher wird, den Betrüger zu entlarven. Dabei ist es wichtig, dass es aufgrund der Umstände nur um die Intelligenz und nicht um andere Eigenschaften wie zum Beispiel die äußere Erscheinung geht. Turing schlägt daher vor, die Befragten an einen anderen Ort zu versetzen und als einzige Kommunikationsform das Austauschen getippten Textes über ‚Teletype'-Maschinen, vergleichbar dem heutigen Chat, zu gestatten.*

Ende der achtziger Jahre begann der Computer, eine bekannte Erscheinung zu werden, immer mehr Haushalte hatten einen solchen. Das war die Zeit unserer Kindheit. Wenn man an die enormen Apparate denkt, die in den Firmen standen! Es gab spezielle Räume, die verwendet wurden, um diese sehr großen Apparate darin unterzubringen. Und nun schau dir die eWatch an deinem Handgelenk an. Wenn man bedenkt, dass nur dreißig Jahre dazwischen liegen, ist es doch logisch, dass man sich fragt, wie die Entwicklung im Laufe von noch einmal dreißig Jahren aussehen wird? Wächst das stetig so weiter, während der Mensch die Herrschaft behält und mit der Entwicklung Schritt hält? Oder züchten wir eine Maschine die in sich ein Prinzip trägt, das immer mehr dem Algorithmus zu gleichen beginnt, der dem menschlichen Gehirn zugrunde liegt?'

‚Darf ich dich unterbrechen!', sagte sie. ‚Hier liegt mein erster Punkt, wo ich sage, da kann ich nicht mit! Du nimmst einfach so an, dass dem Funktionieren des menschlichen Gehirns ein Algorithmus zugrunde liegt. Wer sagt das?'

‚Das sagt die Wissenschaft. Das heißt, eine bestimmte Gruppe von Wissenschaftlern sagt das. Es gibt eine andere Gruppe, die zu zeigen

* Nach Wikipedia.

versucht, dass das menschliche Denkvermögen nicht in einem Algorithmus zu erfassen ist.'

,Ich wünschte', sagte sie, ,du hättest einen Gesprächspartner, der dir jetzt an diesem Punkt erklären könnte, was den Unterschied zwischen dem menschlichen Denkvermögen und dem Rechenwunder, das ein Computer ist, ausmacht. Ich fühle, dass es da eine ganze Welt von Unterschieden gibt. Du fühlst das nicht, aber du wärst für gediegene Argumente ganz gewiss empfindsam. Aber gut, hier liegt also eine Trennung. Weiter...'

,Auch wenn man davon ausgeht, dass kein Algorithmus für das menschliche Denkvermögen zu finden ist, ist höchstwahrscheinlich sehr wohl ein Algorithmus für die Technik des Gehirns selbst zu finden, wie es funktioniert, unabhängig vom Bewusstsein des Menschen. Der Mensch hat, wenn er Aufgaben löst, natürlich keine Sicht auf das, was das Gehirn genau tut. Das kann die Technik uns lehren, und dieser technische Aspekt des denkenden Gehirns könnte durch die Wissenschaft erschlossen werden. Hier ist man auch schon ziemlich unterwegs. Reverse Engineering wird das genannt. Ein Kennenlernen des Denkens.'

,Nein', sagte sie. ,Ein Kennenlernen der Physiologie, der Neurophysiologie des Gehirns während eines Denkprozesses.'

,Genau. Man kann sich doch vielleicht vorstellen, dass wir mit der Technik letztlich imstande sein werden, dasjenige, was das menschliche Gehirn physiologisch während eines Denkprozesses ausführt, in einer Maschine getreulich nachzuahmen. In dieser Richtung ist man schon ziemlich unterwegs.'

,Gut', sagte sie. ,Aber gibt es da auch diese exponentielle Beschleunigung?'

,Das scheint mir nicht so...', sagte er. ,Aber das ist das Merkmal exponentiellen Wachstums, dass es am Anfang linear zu verlaufen scheint, aber dann plötzlich in eine solche Beschleunigung kommt, dass die Kurve fast senkrecht hochschießt. Das haben wir bei der Bestimmung der Sequenz des DNA-Moleküls gesehen. Man dachte, dass man erst nach sehr langer Zeit mühsamer Arbeit finden könne, wie das menschliche Genom zusammengesetzt ist. Inzwischen haben wir die nächste Generation der Sequenzierung, wodurch dieser Prozess fast unendlich beschleunigt wurde, sodass es nun, ich will mal sagen, für jeden Doit-yourself-Forscher möglich ist, in einer sehr kurzen Zeit zu Hause die eigene DNA-Struktur festzustellen. So etwas könnte mit der Entwicklung des Denkvermögens des Computers auch entstehen – und ich erwarte auch wirklich, dass das auftreten wird. Wenn wir dann erst einmal in diese Beschleunigung gekommen sind, ist die Zunahme in der Entwicklung nicht mehr aufzuhalten.'

‚Gut. Aber was haben wir dann in Wirklichkeit erreicht?'

‚Dass dasjenige, was mit dem menschlichen Denken nicht zu erfassen ist, dann sehr wohl zu erfassen sein wird. Dass die Rechenprozesse, die ein Mensch nicht vollziehen kann, dann vollzogen werden können. Das eröffnet eine gewaltige Perspektive.'

‚Und du, mit deinem Begriffsvermögen, würdest dich dann wohl an so ein maschinelles Rechenwunder anschließen wollen? Denkst du, dass du dein eigenes wunderbares Begriffsvermögen in dieser Gewalt noch aufrechterhalten könntest?'

‚Das sind Fragen, die ich momentan auch nur stellen, aber nicht beantworten kann.'

‚Aber du musst nach Antworten suchen! Wenn es wirklich wahr ist, was ihr vorherseht, dann muss der anderen Seite auch in die Augen gesehen werden! Und in dieser Richtung tut ihr meiner Meinung nach überhaupt nichts…'

‚Noch eine Frage', sagte Els. ‚Warum haben deine Eltern dich eigentlich Raymond genannt? Doch nicht nach diesem Ray Kurzweil? Der war gewiss in der Zeit, wo wir geboren wurden, auch schon am Schwätzen…'

Er lachte und sagte:

‚Nein! Sie sind an solchen Dingen absolut nicht interessiert, das weißt du doch. Ich denke, dass es Ray Charles ist, nach dem ich eigentlich benannt bin, denn das war und ist noch immer ein Lieblingssänger meiner Eltern.'

‚Georgia on my mind…', sagte sie, ‚ich sollte eigentlich Georgia heißen.'

‚Els ist auch gut!', sagte er lächelnd.

In dieser Nacht lag sie wieder wach. Warum war die Gedankenwelt ihres Partners so wichtig für sie? Sie hatte doch eigentlich immer schon gewusst, dass er solche Dinge dachte? Dass diese Ideen sehr weit gingen? Einmal hatte sie ihn sagen hören, dass eine Zeit kommen würde, wo man als Mensch sein Gehirn in einen Computer uploaden könnte, wodurch man unsterblich werden würde. Sie hatte damals gedacht – oder besser gesagt, sich mit dem Gedanken getröstet –, dass es spöttisch gemeint war. Aber sie musste jetzt erkennen, dass solch ein Gedankeninhalt wirklich in ihm lebte und dass er diese Gedanken ernstnahm. Obwohl sie gesagt hatte, dass sie ihn nie verlassen würde, hatte sie es doch sehr schwer damit. Warum machte es ihr so viel aus, was er dachte! Sie fand offenbar, dass das, was ein Mensch dachte, doch einen Teil dessen ausmachte, wer er eigentlich war... Und diesen Teil wollte sie einfach nicht in dem Mann haben, mit dem sie das Bett, den Tisch und das Gespräch teilte...

Sie stand auf und ging in das Wohnzimmer, setzte sich auf einen Stuhl, das Buch von Kurzweil in ihren Händen. Sie las ein Stück und wurde davon sehr müde. Sie döste ein wenig in einen Halbschlaf hinein und sah die Windungen von Raymonds Gehirn wie ein gigantisches Labyrinth, und im Zentrum des Labyrinths wohnte ein grauenvolles, grausames Ungeheuer, das den Plan hatte, die ganze Welt in eine Maschine zu verwandeln. Dieses Ungeheuer war nicht Raymond selbst, sie wusste ihn davon zu überzeugen, dass es aus dem Zentrum seines Labyrinths entfernt werden musste und nur er selbst das tun konnte. So machte er sich auf den Weg, und sie gab ihm ihre Liebe als Leitfaden mit, sodass er, wenn sein Ziel vollbracht war, den Weg durch das Labyrinth der Gehirnwindungen wieder zurückfinden konnte. Sie hatte Angst. Er war empfindsam für das Ungeheuer, es konnte ebensogut geschehen, dass es ihn überzeugen würde und er sich mit ihm vereinen würde. Es war ein sehr riskantes Geschehen, diese Reise zum Mittelpunkt von Raymonds Gehirn. Sie selbst konnte nicht sehen, was er tat. Sie fühlte nur an ihrer Liebe, dass er sich immer weiter und weiter von ihr entfernte, und wenn sie an dem Faden ihrer Liebe zog, fühlte sie, dass er ihn noch immer festhielt. O, wenn doch nie der Moment komme, wo der Faden losgerissen würde oder er ihn losließe. Dann wäre er hoffnungslos verloren, und das grauenvolle Ungeheuer würde sich definitiv mit ihm vereinen.

Sie schrak aus ihrem Schlaf auf dem Stuhl auf. Ihr war eiskalt, bis ins Innerste. Sie wollte weinen, aber sie fand keine Tränen. Sie wollte schreien, aber sie wollte Ray nicht wecken. Verzweifelt fragte sie sich, ob es nicht doch einen Vater aller Menschen gab, bei dem man sich Rat holen konnte, wenn man so tief in die Verzweiflung geriet wie sie jetzt. Sie kroch mit einer Wärmflasche zurück ins Bett, dann wurde ihr langsam warm, und sie schlief erschöpft ein.

Zwei Tage später geschah etwas Seltsames. Raymond kam spät von seiner Arbeit zurück. Er arbeitete in einer großen Softwarefirma und musste sich da fortwährend beweisen, um sein ansehnliches Gehalt eines Mitarbeiters mit Direktorenposition zu verdienen. Als er ins Wohnzimmer kam, sah sie, dass etwas los war. Er schwenkte einen Brief, sein Gesicht verriet Schlimmes, obwohl es nicht ganz negativ schien.

‚Was ist?', sagte sie erschrocken.

‚Ich wurde heute auf drei Wegen von meinem Doktorvater von der Fakultät für künstliche Intelligenz kontaktiert. Zuerst per E-Mail, dass ein Brief zu mir unterwegs sei, dann wurde ich angerufen, ob ich den Brief schon erhalten hätte. Ich bin zu meinem Firmenpostfach gegangen, und da lag tatsächlich dieser Brief – was ich seltsam finde, denn ich würde sagen, man schreibt so einen Brief an die Hausadresse.'

‚Und was steht in dem Brief?'

‚Halt dich fest! Sie wollen mich für einen Lehrstuhl ‚Geisteswissenschaften und künstliche Intelligenz' vorschlagen.'

‚Was?!', rief sie aus. ‚Wo?'

‚Hier in Amsterdam.'

‚Aber das ist doch fantastisch!'

‚In gewissem Sinne ist es fantastisch. Man könnte sagen, dass meine Klage, dass ich keine Anerkennung finde, auf diese Weise erhört wurde. Aber zuerst geht das finanziell dramatisch nach hinten los, denn eine Stelle in der Universität, und sei es die höchste, ist etwas ganz anderes als eine Stelle in so einer Firma…'

‚Das macht mir nichts aus', entgegnete sie.

‚Aber zweitens weiß ich nicht, ob ich dieses Fachgebiet ausfüllen will. Sieh mal, wenn ich für den Zusammenhang von Nanotechnologie und künstlicher Intelligenz oder Mikrobiologie und künstlicher Intelligenz gefragt worden wäre, dann hätte ich gejubelt. Aber nun komme ich an eine geisteswissenschaftliche Fakultät und soll da die Humanwissenschaften erforschen und lehren, wie diese mit der künstlichen Intelligenz in Zusammenhang gedacht werden sollen.'

‚Das ist doch genau das, worüber wir gestern gesprochen haben!?', sagte sie.

‚Ja, aber es ist auch genau das, worin ich am wenigsten zu Hause bin. Und, um dir die Wahrheit zu sagen, was ich auch am wenigsten herausfordernd finde.'

Sie schwieg und ließ diese Veränderung, die ihre Zukunft möglicherweise erfahren würde, zu sich durchdringen. Plötzlich sah sie auch eine andere Seite und sagte:

‚Was ich als Nachteil sehe, ist, dass du dann ganz in diesem Thema aufgehen wirst. Du wirst Vorlesungen geben, du wirst Kongresse besuchen, Reisen machen, Konferenzen abhalten, alles über dieses Thema, und du wirst doch die Chance bekommen, deine Sicht in gewissem Sinne in die Öffentlichkeit zu bringen. In jedem Fall wirst du viel mehr damit beschäftigt sein, als du es jetzt bist, und das sehe ich nicht als etwas Wünschenswertes. Warum fragen sie dich?'

‚Das verstehe ich schon', sagte er. ‚Es ist natürlich ziemlich selten, dass jemand sowohl Philosophie studiert als auch sich in den technischen Fächern ausgebildet hat, die mit der künstlichen Intelligenz und deren Entwicklung zusammenhängen. Sie kennen meine Qualitäten, meine Leistungen, und es wird wohl so sein, dass nicht leicht jemand anderes zu finden ist.'

‚Du bist noch so jung, Raymond!'

‚Das ist jetzt nicht so etwas Besonderes. Die Frage ist nur: Will ich das, kann ich das, und willst du es?'

‚Du hast ja gehört', sagte sie, ‚meine erste Reaktion ist unmittelbar: Ja, sofort tun! In zweiter Linie kommen dann meine Zweifel. Bei dir ist es glaube ich umgekehrt. Du hast in erster Linie den Impuls: Nein, das will ich nicht! Und in zweiter Linie kommt dann natürlich doch das Argument der Ehre und der Position und wohl auch der Möglichkeit…'

‚Weißt du', sagte er, ‚in der heutigen Zeit ist jeder Schritt lebensentscheidend. Wenn ich diesen Schritt mache, werde ich nie mehr auf den Weg der exakten Wissenschaft zurückkehren können. Wenn ich das also tue, dann bahnt dies meinen Weg in diesem Leben.'

‚Dann muss man das in der Tat sehr genau überdenken und alles gut überlegen', sagte sie. ‚Und ich werde das auch tun…'

‚Was auch noch eine Schwierigkeit ist', sagte er, ‚ist, dass der ganze Unterricht, die Kommunikation, alles auf Englisch läuft. Darauf habe ich eigentlich auch überhaupt keine Lust. Philosophie, Theologie, Pädagogik, Literatur, all diese Fächer werden jetzt in einer Fakultät unter dem Namen ‚Humanities' zusammengeführt, was eine oberflächliche ‚Besen-Tätigkeit' ist, als ob alles derselbe Staub wäre, den man ruhig zusammenkehren könnte, und dann gibt man da eine gemeinsame Sicht, und das soll dann auch noch auf Englisch ausgesprochen werden. Ich werde nicht mehr von künstlicher Intelligenz sprechen, KI ist vorbei, es wird immer AI sein, artifical intelligence. Soll ich damit anfangen?'

‚Du sprichst doch in deiner jetzigen Arbeit auch hauptsächlich Englisch?'

‚Das ist in geschäftlicher Hinsicht, damit habe ich kein Problem. Aber auf Englisch zu unterrichten…'

‚Das kannst du doch?'

‚Ich kann das, aber die Frage ist: Will ich das auch?! Ich finde es eine sehr schwierige Sache...'

Es war noch sehr viel darüber zu sagen, aber man konnte auch das Schweigen hinzufügen, und das taten sie. Sie aßen, machten den Abwasch, lasen ihre E-Mails, schauten etwas fern und gingen zu Bett, ohne irgendeine Idee zu haben, welche Antwort auf diese Frage gegeben werden sollte.

Als sie am Morgen wach wurde, war die erste Frage, die sie stellte:

‚Was machst du mit dem Brief?'

‚Annehmen, was soll ich sonst machen. Es wäre wohl etwas seltsam, wenn ich dies abweisen würde.'

Sie konnte sich keine Vorstellung bilden, wie ihr Leben mit ihm weiter aussehen würde, wenn er Professor geworden sein würde, mit all den Lehraufträgen, Aufgaben und Funktionen auf einem Gebiet, von dem sie am liebsten weit weg blieb. Sie rang den ganzen Tag damit. Sie musste sich sehr viel Mühe geben, um ihre Aufmerksamkeit auf die Problematik ihrer Patienten zu konzentrieren, und war todmüde, als der Tag vorbei war.

Als Raymond nach Hause kam, war das Erste, was sie fragte:

‚Was machst du mit diesem Brief?'

‚Was ich dir heute Morgen schon sagte. Ich kann nicht sagen, dass ich wirklich darüber jubele, aber ich muss es wohl machen, das fühle ich. Und vielleicht komme ich auch wieder auf reichere Ideen, wenn ich mich vom Fach her damit auseinandersetzen muss.'

‚Hast du eine Vorstellung, wann es losgeht?'

‚Erst im nächsten Semester. Wir sind jetzt vor Ostern, ich denke, dass die ganze Bewerbungs- und Berufungsprozedur in diesem Frühling stattfinden wird und dass ich dann zu Beginn des neuen Semesters die Stelle antreten muss.'

‚Dann habe ich eine Frage, Raymond.'

Er sah sie fragend an und empfand eine gewisse Verzweiflung in ihrer Stimme.

‚Können wir nicht, nachdem du Ja gesagt hast, einen langen Urlaub nehmen? In den Bergen wandern gehen und alle Gedanken an das Gehirn und die Technik fahrenlassen, nur nach den Wolken schauen, an den Blumen im Gras riechen, morgens früh in die Berge, wenn der Tau noch auf den Blättern liegt, das alles in sich aufsaugen, ohne an Synapsen und Neuronen, Bits, Gigahertz, Gigabytes und was weiß ich alles zu denken. Sich nicht fragen, wie es möglich ist, dass das Gehirn diese Fülle von Sinneseindrücken in ein Bild für einen zusammenfügt, sondern versuchen, dieses Bild zu genießen. Die Bergluft einatmen, vielleicht noch in der Ferne der Schnee auf den Gipfeln, zusammen hinaufklettern, bis man Steinböcke sieht… Willst du das für mich tun?'

Er brach in Lachen aus und sagte:

‚Warum sollte ich das nicht tun wollen? Das klingt wirklich herrlich!'

‚Ja', sagte sie. ‚Auch nicht eine Besinnung auf die Zukunft oder auf das, was du in der Vergangenheit getan hast, sondern wirklich in dem Moment alle Sinneseindrücke genießen und zusammen sein, sodass wir, wenn es vielleicht später doch wieder schwierig wird, immer zu diesen Erinnerungen zurückgehen können…'

Vor ihrem Auge erschien sein Gehirn mit einem Ungeheuer im Zentrum, das aus allen menschlichen Fertigkeiten eine Maschine machen wollte. Die Funktion, die er jetzt erhalten würde, würde eine Reise zu diesem Mittelpunkt sein, und sie musste dafür sorgen, dass der Faden ihrer Liebe fest in seinen Händen lag…

5

Die Berufungsprozedur kam in Gang. Sowohl Els als auch Raymond sahen der Zukunft einigermaßen trübselig entgegen. Els sah es vor sich, wie sie ihn an seine Arbeit verlieren würde. Einerseits würde er ganz in seinen Ideen aufgehen können, andererseits war die akademische Welt gegenwärtig doch auch ein Betrieb mit einem Management-Team. Die Professoren waren ein Teil dessen. Er würde viel kommunikative Arbeit tun müssen, viele Sitzungen haben, und das neben einem vielleicht auch sehr vollen Vorlesungsprogramm.

Raymond selbst fand die Tatsache, dass er an einer ‚weichen' Fakultät angestellt wurde, weiterhin schwierig. Er hatte das Philosophiestudium neben seinen anderen Studien absolviert, um eine Vorstellung, eine gut fundierte Einsicht in Bezug auf die Denkmuster der Menschheitsentwicklung zu haben. Nun wurde gerade dieses Studium seine Hauptaufgabe. Aber er wollte diese Berufung dennoch nicht abweisen.

Er ging von einem Gespräch zum nächsten. Er lernte in kurzer Zeit eine große Anzahl von Menschen kennen, darunter auch eine Anzahl sehr bedeutender Menschen. Das genoss er durchaus. Er hatte seine Stelle in der Firma gekündigt und wollte sich in den kommenden Monaten gut in das Thema einarbeiten.

Aber zuerst würden sie Urlaub machen…

‚Wir müssen wirklich eine neue Garderobe für dich anschaffen!', sagte Els. ‚Du kannst nicht in diesen Sachen Professor sein!'

‚Wieso?', fragte er erstaunt. ‚Was stimmt nicht mit meinen Sachen? Ich sehe keinen großen Unterschied zwischen meinem Outfit und dem anderer.'

‚Es gibt vielleicht eine ganze Reihe Nerds…', sagte sie lächelnd.

Er sah sie fragend an. Was meinte sie?

‚Ihr wählt unmögliche Kleidung, eine violette Hose mit einem gelb karierten Hemd oder so etwas.'

Er sah auf seine Hose und sein Hemd und fing an zu lachen.

‚Was meinst du? Wie soll es denn sein?'

‚Du wirst doch auch in deiner Erscheinung ein Vorbild für deine Studenten sein müssen. Du kannst nicht wie ein halber Clown an dem Lehrerpult erscheinen. Und auch unter deinen Kollegen musst du doch eine gewisse Würde zur Schau tragen.'

‚Dafür habe ich offenbar keinen Geschmack...', sagte er. ‚Dann kleide mich nur ein, ich werde schon anziehen, was du kaufst.'

Els war eine modebewusste Frau. Sie achtete sehr genau auf ihre Linie, ging monatlich zum Friseur, um ihre Haare blondieren zu lassen, trug sie halblang und frei oder in einem Zopf. Sie schminkte sich sehr sorgfältig und trug halb klassische Trendkleidung. Natürlich fand er es schön, dass sie gut aussah, aber er hatte nie dabei verweilt, wie er selbst aussah. Er sah natürlich bisweilen in den Spiegel, aber was er da sah, gefiel ihm nicht wirklich, also kehrte er einfach wieder in seine Gedankenwelt, zu seiner Intelligenz zurück.

‚Ich muss doch nicht eine ganze Reihe von Anzügen anschaffen, oder?'

‚Für bestimmte Gelegenheiten scheint mir das sehr wohl wichtig zu sein. Aber im Alltagsleben an der Universität kannst du natürlich sehr gut in Hose und Hemd oder Hose und Pullover erscheinen. Aber man muss es ansehen können...'

‚Wenn es so schrecklich ist', sagte er, ‚warum sagst du mir das erst jetzt?'

‚Ich habe es dir schon oft gesagt, aber du hörst nicht zu.'

So unternahm sie einen Anschlag auf sein Bankkonto, indem sie auf der Suche nach geeigneter Kleidung drei Tage mit ihm durch die Stadt streifte. Auch seine Schuhe mussten andere werden, und eigentlich fand sie, dass er auch sein Haar anders schneiden lassen müsse. Er ließ sich alles gefallen, wissend, dass mit ihrem Geschmack nichts falsch war, und merkte auch, dass man auf andere Weise auf ihn reagierte, als er begann, diese neue Kleidung zu tragen.

Sie buchten einen Flug in die Schweiz und mieteten das Haus einer Kollegin von Els. Sie würden einen Monat bleiben, und wenn sie dann zurückkommen würden, würde er sich ganz in die Arbeit stürzen.

Es war ein großes Schweizer Chalet, viel zu groß für zwei Personen, mit großem, abschüssigem Garten rundherum und einer großartigen Aussicht auf das Tal. Ein Stück weiter hinauf lag ein Hotel mit einem Restaurant, wo sie sehr schön essen könnten, sogar frühstücken, wenn sie es bequem haben wollten.

Den ersten Abend brachten sie damit zu, sich in dem Haus einzuleben, im Restaurant zu essen und nach der doch ermüdenden Reise und den hektischen Tagen vor ihrer Abreise früh ins Bett zu gehen.
Aber der Tag danach...

Es war so hoch in den Bergen noch ziemlich kalt. Man konnte sich in der Sonne zwar an die Hausmauer lehnen, aber es war zum Beispiel zu kalt, um im Garten zu sitzen. Nach dem Frühstück kauften sie ein. Aber dann...

Sie hatten verabredet, zweimal am Tag auf ihr Handy zu schauen und sonst nicht weiter. Auch nicht fernzusehen, keine Fachliteratur zu lesen, nur zu wandern, Fotos zu machen, Literatur zu lesen und natürlich zusammen zu sein.

Als sie draußen auf der Terrasse mit einer Tasse Kaffee saßen, sagte er:

‚Els, ich muss feststellen, dass ich süchtig bin!'

‚Ich auch', sagte sie.

‚Was für eine Leere das ist! Was soll man um Himmels willen mit seinem Leben anfangen, wenn man sich nicht mit seiner Arbeit oder seinem Freundeskreis beschäftigen darf?'

‚Wir können nicht mehr einfach in der Natur wir selbst sein', sagte sie. ‚Das fühle ich hier sehr deutlich. Wir wollen Buchstaben, Zahlen, Lichtbilder, fortwährende Nahrung für diesen Hunger, und wenn man die Lichtbilder der Realität sieht, findet man sie langweilig. Sie bleiben immerzu dieselben, außer wenn man seinen Kopf dreht oder wenn man wandern geht, dann ändert es sich natürlich, aber nicht in der Schnelligkeit und Fülle, die man gewohnt ist. Das nennen sie in der Hotelwelt glaube ich ‚Entschleunigen'. Wir leben in einem fortwährenden Drive und wissen nicht mehr, wie es ist, einmal keinerlei Eile zu haben und einfach zu sein, wo man ist.'

‚Die Frage ist', sagte er, ‚ob das nötig ist. Ich finde, es ist eine außerordentlich unangenehme Empfindung.'

‚Dein erster Satz war: Ich glaube, dass ich süchtig bin. Damit sagst du doch eigentlich, dass es etwas Negatives ist, dieses fortwährende Hetzen, von einem Eindruck zum anderen.'

‚Das ist auch so...', gab er zu.

Er seufzte und sagte:

‚Dann lass uns mal gleich am ersten Tag mutvoll sein und eine Wanderung machen. Du hast dich gut vorbereitet, du hast allerlei Routen zusammengestellt, also können wir direkt anfangen.'

‚Es gibt eine Route', sagte sie, ‚die direkt hier am Haus entlangführt, das können wir als erstes machen. Sie ist auch nicht so lang, denn wir werden unsere Kondition erst einmal aufbauen müssen. Dieser Weg verläuft ziemlich horizontal und führt an Bergweiden und Wald vorbei.'

‚Ich finde Wandern stinklangweilig', sagte er. ‚Aber vorwärts…'

Sie zogen ihre Bergschuhe an, nahmen ein Rucksäckchen mit etwas Proviant und Trinkvorrat mit, einen Wanderstock für eventuelle schwierige Stellen, und machten sich auf den Weg.

Els hatte die Route ausgedruckt, denn sie wollte jetzt nicht die ganze Zeit auf ihr Handy schauen. Sie steckten die Handys in den Rucksack…

Zuerst ging der Weg durch einen waldreichen Abschnitt, an dessen Rand sich eine Aussicht auf die Bergketten auf der anderen Seite des Tals eröffnete. Sie blieben stehen, er holte tief Luft und sagte:

‚Welch eine Majestät! Davon bin ich doch sehr beeindruckt... Man fühlt, wie man die Neigung bekommt, sehr tief ein- und auszuatmen, als ob die Lungen so groß werden wollen wie die Umfassung des Tales da unten…'

Els lachte und sagte:

‚Du könntest auch noch Dichter werden! Der dichtende Professor, anhand von Mustern von, sagen wir, Schiller.'

‚Ihn kenne ich nur als den Schreiber bestimmter philosophischer menschenkundlicher Einsichten.'

‚Er war auch Dichter', sagte Els.

Sie folgten weiter dem noch breiten Pfad, quer über eine Bergweide, die von bekannten und unbekannten Blumen übersät war. Els blieb ab und zu stehen und pflückte ein paar Blumen.

‚Darf man das?', sagte er. ‚Vielleicht beraubt man die Natur seltener Arten!'

‚Ja!'

‚Ich würde gerne wissen, wie sie alle heißen … was sind das alles für Dinger?'

‚Was spielt das für eine Rolle?', sagte sie. ‚Schau hin, dann weißt du doch, was das alles für ‚Dinger' sind? Auch wenn du die Namen nicht kennst. Du siehst die Farben, du siehst sie in die Höhe schießen oder niedrig bleiben, ob sie Kraft haben oder nicht, welche Farben sie haben, die Blätter, aber vor allem die Blüten – das kannst du doch anschauen?'

‚Was mich die Namen kümmern?', sagte er etwas launisch. ‚Ich will immer gern wissen, was es ist!'

‚Weißt du denn etwas, wenn du den Namen weißt?', fragte sie mürrisch.

Er nahm ihre Hand, und sie liefen fröhlich weiter. Ab und zu hielten sie an, weil Els wieder ein paar neue Blumen sah, die sie in ihrem Strauß mitnehmen wollte.

‚Wenn du gleich eine Felsspitze festhalten musst, tut es dir noch leid, dass du diese Blumen in den Händen hast!'

‚Nein, dieser Weg ist ganz flach, das wird uns also nicht passieren!'

Ab und zu begegneten sie anderen Menschen. Manche liefen stur vor sich hinschauend schweigend vorbei. Els sagte immer ‚Grüßgott!' Manchmal wurde ihr dann etwas erwidert, aber es gab auch Spaziergänger, die von sich aus einen fröhlichen Gruß schenkten.

Raymond fragte:

‚Warum sagst du ‚Grüßgott'? Das sagen sie hier gar nicht. Sie sagen hier ‚Guten Tag' oder so etwas, aber ich habe noch niemanden ‚Grüßgott' sagen hören. Welchen Gott meinst du?'

‚Tu nicht so dumm. Du weißt sehr gut, dass dies in Süddeutschland und Österreich seit altersher ein Gruß ist, ‚Grüßgott' zu sagen, und das hat doch auch etwas, wenn man so in der Natur ist. Dass man darin etwas Göttliches erlebt, ob man noch daran glauben kann oder nicht. Du sagtest soeben doch selbst, dass man die Majestät der Natur gewahrt. Lass uns das dann wirklich fühlen, und das teilen wir dann mit den Mitwandernden, denen wir begegnen, wenn wir ‚Grüßgott' sagen. Auch wenn sie das hier nicht sagen, verstehen sie es sehr wohl.'

‚Gut, du hast immer eine Antwort!'

‚Ich glaube nicht, dass du zufrieden mit jemandem wärst, der nichts zu sagen wüsste!'

Nach zwei Stunden wandern waren sie todmüde. Sie fühlten ihre Knie, Knöchel, Rücken und Schultern. Alles begann, von einer Ermüdung zu zeugen, aber sie mussten sicher noch eine Stunde zurückwandern.

‚Wie ist es nun mit deiner Langeweile?', fragte sie. ‚Hast du noch immer das Gefühl, dass es langweilig ist?'

‚In gewissem Sinne', sagte er, ‚wird es immer schlimmer, weil mein Körper nicht mehr will. Aber auf der anderen Seite merkt man auch, dass man sein Bedürfnis nach Ausfüllung nun auf das Aufrechterhalten seines Körpers verlegt. Man muss seine Energie dafür verwenden, nach Hause zu kommen, das ist an sich auch wieder interessant...', sagte er.

‚O nein!'

‚Ich meine in der Selbsterkenntnis, dass man fühlt, als Mensch doch noch etwas anderes als nur ein Gehirn zu sein. Das könnte man zu Hause, bei seiner Arbeit vergessen...'

‚Ich kann das nie vergessen', sagte sie. ‚Denn es ist nur selten, dass ein Patient etwas an seinem Gehirn hat. Der größte Teil der Krankheiten liegt woanders...'

Sie machten jeden Tag eine Wanderung, jeden Tag ein Stück weiter, ein Stück höher. Die körperliche Kondition nahm gewaltig zu, und das Leben in der ‚Welt der Daten' geriet in den Hintergrund. Raymond sagte auch nicht mehr, dass er es langweilig fände, er begann, die Wohltat der Natur in seiner körperlichen Kondition zu fühlen. Seine Gedanken standen nicht still, aber sie änderten ihren Inhalt. Immer mehr waren es die Sinneseindrücke, die seine Gedanken erfüllten.

Wenn er abends mit einem Buch in seiner Hand auf dem Sofa saß, bei brennendem Kamin, ein Glas Wein dabei, dann fühlte er sich tief glücklich.

Sie sprachen nicht über die Singularität, nicht über die digitale Information im Kosmos, nicht über seine zukünftige Stelle. Was ihn betraf, konnte das alles noch tagelang aufgeschoben und vertagt werden. Dies war das wirkliche Leben, und er blickte mit Erstaunen auf seine eigenen Gedanken. Man wollte Bauer oder Gärtner oder Rentner werden ... und den Rest seines Lebens in der Natur verbringen. Wie hatte er je denken können, dass es da immer dasselbe sei? Es war keine Sekunde dasselbe. Jeder Schritt, den er machte, veränderte das Bild, die Wahrnehmung der Umgebung, in der er war. Er nahm mit Verwunderng wahr, wie herrlich das war.

Nicht, dass er an seiner Anschauung zweifelte, aber er empfand dies als eine großartige Vorbereitung auf seine Arbeit in der Fakultät für Humanities. Er hatte eine Welt hinzubekommen, und er würde es sicher schaffen, das, was er als Sinneswirklichkeit jetzt mit seinem Gehirn aufnahm, in Verbindung mit seiner ursprünglichen Anschauung zu bringen. Er hatte überhaupt keine Vorstellung, wie das aussehen sollte, und fühlte, dass da noch sehr viel zu erforschen war. Es waren keine konkreten Gedanken, damit wollte er sich jetzt nicht beschäftigen, aber es sorgte sehr wohl dafür, dass er mehr Lust auf seine neue Funktion bekam.

Nach einer Woche schlug das Wetter um. Es begann, in Strömen zu regnen und zu stürmen, so schlimm, wie es nur in den Bergen sein kann. Auch das war eindrücklich, aber es führte dazu, dass sie nicht Wandern gehen konnten und ganze Tage im Haus verbrachten. Da fiel es nicht leicht, die Finger vom Handy zu lassen und auch nicht fernzusehen.

Sie standen später auf, frühstückten ausgedehnt, verbrachten einige Zeit mit Haushalt und hofften auf besseres Wetter.

Els sagte:

‚Meine Kollegin hat mir erzählt, dass hier irgendwo ein Kulturzentrum ist, wo es sehr viel Musik, Vorträge und Rezitation gibt. Es scheinen vor allem Niederländer zu sein, die da aktiv sind. Sie sagte noch: Wenn es schlechtes Wetter ist, ist es sicher toll, einmal einen Abend dorthin zu gehen, wenn es etwas gibt, was einen interessiert. Das Programm ist im Internet zu finden.'

‚Okay... Ist es weit von hier?'

‚Keine Ahnung, das müssen wir nachschauen...'

Sie waren disziplinierte Menschen und griffen nicht direkt nach dem Gerät, sondern warteten, bis die vereinbarte Zeit gekommen war, um die tägliche Internetration zu nutzen...

Sie fand den Veranstaltungskalender und die Adresse.

‚Nein, es ist gar nicht weit weg. Es liegt ein paar hundert Meter weiter unten. Meiner Meinung nach sind wir daran vorbeigekommen. Diese Woche gibt es zwei Konzerte und zwei Vorträge. In einem geht es um die Wissenschaft des Denkens. Das scheint mir was Gutes, vielleicht bekommst du dabei noch Ideen.'

‚Es wird wohl sehr oberflächlich sein!', brummte er. ‚Man kann nicht erwarten, dass hier in der Walachei ein Topredner zu finden ist. Aber ja, als Unterbrechung unserer Naturerfahrungen scheint es mir schon interessant zu sein.'

‚Außerdem gibt es an einem Abend die Violin-Partiten von Bach, das wäre vielleicht auch etwas?'

‚Wir gehen erst einmal zu diesem Vortrag und dann sehen wir weiter...', sagte er. ‚Ich habe kein Bedürfnis danach, hier in eine holländische Gemeinschaft aufgenommen zu werden.'

‚So sieht es nicht aus', sagte sie. ‚Es macht einen echt schweizerischen Eindruck. Aber gut, du hast Recht, wir gucken erstmal.'

Sie fuhren mit ihrem kleinen Mietwagen durch Sturm und schweren Regen einige hundert Meter weiter hinunter und fanden den Eingang des Zentrums, das in einem großen Park mit schön angelegten Gärten, aber auch großen Stücken natürlicher Berglandschaft lag. Ein Stück vom Weg ab lag ein großes Gebäude aus dem neunzehnten oder vielleicht vom Anfang des zwanzigsten Jahrhunderts mit einigen Jugendstil-Merkmalen, davor ein Parkplatz, der fast ganz mit Autos belegt war.

‚Merkwürdig, man sollte meinen, dass man hier in einem abgelegenen Gebiet ist. Etwas vom Weg ab scheinen dann auf einmal sehr viele Menschen zusammenzukommen. Ich bin gespannt', brummte Raymond. Er hatte eigentlich überhaupt keine Lust, sich in eine Gruppe von Menschen zu begeben, die sich vielleicht auch noch mit ziemlich vagen Dingen beschäftigten. Aber auf der anderen Seite hatte er durchaus das Bedürfnis nach etwas anderem, wo sie nun nicht wandern konnten.

‚Sieh mal!', sagte Els. ‚Es gibt auch ein sehr großes Restaurant! Da können wir sehr gut einmal essen gehen, es sieht sehr gesellig aus.'

Die Geselligkeit strahlte bis nach draußen, und man hörte die Fröhlichkeit vieler Menschen.

Sie betraten die Halle, sahen einen Empfang und fragten dort nach dem Ort des Vortrages. Die Rezeptionistin war sehr freundlich, keine Niederländerin, sondern eine ‚echte Schweizerin'. Sie ging ihnen voraus, um ihnen den Saal zu zeigen, wo der Vortrag gehalten werden würde. Es war eine Art Theatersaal mit einer Bühne, aber das Rednerpult stand vor der Bühne. Der Saal war halb gefüllt, es waren vielleicht fünfzig Menschen anwesend.

‚Wie geht das denn!', sagte Raymond. ‚Dass so viel Interesse besteht!'

‚Ja, meine Kollegin sagte auch schon, dass das wirklich eine sehr intessante Gruppe von Menschen sei, die hier am Werk ist, und dass viele Menschen aus dem Ausland hierherkommen, um eine Weile zu bleiben. Außerdem gibt es scheinbar eine Erste-Hilfe-Stelle für Wanderer im Sommer und Skifahrer im Winter, denn das Krankenhaus liegt ziemlich weit weg, und wenn etwas passiert, übernehmen sie die erste Hilfe...'

‚Gibt es denn auch eine Klinik?'

‚Ja, zwar nur eine kleine, aber offenbar eben mit einer wirklichen Erste-Hilfe-Stelle, eine Hausarztpraxis, könnte man sagen.'

Sie suchten sich einen Platz mitten im Saal, wo sie eine guten Sicht auf das Rednerpult hatten, und nahmen Platz.

Langsam füllte sich der Saal ganz. Es war deutlich, dass es Menschen gab, die sich hier völlig zu Hause fühlten, aber auch Passanten wie sie.

Raymond dachte: Ein Vortrag über die Wissenschaft des Denkens, wer war daran interessiert? Er dachte, es müsse wohl ein Vortrag über ‚Reverse Engineering' sein, was sonst sollte es sein? Eine Darstellung neurophysiologischer Kenntnisse über das Gehirn. Für ihn war das vertrautes Gelände, aber er war doch neugierig, auf welche Weise in einer Schweizer Berggegend, weit weg von jeder Universität, darüber gesprochen werden würde. Er fand es sogar ein bisschen spannend und sagte zu Els:

‚Es ist verrückt, Els, ich werde geradezu etwas nervös!'

‚Ich auch...! Siehst du, wie schnell man weltfremd wird. Wir sind erst eine Woche weg aus der digitalen Stadtwelt...'

‚Sollte es daran liegen?'

‚Ich glaube schon...'

‚Na, wir werden sehen. Ich finde es unheimlich...'

Ihre Blicke wurden von einem Mann angezogen, der hineinkam. Ein Prachtexemplar der Menschheit... Ganz deutlich indischer Abstammung, zeitlos... Wahrscheinlich doch um die achtzig. Mit großartigem, dickem grauem Haarschopf. Gekleidet in ein priesterliches, anthrazitfarbenes Gewand. Er betrat den Saal zusammen mit einer viel jüngeren Frau, einer schönen Frau, wahrscheinlich Ende vierzig, die durch ihre bewegliche Ausstrahlung beeindruckte.

‚Das sind zwei außergewöhnliche Menschen!', sagte Raymond zu Els.

‚Ja, wirklich...', sagte sie. ‚Ich bin auch ganz erstaunt. Wo sieht man noch solche Menschen, die so charakteristisch sie selbst sind?'

Sie nahmen in der ersten Reihe Platz, und es kamen noch ein paar andere auffallende Menschen herein, die sich auch in die erste Reihe setzten.

Raymond flüsterte Els zu:
‚Das ist sicher das Managementteam hier!'
‚Ich glaubte nicht, dass sie das hier so nennen...', sagt sie. ‚Aber ja, irgend so etwas wird es wohl sein.'
Es wurde still. Die Uhr des Instituts schlug acht. Die Stille wurde immer tiefer. Als Raymond dachte, stiller könne es nicht mehr werden ... kam ein älterer Mann herein, einmal blond gewesen, nun etwas ergrauend. Eine große Gestalt mit schönem Antlitz, eine eindrücklichere Erscheinung als alle markanten Menschen der ersten Reihe zusammen...
Ein Erschauern durchzog ihn, und wieder fühlte er diese Nervosität. Was waren das für Menschen, die so viel Eindruck auf einen machen konnten?
Der alte Mann – Raymond korrigierte sich und dachte: er ist wohl etwas älter als ich, aber ob ich noch so jung sein werde, wenn ich so alt bin wie er, ist noch sehr die Frage, er wird wohl in den Sechzigern sein, aber er hatte die Ausstrahlung eines lebenskräftigen Jünglings – hatte nichts weiter bei sich und ging zum Rednerpult. Er sah frei in den Saal und begann zu sprechen, ohne irgendwelche Notizen zu verwenden.

Schon bei den allerersten Worten, die er mit seiner wohlklingenden Stimme aussprach, ruhig und wohlüberlegt, hatte Raymond die innere Sicherheit: Dieser Mann weiß, dass ich hier sitze, und er spricht ganz direkt *mich* an.

Zu Anfang sprach der Redner Sätze aus, die ganz in Übereinstimmung mit Raymonds Anschauung zu sein schienen. Er sprach über die Notwendigkeit einer Wissenschaft der Denktechnik. Er hatte Mühe, dem Deutschen zu folgen, obwohl er die Sprache gut kannte. Vielleicht lag es auch nicht an der Sprache, sondern an der Art des Sprechens dieses älteren Mannes. Der Ton seiner Stimme war angenehm, er hatte eine klare, wohlklingende Stimme, war das Sprechen in der Öffentlichkeit offenbar gewöhnt und tat dies auf eine freie, ungezwungene und klare Weise. Und doch verlor Raymond immer wieder den Faden.
Irgendwann hatte er das Gefühl, dass eine Beschleunigung eintrat, so wie auch ein Flugzeug beschleunigt, um sich dann mit gewaltiger Kraft von der Erde zu lösen. So etwas geschah auch in diesem Vortrag, und Raymond hatte das unangenehme Gefühl, dass er dem Gedankengang

schon da, als dieser noch ‚mit der Erde verbunden war', nur schwer folgen konnte, aber dann, als er einmal den Luftraum gewonnen hatte, den Faden völlig verlor. Er hörte die Worte, hörte die Sätze, hörte die Verbindung, konnte aber die Bedeutung nicht fassen.

Für einen Mann, der so hochintelligent war wie er, war dies eine Art Martyrium. Er hatte das Gefühl: Dieser Redner packt mich bei meinem intelligenten Kragen und schlägt mir rechts, links, rechts um die Ohren, bis es mir schwindelt. Dabei machte er keinen bösen Eindruck, im Gegenteil. Es war sehr deutlich, dass es ein liebenswürdiger Mensch war, auch hoch gebildet, aber er konnte ihm nicht folgen, er begriff kein Stück. Was er sagte, hatte einige Ähnlichkeit mit Philosophie, vielleicht mit der ‚prima philosophia', aber auch das war es nicht. Er sprach über das Denken, insoweit es nicht mit dem Gehirn geschieht. Das hörte er noch. Aber was dann weiter darüber gesagt wurde, entging ihm völlig. Seine Ohnmacht machte ihn allmählich böse, bis er wütend war. Wie konnte es sein, dass jemand eine Stunde lang sprach, zusammenhängend, wohlüberlegt, gut verständlich, aber absolut ohne fassbaren Inhalt!

Als der Mann nach einer Stunde aufhörte, zu sprechen, fing er kurz dessen Blick auf. Oh ja, dieser Mann hatte gewiss mit Absicht so gesprochen, um ihm eine Lektion zu erteilen. Aber er hatte die Lektion nicht einmal verstanden, konnte also auch nichts daraus lernen.

Die Menschen um ihn herum standen auf und verließen allmählich den Saal. Einige blieben noch etwas stehen und sprachen miteinander, auch mit dem Redner, mit dem Inder und mit den jüngeren Frauen und den anderen, die ganz offenbar zu dieser Gruppe gehörten. Er fühlte einen flammenden Hass gegen diesen ganzen Haufen in sich aufsteigen.

Els wollte auch aufstehen, aber er hielt sie auf.

‚Warte noch kurz', sagte er. ‚Ich will da nicht vorbei...'

Sie setzte sich wieder, und sie warteten, bis alle den Saal verlassen hatten.

Sie wussten nicht, dass einst, Jahre zuvor, auch der Redner so in diesem Saal gesessen hatte, nach einem Vortrag des Mannes aus dem Osten. Dass auch er sich so angesprochen gefühlt hatte – er hatte die Botschaft genau begriffen –, dass er völlig verwirrt gewesen war und sitzengeblieben war, bis ein Mädchen von draußen hereingekommen war, um ihn zu fragen, ob alles in Ordnung sei. Es war eine Art Wiederholung dieses Geschehens, wenn auch in einer ganz anderen Atmosphäre. Dasselbe Mädchen, das jetzt eine reife Frau war, die noch junge Frau, die zusammen mit dem Inder hereingekommen war, betrat den Saal und kam auf ihn zu, als müsse sie die Szene erneut spielen.

Sie sah ihn an und fragte:

‚Geht es Ihnen gut?'

Er sah in ihre blauen Augen und wurde mutlos, wie ein Ballon, aus dem die Luft herausgelassen wurde. Matt sagte er:

‚Ja, ja... Ich muss das kurz verarbeiten, aber so wichtig ist es nicht.'

Die Frau sah ihn forschend an und glaubte nichts von dieser Unwichtigkeit. Sie sagte auf Niederländisch:

‚Ich höre, dass Sie Niederländer sind. Das sind wir auch. Ich bin Eva Leven, und ich arbeite hier als Ärztin in der Klinik.'

Sie gab ihm und danach Els die Hand.

‚Haben Sie vielleicht das Bedürfnis, meinen Mann zu sprechen –'

‚Ihren Mann?', sagte Raymond matt.

‚Ja, der Mann, der soeben den Vortrag gehalten hat. Wenn Sie das Bedürfnis haben, ihn zu sprechen, können Sie für einen Termin immer anrufen. Hier ist seine Karte.'

Er nahm sie und hoffte nur, dass sie jetzt weggehen würde, was sie auch tat.

‚Komm', sagte er zu Els. ‚Gehen wir!'

Im Auto sagte Els, die am Steuer saß:

‚So! Du warst böse!'

‚Ja, was soll ich mit so einer dummen Geschichte! Ein großartiger Kerl mit gutem Verstand, der einem so einen Unsinn verkauft!'

‚Erzähl mir dann einmal, was für ein Unsinn das war.'

Sie ahnte, dass er kein Wort davon mitbekommen hatte, sie kannte ihn so gut!

Sie parkte das Auto bei ihrem Chalet, und sie gingen hinein.

‚Nun, lieber Raymond, erleichtere dein Herz! Das war glaube ich keine gute Idee, dahin zu gehen.'

‚Vielleicht doch...', sagte er. ‚Nun, ich könnte nicht wiederholen, was dieser Kerl alles dahergeredet hat. Am Anfang dachte ich noch, dass es sinnvoll sei, was er sagt. Aber dann ließ er meiner Meinung nach jede Vernünftigkeit hinter sich und stieg auf zu Gebieten, die keinerlei Realität mehr haben. Das machte mich unglaublich wütend – dass es möglich ist, dass jemand einfach so hundert Menschen zu sich zieht, um irgendeinen Quatsch daherzureden!'

Els holte tief Luft und sagte:

‚Es ist doch ein Jammer, dass du mit deinem quantitativen Denken offenbar nicht imstande bist, Qualität wahrzunehmen!'

Er brach in Lachen aus und sagte:

‚Das ist wieder eine echte Els-Bemerkung! Was für Qualität? Er hat da ein bisschen von Gedankenprozessen geschwätzt, die frei und losgelöst vom Gehirn wären. Wie kommt er auf diesen Unsinn!'

Els sah das Bild des Labyrinths und wie das schwarze Ungeheuer im Zentrum Punkte machte. O, wie fest er in dieser Gedankenwelt saß! Wie sollte sie antworten, um es nicht noch schlimmer zu machen? Sie selbst hatte diesem Mann mit Verwunderung zugehört. Für sie war es ein großes Fest künstlerischer Denkqualität gewesen. Für sie gab es keinen Zweifel, dass das, was er gesagt hatte, die Wahrheit war. Es war eine andere Seite des Menschseins, die er enthüllt hatte und von der sie intuitiv wusste, dass sie existierte. Das war auch ihr Widerwille gegen Raymonds Zukunftsanschauung gewesen, die Quelle ihrer nächtlichen Ängste lag im Gegenteil dessen. Und sie wusste, dass es jetzt darauf ankam, wie sie reagieren würde. Dies war ein Wendepunkt in seinem Leben: Entweder er wandte sich mit aller Vehemenz, die er hatte, definitiv von diesem anderen Menschsein ab, dann würde das Leben mit ihm unerträglich werden. Oder er würde zum Zweifeln gebracht werden. Die Frage war, was sie nun sagen konnte.

Sie ließ sich von ihrer Intuition leiten und sagte:

‚Okay, ich verstehe dich ganz und gar. Diese Darstellung passt natürlich absolut nicht in die Zukunftsanschauung des Menschen, wie du sie über Jahre hinweg aufgebaut hast, und du wirst davon fuchsteufelswild, das verstehe ich sehr gut. Aber vielleicht will nun auch einmal der andere Raymond zum Vorschein kommen, der auch da ist, der vielleicht etwas erstaunt über dieses ‚Gerede' ist, dem er nicht einmal folgen kann, der aber sehr genau weiß, dass dieser Mann, der das da ausgesprochen hat, nicht verrückt ist! Dass es auch ein sehr besonderer Mann ist, das weißt du verdammt gut. Lass nun diese Seite deines Seins einmal das Wort ergreifen!'

Er stand auf und machte einen Kniefall vor ihr, nahm ihre Hände in die seinen und sagte:

,Meine liebste Els, willst du mich heiraten?'

Sie war perplex. Heiraten wollte er nicht, Kinder wollte er nicht, er wollte nur die Wissenschaft, und sie durfte für das Angenehme in den freien Stunden da sein – dann war er in der Tat der andere Raymond...

Mit großen Augen und offenem Mund sah sie ihn an und brachte hervor:

,Was wird das jetzt!'

,Ich kann nicht im Boden versinken, Els, ich bin jetzt am Tiefpunkt, auf meinen Knien. Willst du mich heiraten?!'

Sie zog ihn empor und umarmte ihn, und sie sagte:

,Nichts lieber als das! Aber du weichst meiner Frage aus!'

Sie setzten sich nebeneinander auf das Sofa, dicht nebeneinander, und er sagte:

,Es hängt wirklich miteinander zusammen, Els. Es ist dieser andere Raymond, der dich nun um die Heirat gebeten hat und der das auch wirklich meint, vom Grunde seines Herzens. Und dieser andere ... ja, der muss wohl zugeben, dass seine Hochbegabung, seine sogenannte grandiose Intelligenz, einer Ausführung, wie wir sie soeben gehört haben, nicht gewachsen ist. Ich kann dem einfach nicht folgen, ich begreife kein Stück. Wovon spricht dieser Mann? Und es wäre überhaupt nicht schlimm, wenn es nicht *dieser* Mann wäre! Da hast du ganz Recht, es ist nicht der erstbeste. Auch wenn ich kein bisschen davon begreife, fühle ich doch, dass er wahrhaftig ist, sehr viel wahrhaftiger als mancher Wissenschaftler, den ich kenne. Also was soll ich damit anfangen? Am liebsten würde ich die Zeit einen Tag zurückdrehen und mich dann entschließen, nicht zu diesem Vortrag zu gehen und in der Tretmühle des vertrauten Denkens ruhig weiterzuleben.'

,Das meint dieser andere Raymond auch nicht...', sagte sie.

Er seufzte tief und sagte:

,Nein, aber ich weiß wirklich nicht, was ich damit anfangen soll.'

,Die Frau hat gesagt, dass wir ein Gespräch mit ihm anmelden könnten.'

‚Das wird eine Katastrophe. Ich muss doch erst wissen, wovon in Gottesnamen er spricht!'

‚Dann gehen wir noch einmal zu einem Vortrag', sagte sie.

‚O, mein Gott, ich dachte, wir würden hier in der Natur sein!'

‚Das dachte ich auch. Und nun sind wir fast verheiratet, und wir sind in der Natur auf einen Weg geraten, der, glaube ich, ganz *aus* der Natur wegführt. Aber nicht zu Neuronen und Synapsen und Milliarden Daten, die gespeichert und wieder aufgerufen werden können, sondern auf einen Weg, der all diese Zahlen und Mengen gerade loslassen zu wollen scheint.'

‚Halt mich gut fest, denn ich bekomme Angst davor...', sagte er.

Wieder sah sie das schwarze Ungeheuer im Zentrum seines Labyrinths. Aber es ließ ab und musste eingestehen, dass es keinen Punkt gemacht, vielleicht sogar etwas verloren hatte. Der Wanderer im Labyrinth bedeutete ihr unendlich viel. So viele Qualitäten und so der Endlichkeit verhaftet...

*

Am nächsten Tag regnete es wieder, aber sie hatten nun keine Mühe, die Stunden zu füllen. Nach dem Frühstück saßen sie zusammen am Tisch und machten Pläne für ihre Hochzeit. Sie suchten ein Datum aus, bedachten ein Programm für diesen Tag, fragten sich, was eine geeignete Örtlichkeit wäre und vor allem, wen sie einladen wollten. Es wurde ein großer Kreis von Menschen, sie hatten beide viel Familie, viele Freunde und Freundinnen und dann auch noch viele Kollegen. Das Merkwürdige war, dass sie nie diesen endgültigen Schritt zu einer gemeinsamen Bindung hatten machen können. Nun war dieser Schritt getan und gab es nirgends auch nur eine Spur von Zweifel an dessen Richtigkeit. Er weckte sie auf und machte sie froh und glücklich.

So schien in diesem Regenwetter doch eine gutmütige, warme, lichte Sonne. Die einzige Wolke am Himmel für Raymond war dieser Mann da, ein paar hundert Meter weier unten. Els sagte:

‚Ich kenne diesen Mann irgendwoher. Ich habe sein Foto gesehen, und ich frage mich, wo... Es muss in Holland gewesen sein, denn hier habe ich keine Fotos gesehen...'

‚Du brauchst nur im Internet nachschauen, und du weißt, wer er ist.

Das ist natürlich kein Problem, er wird sicher auch Bücher geschrieben haben, darin kann man dann diesen vagen Unsinn noch einmal nachlesen.'

‚Hör auf, Raymond! Du bist ein Wissenschaftler, und ein Wissenschaftler erklärt nichts zu Unsinn, was er nicht kennt!'

‚Ah, da ist Els wieder!' Er lächelte. ‚Wenn jemand anders so etwas zu mir sagen würde, würde ich wütend werden. Aber bei dir finde ich es nur schön...'

‚Sicher, weil du es doch nicht ernst zu nehmen brauchst!'

‚Nein, nein', sagte er. ‚Ich nehme es gerade sehr ernst. Ich lege auf dein Urteil sehr viel wert, das weißt du doch...'

Sie hatten verabredet, am Ende der Woche noch einmal einen Abend hinunterzufahren, um einen zweiten Vortrag dieses Mannes mitzuerleben.

‚Ich wünschte nur, ich könnte mich darauf vorbereiten', sagte Raymond. ‚So dass ich wenigstens dabeibleiben und begreifen könnte, was die Reichweite dessen ist, was er sagt. Das müsste ich doch können? Ich bin so geübt im abstrakten Denken – man würde meinen, wenn dieses Denken sich dann mit einem Flugzeug hoch über die Erde erhebt, dass man dem dann auch noch folgen können müsste. Du kannst das. Warum kann ich das nicht?'

Sie wusste sehr genau, warum er das nicht konnte. Er hatte sozusagen schon seit der Wiege abstrakt gedacht, aber in Ziffern, Zahlen, Buchstaben und Silben und nicht in solchen Gedanken, mit denen man nur künstlerisch denken konnte. Sie hatte eine Idee und sagte:

‚Wenn du einmal an ein Präludium und eine Fuge von Bach denkst, eine echte, nicht so eine Nachahmung, dann hast du da doch auch einen Inhalt, den du nicht berechnest, bevor du ihn spielst, sondern du liest den Inhalt in den Noten, und du bist fähig, das, was du gelesen hast, mit deinen Händen zu Gehör zu bringen. Es ist kein Text, es ist auch keine Berechnung – und doch sagt es dir etwas...'

‚Musik ist wohl zu berechnen! Das wussten sie schon im Altertum, aber heute ist es in der Musik natürlich viel exakter und verfeinerter.'

‚Ja, sicher...', sagte Els.

Er sah sie aufmerksam an und sagte:

‚Aber ich kann doch einen Vortrag, der *sehr wohl* aus Text besteht, nicht hören, als ob ich Bach höre? Ich höre keine Musik, ich höre gesprochene Worte, und die will ich verstehen.'

‚Das ist klar', sagte sie. ‚Ich meine mehr die Art des Hörens als den inhaltlichen Aspekt. Du hörst mit deinem von der Wiege an erweckten quantitativen Denken. Alles kann berechnet werden. Darum kann das menschliche Gehirn, insoweit es berechnet werden kann, auch zu seiner Zeit mit einem Upload auf den Computer gespeichert werden. Mit diesem Denken kann man diesem Mann unmöglich folgen.'

‚Sein Denken ist also unberechenbar!'

Els lachte los und sagte:

‚Ja, buchstäblich. Was er sagt, hat nichts mit den Naturwahrnehmungen zu tun, nichts mit technischem Wissen, und ich bin davon überzeugt, dass du ihn, wenn du deinen Widerstand, ja deine Antipathie loslassen würdest, sehr wohl verstehen würdest. Auch wenn du wahrscheinlich sehr vor dem erschrecken würdest, was er sagt, und dann vielleicht auch wiederum wütend darüber werden würdest.'

‚Ein schwieriger Kerl, dieser Raymond', sagte er mit Selbstironie.

‚Ich weiß nicht, ob man das schwierig nennen soll. Du bist einfach in dieser Weise groß geworden, und nun trägst du das in dir. Du hast dich mit Ziffern und Formeln und dazu passenden Gedanken vollgestopft. Ist es nicht so, dass du das nur aufgrund einer gewissen Antipathie kannst? Dass du es gleichsam von dir abstößt, und dann siehst du es alles von außen und kannst es kopieren, in ein System bringen, analysieren und so weiter. Dieser Mann spricht wirklich aus einer Sympathie heraus, ich denke, da liegt das Problem.'

‚Bin ich denn ein Mensch mit so viel Antipathie?'

Els sagte:

‚Nein, du bist sehr nett, ich liebe dich auch sehr, wie du bist, das weißt du. Sonst würde ich dich auch nicht heiraten... Aber ich sehe natürlich gerade, weil ich dich so liebe, auch die Einseitigkeiten.'

‚Und dieser Mann hat die andere Einseitigkeit?'

‚So würde ich es nicht sagen wollen', sagte sie. ‚Ich habe ein Erleben musikalischer und psychischer Harmonie gehabt, da ist dann von Einseitigkeit nicht die Rede. Sympathie kann doch auch allseitig sein? Was das betrifft, bin ich mit Teilhard de Chardin einer Meinung.'

‚Wenn ich dir zuhöre', sagte er, ‚dann verstehe ich, was du sagst. Warum verliere ich so völlig den Faden, wenn ich diesem Mann zuhören muss? Ich werde mit einem Stück *Dummheit* in mir konfrontiert. Darüber habe ich mich natürlich sehr erschrocken. Meine Intelligenz ist einseitig...!'

‚Ursprünglich nicht, scheint mir. Du bist nicht so ein Nerd, wie es sie auch gibt. Aber dein Lebensweg ist nun einmal so verlaufen, dass du auch zur Einseitigkeit stimuliert wurdest. Deine Eltern haben das auch kultiviert und stimuliert, und die Lehrer, die es auf deinem Weg gab, haben auch nicht gefühlt, dass sie etwas hätten umlenken sollen, ergänzen sollen. Du passt in die moderne Zeit und du bist ein vortreffliches Exemplar in dieser modernen Zeit. Du siehst es ja: Du wirst schon mit vierunddreißig Jahren zum Professor berufen, du hast schon einen Direktionsposten in einer großen Softwarefirma ausgefüllt, du spielt auf dem Flügel, als ob du auf der Konzertbühne sitzt! Wer würde da sagen, dieser Raymond ist einseitig begabt!'

‚Aber dann verstehst du sicher, dass die Begegnung mit dieser unbegreiflichen Denkweise für mich ein Ohnmachtserlebnis war. Nun haben wir verabredet, dass ich mich dem am Freitag noch einmal aussetze, und ich würde gerne wissen: Wie soll ich mich einstellen, sodass mir das nicht ein zweites Mal passiert?'

‚Ich habe es dir gesagt, aber vielleicht hast du es nicht gehört... Sympathie anstelle von Antipathie, das heißt, aufmerksame Hingabe an das, was jemand da eigentlich sagt, ohne dem die eigene Anschauung gegenüberstellen zu wollen. Und Zuhören, als ob du Bach zuhörst. Da hast du doch auch nicht, dass du denkst: diese fünf Takte, die hätte ich doch wirklich anders geschrieben!'

Er brach in Lachen aus.

‚Dieses synthetische Bach-Stück', fuhr sie fort, ‚das konnte man sehr gut berechnen, aber der echte Bach – glaub mal nicht, dass der sich in einer Berechnung einfangen lässt. Und so ist es auch mit dem Denken dieses Mannes da unten. Er denkt und spricht seine Gedanken so aus, wie sie unnachahmlich und unberechenbar in ihm leben.'

‚Wer bist du?', fragte er verwundert. ‚Woher weißt du das alles?'

Els seufzte, sie fühlte sich tief gerührt.

‚Ich weiß es nicht!', sagte sie. ‚Das ist meine Liebe zu dir und deiner Begabtheit, die mich dies sagen lässt, denke ich. Du weißt, ich bin vor deinem Zukunftsbild erschrocken. Ich glaube auch überhaupt nicht, dass du selbst daran glaubst –'

‚Doch, das tue ich wirklich!'

‚Ja, dieser eine Raymond, der glaubt natürlich daran. Aber dieser andere, der muss noch zu Wort kommen. Und ich finde es wirklich verwunderlich, dass wir hierher reisen, um in der Natur zu sein, uns dann einmal kurz mit einem Vortrag unterhalten – und dass dieser Vortrag genau die Bedeutung hat, die diesen anderen Raymond erwecken könnte!'

6

Es klarte einigermaßen auf, und es war zumindest trocken, als sie zum zweiten Mal den Weg nach unten fuhren, jenes zu den Gärten führende Tor passierten und das Auto auf dem Parkplatz abstellten. Es roch herrlich frisch, überall sangen die Vögel freudevoll über das aufgeklarte Wetter, und die Nebelschleier lichteten sich…

‚Wenn dies ein Bild für das ist, was wir jetzt erleben werden, stimmt mich das erwartungsvoll', sagte Els.

‚Ich sehe dem Ganzen wie einem Berg entgegen! Einem Berg, der noch viel höher ist als alle Berge hier in der Umgebung, die doch wirklich zum Hochgebirge gerechnet werden müssen. Noch höher aber ist der Berg, dem ich entgegensehe.'

‚Ich verstehe es…', sagte sie und nahm seine Hand.

Sie gingen hinein, sie wussten inzwischen schließlich den Weg, und betraten den Saal. Sie setzten sich wieder ungefähr auf dieselben Plätze.

Wieder war der Saal etwa zur Hälfte mit wartenden Menschen gefüllt. Wieder kamen die bekannten strahlenden, starken Menschentypen und setzten sich in die erste Reihe. Wieder schlug die Uhr des Gebäudes acht Uhr, und wieder kam der ältere Mann pünktlich herein.

Wieder sah er in die Richtung von Raymond und Els, und wieder fühlte Raymond: Er weiß, dass ich hier bin, und was er sagen wird, sagt er speziell zu mir…

‚Liebe Menschen! Inzwischen arbeiten wir schon ungefähr zwanzig Jahre hier durch Vorträge und Kurse, und man kann natürlich nicht zwanzig Jahre hindurch zweimal pro Woche denselben Vortrag halten. Wir haben schon viele Themen berührt, aber dies jahraus jahrein aus der Kraft der Spiritualisierung des Denkens heraus getan. Viele von Ihnen sind vom allerersten Beginn an dabei gewesen, aber wahrscheinlich ebenso viele hören heute Abend oder an einem dieser Abende zum ersten Mal einen Vortrag. Einerseits versuche ich, die Fortgeschrittenen nicht zu langweilen – andererseits versuche ich, die Neuankömmlinge zu interessieren…'

Soweit war es nicht schwierig zu folgen. Das Flugzeug stand noch fest und still auf dem Boden. Der Mann sprach weiter:

'Wenn ich über eine Wissenschaft des Denkens spreche, dann spreche ich nicht über die wissenschaftliche Neurophysiologie des Gehirns, wodurch man in zunehmendem Maße eine Übersicht gewinnt, welche Teile des Gehirns genau was tun. Diese Kenntnis wird immer mehr verfeinert, spaltet sich immer mehr auf und wird zu einer sehr spezialisierten Analyse des Gehirns.

Die Forschung, über die ich spreche, ist von einer ganz anderen Art. Dabei geht es nicht um Hirnforschung, sondern darum – in erster Linie –, sich bewusst zu werden, dass man als Mensch denkt, und eine Fertigkeit zu entwickeln, innerhalb dieser allgemeinen Feststellung 'Ich bin ein denkendes Wesen' zu einer Vertiefung dessen kommen zu können, indem man in sich das Funktionieren der Intelligenz kennenlernt. Es geht dann nicht darum, was das Gehirn tut, es geht darum, dass man selbst wissen kann, was man tut, während man denkt.'

Er konnte dem noch immer folgen und fand es bis hierhin auch nicht unsinnig. Es war sogar ein bisschen spannend, wohin das Ganze führen würde...

Der Mann sprach weiter:

'Wenn man die Physiologie des Leibes betrachtet, kann man sagen, dass die medizinische Wissenschaft große Fortschritte im Durchschauen der physisch-chemischen Prozesse im menschlichen Leib gemacht hat. Zum Beispiel ist die Funktion der Leber genau bekannt, sowohl was den Aufbau von Stoffen betrifft als auch in Bezug auf die Entgiftung, die in der Leber stattfindet, und den Blutabbau. Man könnte natürlich niemals sagen, dass man als Mensch selbst wissen kann, wie die Leber funktioniert. Es gibt eine Wissenschaft über die Leberfunktion, und niemand wird aus dem gewöhnlichen wissenschaftlichen Bewusstsein heraus sagen wollen, dass man als denkender Mensch, als wissender Mensch, auch selbst zu einem Vollziehen dieser in der Leber stattfindenden Prozesse kommen könne. Sie vollziehen sich. Inwieweit man selbst da mit einbezogen ist, ist nicht deutlich, aber man wird nie sagen, dass man selbst genau weiß, wie man das Blut abbauen und die Abbauprodukte über die Galle in den Darm abführen muss. Es ist sehr wichtig, das genau zu erfassen. Schaut man nun auf die Physiologie des Nervensystems, dann gilt dasselbe für einen Großteil der Prozesse, die sich anhand dieses Nervensystems abspielen, ebenfalls.

Wenn man das *Denken im Verhältnis* zum Gehirn denkt, hat man es da mit einer Funktion zu tun, bei der es für den forschenden Menschen sehr wohl möglich wird, ganz genau festzustellen, wie den Gesetzmäßigkeiten im Denken gefolgt wird. Wie dann das Gehirn dabei gleichzeitig aktiv ist, das liegt in demselben Gebiet, wo auch die Leberfunktion liegt. Während es keinerlei Möglichkeit gibt, ein Bewusstsein davon zu haben, was eine Leber tut, gibt es sehr wohl eine Möglichkeit, ein Bewusstsein davon zu haben, was das Denken tut. Man kann nicht wissen – in Analogie mit der Leber –, was das Gehirn tut. Aber während man die Leberprozesse ohne Leber auch nicht kennenlernen kann, kann man die Denkprozesse ohne Gehirn sehr wohl erkennen.'

Es wurde schwieriger für Raymond. Er wollte am liebsten rufen: Halte kurz an, sodass ich das noch einmal überdenken kann! Aber das ging natürlich nicht, er würde das später tun müssen, und die Frage war, ob er dann noch wissen würde, um was es ging. Denn auf die eine oder andere Weise wollte das Gedächtnis ihm hier auch nicht recht zu Willen sein. Er durfte nicht zu viele eigene Gedanken haben, denn dann war der sprechende Mann schon wieder so weit voraus, dass er den Faden verlor – und das durfte diesmal wirklich nicht geschehen!

Etwas rang in ihm... Der Unterschied zwischen dem Bewusstsein der Leberprozesse und der Denkprozesse...

‚Ich spreche', sagte der Mann, ‚nicht über die Gedanken, die einfach so willkürlich in uns aufkommen, auch nicht über die Erinnerungen, die aufsteigen, nicht über die grübelnden Gedanken, die jeder Mensch haben kann, nicht über die Luftschlösser, die man bauen kann. Ich spreche über das intelligente Denken. Sobald ein Mensch intelligent denkt, ist er völlig beteiligt. Es ist unmöglich, intelligente Gedanken zu denken, ohne *dabei* zu sein. Das ist auch der Grund, warum Intelligenz so leicht ein Gefühl von Stolz bei der intelligenten Person hervorruft. Eine gut funktionierende Leber – dabei fühlt man keinen Stolz als Produzent. Aber ein gutes Gehirn, das ist merkwürdigerweise – ohne dass man sich dabei Fragen stellt – etwas, worauf der Mensch stolz ist.

Beim Denken intelligenter Gedanken ist der Denker ganz und gar beteiligt. Er bringt diese selbst hervor, und obwohl das Bewusstsein dessen geweckt werden muss, ist es so, dass der Denker auch durch und durch weiß, wie die Gedanken und der Zusammenhang zwischen den Begriffen zustande kommen und wie dieser Zusammenhang in der Wahrheit oder Unwahrheit ist. Jeder Mensch, der das innere Augenmerk darauf richten will, wird sich früher oder später bewusst werden, dass es im Dasein auf Erden nichts gibt, was man so durch und durch kennt wie das Hervorbringen intelligenter Gedanken und Begriffe. Dafür braucht man die Hirnphysiologie in keiner Weise. Sie kann uns Aufklärung verschaffen, wie das Gehirn demjenigen, was der Mensch selbst hervorbringt – nicht mit dem Leib, sondern wirklich selbst – und dessen Zusammenhang und Beziehungen er ganz durchschaut, ein physisches Dasein gibt. Dass sich nicht jeder Mensch von Natur aus bewusst ist, dass das so ist – das Selbst-Hervorbringen intelligenter Gedanken und das völlige Durchschauen des Zusammenhangs und der Beziehungen –, kommt daher, dass dies Prozesse sind, die nicht auf dem Gebiet des Funktionierens des Gehirns liegen. Das Gehirn registriert die Gedanken, aber wie der Denker darin mit seinem Wissen tätig ist, das kann das Gehirn nicht registrieren. Darum wird die Hirnphysiologie immer nur die Gedankentatsachen erfassen können und nicht das tiefere Wissen des Menschen in Bezug auf das Funktionieren der eigenen Intelligenz.'

Ihm schwindelte doch wiederum. Seine ehrliche Seite sagte ihm: Es schwindelt dir, weil du die Wahrheit dieser Worte zweifelsfrei registrierst, und diese Wahrheit wirft deine Weltanschauung völlig um. Seine stolze Seite, die mit seiner Zukunftsanschauung verbunden war, sagte ihm dagegen: Das ist altbackenes Zeug, das ist die überwundene ‚prima philosophia'. Schon der alte Grieche Aristoteles hat dies alles in seiner Logik beschrieben, aber er hatte keinen blassen Schimmer von der Hirnphysiologie. Es wird ganz bestimmt eine Zeit kommen, wo die Wissenschaft auch das zeigen können wird, was dieser Mann jetzt als unmöglich behauptet. Die Wissenschaft wird zeigen, dass alles, was die menschliche Intelligenz hervorbringt, ein Produkt der Gehirnaktivität ist. Es schwindelte ihm, und er musste sich wirklich alle Mühe geben, nicht in eine Art Traumschlaf zu geraten.

Der Mann sprach unterdessen weiter.
‚Der Erste, der zu seiner Zeit, insoweit das möglich war, eine klare Beschreibung dieses Wissens, das man vom Denken haben kann, gegeben hat, war der große Philosoph Aristoteles. In den vielen Jahrhunderten danach haben sich die Denker anhand seiner Schriften in der Kunst des Denkens geübt. Vor allem in der Periode der Scholastik war es eine Ehre, das Denken so klar und scharf zu machen, dass kein einziger unaufgeklärter Punkt im Gedankenprozess übrigblieb. Das ist danach in die Wissenschaft anhand des Experiments übergegangen. Die innere Aufhellung des Denkens ist gleichsam in Schlaf gefallen, um in unserer Zeit wieder daraus erweckt zu werden. Aber natürlich ist heute dieses Bewusstsein, selbst der Denker zu sein und die Denktechnik durch und durch zu kennen, wiederum auch ein anderes geworden. Wir können nicht zurück nach Aristoteles, wir können nicht zur Scholastik zurück, wir können auch nicht zu den deutschen Idealisten wie Hegel, Fichte und anderen zurück. Es geht nicht darum, die Logik erneut zu beschreiben, es geht auch nicht darum, die Logik innerlich nachzudenken. Das würde noch immer nicht so viel Unterschied machen im Vergleich zu einem Sich-Bekanntmachen mit der Leberphysiologie oder der Hirnphysiologie. Es wäre noch immer eine Wissenschaft, die einen Abstand zu einem selbst hat und von außen gelernt werden kann. Man kann dann auch nicht sagen, dass man das intelligente Denken selbst zum Vorschein bringt und durch und durch die Zusammenhänge und Beziehungen darin durchschaut. Es geht überhaupt nicht um irgendeine Menge wissenschaftlicher Tatsachen. Weil man hier eine bestimmte Grenze von der Leibesphysiologie zu einem selbstbewussten *Aktivsein im Denken* überschreitet, wird es verhältnismäßig schwierig, noch zum Ausdruck zu bringen, was man darüber eigentlich zu sagen hat.'

Ja, ja! dachte Raymond, das ist eine schöne Ausrede. Wenn man das Reich der Fakten verlässt, ist es sehr leicht, zu sagen: Das Gebiet, das wir nun betreten, ist nicht mehr zu beschreiben. Er musste dann zu dem Schluss kommen, dass dieser Mann auf eine äußerst rationale Weise den Zuhörer zu einem Punkt führte, wo alle Vernunft verlassen wurde.

Aber der Mann sagte:
‚Ich werde einen Versuch machen, dieses neue Gebiet dennoch sehr

konkret zu beschreiben. Die Brücke dorthin liegt in der Besinnung auf das eigene Ich. Es ist eine mysteriöse Gegebenheit, dass jeder Mensch sich ‚ich' nennt und dann genau weiß, was er damit meint. Nun ist es natürlich am einfachsten, zu sagen, dass man damit sein leibliches Dasein andeutet. Aber wenn man mit der Besinnung weiter geht als nur bis zu dieser bequemen Feststellung, zeigen sich doch andere Perspektiven. Descartes sagte: ‚Ich denke, also bin ich.' Offenbar kam es bei ihm zu einer Wahrnehmung, dass das Ich mit dem Denken viel zu tun hat, vielleicht sogar alles zu tun hat! Wenn man es bloß leiblich betrachtet, ist diese Aussage Unsinn, denn wenn man nachts im Bett liegt und schläft, ist es deutlich, dass man nicht denkt, aber der Leib noch immer da ist, nur kann er nicht mehr ‚ich' sagen. Wenn aber der Leib das Ich *wäre*, würde man das Selbstbewusstsein ganz von diesem Ich ausschließen. Es würde schließlich nichts ausmachen, ob das Selbstbewusstsein da ist oder nicht, denn das Ich würde auch ohne Selbstbewusstsein da sein. Hier liegt ein interessanter Punkt der Besinnung auf das Ich.

Ein zweiter Punkt ist die Frage. Woher weiß ich, dass ich existiere? Auch hier ist die kürzeste und bequemste Antwort: Die Tatsache, dass ich einen Leib habe, macht mir das deutlich! Aber wenn man im Denken selbst versucht, herauszufinden, ob man da als Ich existiert, kommt man zu interessanten Entdeckungen, und diese bleiben dann nicht auf eine Beschreibung einer Tatsache beschränkt, sondern diese Tatsache wird dann auch wirklich erlebt.

Ich will noch einmal darauf hinweisen, dass es sehr gut möglich ist, diese Darlegung ganz zu umgehen, indem man einen ausschließlich leibesphysiologischen Ansatz wählt. Aber damit wird dasjenige, was der Mensch an seinen intelligenten Denkprozessen erlebt, ganz und gar ausgeschlossen.

Will man aber gerade davon ein Bewusstsein entwickeln, ist es nötig, einmal nicht an die Leibesprozesse zu denken, sondern sich ausschließlich auf das *In-Gang-Setzen* des Denkens, das Vollziehen eines zusammenhängenden Denkprozesses und das Erleben dessen zurückzuziehen. Das Ich hat da ein Wissen, dass es existiert. Nicht nur die Gedanken existieren, sondern derjenige, der denkt, existiert noch viel eindrücklicher. Das ist diese Anwesenheit in jedem Menschen, wodurch ein hochbegabt intelligenter Mensch stolz auf sich ist, weil er unbewusst ein Wissen von der Tatsache hat, dass er selbst als jemand anwesend ist, der das Hervorbringen intelligenter Denkprozesse durch und durch beherrscht. Wie man beeindruckt sein kann, wenn ein Künstler, ein Musiker, ein außergewöhnlich kompliziertes Musikstück fließend zu Gehör bringt und offenbart, dass er über den technischen Schwierigkeiten steht. So steht der Denker über den technischen Schwierigkeiten des Denkens, weil das Denken selbst in keinerlei Hinsicht vom Denker verschieden ist.'

Diesmal stieg das Flugzeug nicht auf, obwohl der Gedankengang sicher nicht zur Erde gehörte. Raymond hatte von Beginn an bis zum Ende jedem Gedanken folgen können, aber am Ende des Vortrages musste er für sich zu dem Schluss kommen: Diesen Gedanken habe ich zwar folgen können, aber dass ich sie auch selbst hervorbringe und den Zusammenhang darin selbst durch und durch beherrsche – das kann ich nicht einsehen.

*

Er ging einfach an den Menschen in der ersten Reihe vorbei, an dem Mann, der den Vortrag gehalten hatte, vorbei, aus dem Saal, Els hinter ihm her.

Er zog sich in sich selbst zurück, setzte sich selbst ans Steuer, fuhr stur hinauf, und Els gewann keinen Kontakt zu ihm. Im Bett nahm sie seine Hand, und so schliefen sie ein.

Als sie am nächsten Morgen wach wurde, hatte sie die Erinnerung an einen ekelhaften Traum, in dem Raymond sich bewusst mit dem Ungeheuer im Zentrum seines Labyrinths vereinigte. Ganz bewusst ließ er auch den Faden los. Sie hatte ihn verloren…

Aber als sie beim Frühstück saßen, war alles ganz gewöhnlich und gesellig. Es wurde nur mit keinem Wort über den Vortrag gesprochen, und ihre Versuche, das Thema anzuschneiden, verliefen im Sande. Es fiel ihr auch auf, dass er immer in Gedanken war und nicht aufmerksam auf das, was sie sagte oder tat. Sogar als er ein Buch las, hatte sie noch den Eindruck, dass er nicht das Buch las, sondern in seine eigenen Gedanken verwickelt war.

Sie wurde ein wenig verzweifelt und hätte ihm am liebsten gesagt: Lass die Hochzeit nur, wir machen einfach so weiter, wie wir immer zusammen gewesen sind. Wenn ich dann irgendwann von dir weg will, dann ist es wenigstens keine allzu große Geschichte... Aber sie sagte nichts, denn sie hatte doch auch Mitleid mit ihm, und schließlich liebte sie dieses Wunderkind, das auf einen solchen Irrweg geraten war, auch sehr. Sie wusste sicher, dass sie, wenn sie seine Mutter gewesen wäre, Maßnahmen ergriffen hätte, ihn auf dem Boden zu halten, um seine Gedanken mit der Wirklichkeit verbunden zu halten. Nun war er an das abstrakte Denken, das mit einer wahrnehmbaren Wirklichkeit nichts zu tun haben brauchte, so gewöhnt, dass es sehr schwer werden würde, ihn daraus zurückzurufen.

Sie selbst dachte mit Verwunderung an den Vortrag von gestern Abend zurück. Für sie war es eine Art logische Offenbarung gewesen, als wäre ihr tiefstes Wissen von einem Anderen ausgesprochen worden, weil es ihr nur so bewusst werden konnte... Aber was sollte sie mit ihrem tiefen Wissen neben so einem Mann wie ihm anfangen? Und ihn aus seiner Verwicklung wegzulocken, schien unmöglich. Zuerst hatte sie noch Kontakt mit ihm gehabt, aber nun schien es, als habe er die Tür ganz zugeschlagen. Er war in sich gekehrt und war nur noch bereit, in einer alltäglichen Sphäre mit ihr zu kommunizieren. Könnte sie nur zu diesem Mann da unten in dem Institut gehen, um ihn zu sprechen und ihn um ein Gespräch zu bitten... Aber sie waren jede Sekunde zusammen, machten sogar die Einkäufe zusammen, also gab es keinerlei Möglichkeit, ohne sein Wissen mit diesem Mann Kontakt zu suchen.

Zum Glück klarte das Wetter auf, und sie konnten wieder wandern gehen, wodurch sie beide wieder auf andere Gedanken gebracht wurden. Die Natur war durch all den Regen erfrischt. Sie selbst dagegen fühlten sich gerade wie inmitten einer Katastrophe.

Raymond hatte tatsächlich die Tür mit einem Knall zugeschlagen. Er hatte die Gedanken, die er in dem Vortrag mitgedacht hatte, irgendwo in einem verborgenen Kästchen in seinem Innersten versteckt, den Schlüssel umgedreht und die Absicht gefasst, es nie mehr zu öffnen! Er rechtfertigte das mit dem Argument, dass das alles nur Philosophie wäre, die längst überholt war, und dass dieser Mann, der all diese Gedanken aussprach, wirklich keine Ahnung von der wissenschaftlichen

Entwicklung seiner Zeit hatte. Für ihn hatte die Zeit stillgestanden. Für Raymond war das etwas, was er nicht mitmachen wollte.

Trotzdem fiel es ihm schwer, die Gedankenfetzen, die aus dem so fest verschlossenen Kästchen dennoch emporstiegen, auszuschließen. Sie kamen wie eine Art Dämonen in seinem Bewusstsein auf und fragten ihn gleichsam: Schau uns doch einmal an und vergleiche uns mit deinen gewöhnlichen Gedanken! Und schau dann einmal, wie sich das eine vom anderen unterscheidet und was das bedeutet…

Es war die Erscheinung assoziativer Erinnerungsgedanken, die ihm so zur Last fiel. Er wollte nicht mehr über diese Gedanken nachdenken und schon gar nicht über die Intelligenz, die nicht im Gehirn saß! Und doch dachten diese Gedanken in ihm… Das waren die Momente, wo Els wahrnahm, dass er sich ganz in sich selbst abschloss. Er kämpfte dann mit diesen unerwünschten, aufkommenden Gedanken und versuchte, sie in sich selbst zu widerlegen.

Aber je mehr er das versuchte, desto stärker wurden sie. Daraufhin versuchte er, die Gedanken einfach zu negieren, aber auch davon schienen sie stärker zu werden. Unterdessen ließ er sich nichts anmerken und weigerte sich, etwas darüber zu sagen. Aber nach innen hin war das Gespräch um so heftiger.

Es würde wohl vorbeigehen, wenn er erst einmal wieder zu Hause war und in der Vorbereitung auf seine neue Stelle sehr intensiv dafür würde arbeiten müssen. Müßiggang war nun einmal des Teufels Ruhebank. Obwohl er an keinen Gott oder Teufel glaubte, fand er es dennoch merkwürdig, dass diese unerwünschten Gedanken in dem Maße um so stärker aufkamen, je weniger er sie haben wollte.

Els dachte inzwischen: Wie komme ich mit dem Mann da unten in Kontakt? Ich muss ihn sprechen, oder besser gesagt, Raymond muss ihn sprechen, bevor wir hier weggehen. Wie kann ich das zustande bringen? Vielleicht konnte sie ihm eine E-Mail schreiben? In der zugeteilten Zeit, die sie sich selbst gegeben hatten, konnte sie sehr gut die E-Mail-Adresse des Zentrums da unten suchen und ihm eine E-Mail schicken. Oder vielleicht stand seine E-Mail-Adresse auch auf seiner Karte… Wo war die geblieben? Wahrscheinlich hatte Raymond sie einfach weggeworfen.

Auf der anderen Seite wollte sie auch nichts hinter seinem Rücken tun. Sie waren immer aufrichtig und ehrlich zueinander, dies wäre ein Schlag unter der Gürtellinie… Das konnte sie eigentlich auch nicht machen. Und sie wusste: Wenn ich es vorschlage, wird es unmittelbar abgelehnt.

7

Es war ein strahlender Tag im Mai, und das künftige Brautpaar machte eine Wanderung entlang der Berge und Täler zu einem höher gelegenen Hotel. Es war mit dem Auto zu erreichen, aber man konnte auch dorthin wandern, und die Wanderung wurde als eine schöne, nicht allzu schwere, wenn auch längere Tour beschrieben. Sie konnten dann dort eine Mahlzeit einnehmen und eventuell ein Taxi zurück nach Hause nehmen – oder das Postauto.

Allmählich kamen mehr Touristen in das Gebiet. Es war ganz deutlich nicht mehr, wie es früher gewesen war, aber das Gebiet zog im Sommer und im Frühjahr noch immer Wanderer an. Also waren sie nicht erstaunt, als sie, beim Hotel angekommen, dort eine ganze Reihe Autos stehen sahen und entdeckten, dass der Speisesaal bis auf wenige Tische gefüllt war.

‚Herrlich ist es hier!', sagte Raymond glücklich. ‚Schau mal, was für eine Aussicht! Und dann zu bedenken, dass man diesen ganzen Raum, den man hier sieht, mit Intelligenz füllen könnte – und dass er zum Teil auch schon unsichtbar mit Intelligenz gefüllt ist!'

‚Ja, sicher…', sagte Els matt. Sie hatte überhaupt keine Lust mehr auf dieses Thema!

Sie warteten auf die Serviererin, um zu fragen, ob noch ein Tisch für zwei frei wäre. Raymond drehte sich um, um den Raum zu betrachten, und bekam fast einen Herzstillstand vor Schreck. Da saßen am Fenster, in einem lebendigen Gespräch miteinander, der Mann und seine Frau! Els hatte ihn noch nicht gesehen, und er sagte zu ihr:

‚Ich fühle mich nicht gut, Els! Lass uns gehen, dann rufen wir draußen ein Taxi!'

Sie sah ihn an und sah, dass er leichenblass war. In demselben Moment sah sie den Mann auf sie zukommen. Raymond sah es auch. Es gab kein Entkommen mehr.

‚Was für eine Überraschung, euch beide hier zu sehen!', sagte der Mann. ‚Ich wollte so gern einmal mit euch sprechen, aber hatte keine Idee, wo ich euch suchen sollte. Wenn man keinen Namen von jemandem hat, dann wird es etwas Unmögliches... Aber sieh einmal an! Da stehen sie einfach! Ich lade euch ein, zu uns an den Tisch zu kommen, wir müssen noch bestellen, wir können uns dann während des Essens einmal kennenlernen.'

Die Farbe war in Raymonds Gesicht zurückgekehrt, und obwohl er am liebsten unmittelbar umgekehrt wäre, fühlte er natürlich, dass das sehr grob wäre. Das war er nicht. Also sagte er mit einem freundlichen Lächeln:

‚Danke für Ihre Einladung, die nehmen wir gerne an, oder, Els?'

Els war sprachlos. Ihr so feuriger Wunsch ging in Erfüllung! Sie hatte nicht gebetet, sie glaubte ja an keinen Gott – aber dass es Zufall war, konnte sie sich eigentlich auch nicht vorstellen...

Sie gaben sich am Tisch die Hand und nahmen Platz. Raymond schräg gegenüber dem Mann, Els schräg gegenüber der Frau...

Der Mann sagte scheinbar völlig entspannt:

‚Sie haben vielleicht gemerkt, dass ich Sie wirklich gesehen habe, an diesen zwei Abenden. Jeder, der Vorlesungen, Vorträge gibt, kennt diese Erscheinung. Es gibt immer bestimmte Menschen im Publikum, die man wirklich da sitzen sieht, die anderen bilden mehr eine Totalität. Aber hier und da springt jemand ins Auge. Das war mit Ihnen zweimal der Fall, und ich frage mich nachher – das tue ich immer –, was war der Anlass? In diesem Fall hatte ich darauf keine Antwort. Ich fühlte nur ein großes Bedauern, dass ich Sie nicht angesprochen habe! Und es ist deutlich: Wenn die gütige Vorsehung uns nicht jetzt zusammengebracht hätte, hätten wir einander nie wiedergesehen...'

‚Man kann sich immer irgendwie begegnen', murmelte Raymond vage. Er fühlte sich wie ein Windelknabe neben einem großen Mann. Der Mann machte den Eindruck eines Propheten aus dem Alten Testament, einer großen Gestalt, erfüllt von Weisheit und – dachte er – auch von Liebe. Schon wieder diese seltsamen Gedanken! Was wusste er von Propheten aus dem Alten Testament! Offenbar genug, um etwas Entsprechendes in diesem Mann wahrzunehmen.

‚Erzählen Sie einmal', sagte der Mann, ‚sind Sie zum Urlaub hier?'

Raymond nickte und sagte weiter kein Wort. Els ergriff das Wort und sagte:

‚Ja, wir sind für vier Wochen hier in dieser Umgebung. Leider sind schon zwei um... Wir haben einen langen Urlaub genommen, weil er – sie nickte zu Raymond – eine Anstellung als Professor in Amsterdam bekommen hat, und bevor die ganze Prozedur in Gang kommt, wollten wir uns zuerst zusammen ein paar Wochen in die Natur zurückziehen.'

‚Sie sind noch jung', sagte der Mann. ‚Sie müssen wohl ein brillanter Wissenschaftler sein, um schon so jung als Professor vorgeschlagen zu werden. In welchem Fach?'

‚Humanwissenschaften und künstliche Intelligenz…', brummte Raymond. Was kümmerte das diesen Mann, er hatte keinerlei Lust, das alles zu erzählen. Aber stolz war er natürlich sehr wohl darauf, irgendwo fand er es daher doch auch nett, es zu erzählen…

‚Interessant!', sagte der Mann, und das war keine Phrase. ‚Von welchem Fachgebiet aus werden Sie das machen?'

‚Ich habe künstliche Intelligenz, Nanotechnologie, technische Mikrobiologie und Philosophie studiert.'

‚Allmächtiger!', sagte der Mann.

‚Aber sagen Sie einmal', fragte Raymond, ‚was haben *Sie* eigentlich für einen Hintergrund?'

Els hielt ihren Atem an, sie fand, dass es ziemlich brutal geklungen hatte… Aber der Mann war absolut nicht beeindruckt und sagte:

‚Ich habe eine äußerst merkwürdige Karriere gemacht – ich war auch schon sehr jung Professor.'

Raymond starrte den Mann gleichsam mit offenem Mund an.

‚Nicht so jung wie Sie, ich war vierzig. Als Internist. Das habe ich jahrelang gemacht. Dann habe ich eine andere Richtung gewählt, und nun bin ich schon viele, viele Jahre hier. In der Zeit, wo ich diese Position hatte, war der Professor noch etwas ganz anderes, als er es jetzt ist. Wir waren echte Chefs, das Haupt einer Abteilung, man hatte viel Macht.'

‚Sind Sie weggegangen, weil das anders wurde?', fragte Raymond.

‚Nein, es war schon anders, schon lange. Nein, warum ich weggegangen bin … das ist eine lange Geschichte, das passt nicht an einen Mittagstisch in einem ersten Gespräch.'

Els wusste jetzt, woher sie ihn kannte, sie hatte sein Foto in der Klinik gesehen. Einer der einstigen Professoren.

‚Mein Fach war sehr konkret', sagte der Mann. ‚Bei Ihrem Lehrauftrag kann ich mir nicht so genau etwas vorstellen. Was macht ein hochgelehrter Herr, wenn er Humanwissenschaften, Geisteswissenschaften und künstliche Intelligenz lehren soll?'

Indem seiner Eitelkeit geschmeichelt wurde, taute er doch etwas auf und öffnete dadurch ungewollt die Tür des geheimen Kästchens mit den weggeschlossenen Gedanken…

Raymond wurde von einer tiefgreifenden Sympathie für diesen Mann ergriffen. Er merkte das nicht so, denn in seinen bewussten Gedanken war er mit demselben Mann in einen Kampf verwickelt. Aber darunter erfüllte ihn ein großer Respekt und ein Gefühl, dass ihm so ein Mann als Vater gefehlt hatte. Dieser Mann strahlte so eine Sicherheit, so ein Bewusstsein, über dem täglichen Kampf mit den Dingen zu stehen, aus dass Menschen sich gern von seiner Sonne bescheinen lassen wollten…

Raymond fühlte sich mit ihm verglichen nur wie ein windiges Männchen, eines, das auch etwas zu wissen meinte. Und während er in seinen bewussten Gedanken vollkommen davon überzeugt war, Recht zu haben, lag darunter eine ganze Welt von Unsicherheit. In dieser Welt stand auch dieses abgeschlossene Kästchen mit merkwürdigen, fast spirituell-philosophischen Gedanken. Er hatte beschlossen, nicht mehr dorthin zu blicken, aber sie waren dennoch immer wieder aufgekommen. Nun saß ihm der Generator dieser Gedanken gegenüber, und er bekam die Gelegenheit, zu sagen, was er diesem Mann einmal sehr gern sagen wollte.

‚Sie haben', sagte er, ‚über die Möglichkeit des Menschen gesprochen, zu wissen, wie und was er denkt, ein Bewusstsein der Technik des Denkens zu erwerben. Das ist doch so?'

Der Mann nickte. Els fühlte eine Spannung bis zu den Haarspitzen… Sie dachte: Sag nichts! Aber er fuhr fort und sagte:

‚Die Wissenschaft hat auf diesem Gebiet große Fortschritte gemacht. Wir sind inzwischen so weit, dass wir einen Großteil der Aktivität des Gehirns verstehen. Wir sehen, dass die Topografie des Gehirns zum Teil digital arbeitet, das heißt: aktiv oder nicht aktiv. Genau wie in einem Computer. Und dennoch gibt es einen großen Unterschied zwischen dem menschlichen Gehirn und dem Computer, und dieser große Unterschied liegt in der Möglichkeit des Gehirns, eine fast unendliche Anzahl von Rechenprozessen gleichzeitig auszuführen, während der Computer das nur im Zeitverlauf nacheinander kann. Das führt dazu, dass das Gehirn den Computer noch immer weitaus übertrifft, so unzulänglich die Prozesse oft auch verlaufen. Aber es wird intensiv an der Möglichkeit analoger, gleichzeitiger Berechnungen desselben Problems gearbeitet. Die Programmierung in DNA-Molekülen scheint eine Möglichkeit dafür zu sein. Das Gehirn bleibt ein Vorbild, aber wenn die Technik so weit sein wird, dass sie imstande ist, auch einen Computer eine unendliche Anzahl von Rechenprozessen im selben Moment ausführen zu lassen, wird dieser Computer unendlich viel besser arbeiten als das menschliche Gehirn, weil natürlich die Fehlerquote, die im Gehirn nun einmal unvermeidlich existiert, wegfällt.'

Els sah dem Mann an, dass das überhaupt nichts Neues für ihn war. Sie sah, dass er diese wissenschaftlichen Resultate durch und durch kannte! Nur Raymond war im Feuer seiner Gedanken blind dafür und wurde nicht gewahr, dass er zu jemandem sprach, der das alles schon wusste und seinen Standpunkt in Bezug darauf bereits eingenommen hatte. Dieser Standpunkt wurde auch noch durch die Tatsache mitbestimmt, dass er als Arzt einen ganz anderen Blick auf das leibliche Funktionieren hatte als ein Computerspezialist. Obwohl Raymond nie zugeben würde, dass ein Arzt möglicherweise einen umfassenderen Blick hatte. Els hatte das Gefühl, dass sie einen Herzstillstand bekam und ihre Atmung nicht mehr funktionierte. Sie sah die Frau an, die ihr gegenübersaß, und wünschte, sie würden einander einfach nur so gegenübersitzen, sodass sie ein Gespräch beginnen konnte und nicht mehr zu hören brauchte, wie Raymond sich lächerlich machte.

Aber der Mann war viel zu höflich und galant, um Raymond die Beine weg zu ziehen. Er fragte interessiert, wo diese Forschungen stattfänden und wo die Resultate publiziert wären, und natürlich konnte Raymond auf all diese Fragen fehlerlose Antworten geben. Als er zu Ende gesprochen hatte, sagte der Mann:

‚Wissen Sie, ich lese sehr viel, und ich bin über diese Forschungen bezüglich der Denkfunktionen im Gehirn ziemlich unterrichtet. Aber ich muss zugeben, ich bin kein Techniker und auch kein Neurophysiologe, in gewissem Sinne bleibe ich also auf diesem Gebiet ein Amateur und kann nicht ganz Wort für Wort allem folgen, was über diese Dinge gesagt wird. Aber ich bin der Meinung, dass das auch nicht nötig ist, um dennoch ein fundiertes Urteil über diese Forschung zu bilden, die im Gange ist und sicher noch viele Ergebnisse haben wird. Wenn ich über die Wissenschaft des Denkens spreche und Sie über die Wissenschaft des Denkens sprechen, dann sind zwar die Worte gleich, aber das Thema ist wirklich ganz verschieden. Man kann also eigentlich nicht sagen, dass man das eine gegen das andere austauschen oder das eine mit dem anderen widerlegen könnte. Es sind nicht zwei Theorien, die miteinander in Konkurrenz sein können, denn sie handeln wirklich von etwas jeweils ganz anderem. Ich glaube, dass es wichtig ist, das festzustellen. Es ist ein anderes Thema.'

Raymond hatte das Gefühl, dass ihm seine Waffen aus den Händen geschlagen wurden und er plötzlich nicht mehr wusste, wogegen er eigentlich kämpfte. Wenn es etwas ganz anderes war, konnten beide Sichtweisen möglicherweise auch nebeneinander bestehen. Er sagte:

,Warum habe ich beim Anhören Ihres Vortrages dann den Eindruck bekommen, dass wir über dasselbe sprechen, aber dass unsere Sicht völlig verschieden ist?'

,Das hat', sagte der Mann, ,mit der Tatsache zu tun, dass die Worte dieselben sind und dass man dadurch in Bezug auf die Bedeutung irren kann. Aber das Thema ist wirklich ein anderes. Ich würde nie behaupten wollen, dass die Forschungen der Neurophysiologie und der Technik Unsinn seien oder dass nichts davon wahr sei. Natürlich ist das Gehirn im menschlichen Leib das Organ, das mit dem Denken zu tun hat. Dass man das Verhältnis zwischen dem Denken und der besonderen Struktur des Gehirns feststellen kann, würde ich nie bestreiten wollen. Meiner Meinung nach habe ich das in meinen zwei Vorträgen auch nicht getan. Aber es ist natürlich sehr wohl so, dass alle wissenschaftlichen Funde auch *interpretiert* werden müssen, und da können die Dinge unglaublich schief laufen. Man geht schließlich von bestimmten Hypothesen aus, bestätigt oder widerlegt sie durch die Forschung, und es bleibt immer ein großer Prozentsatz, der später doch falsifiziert werden muss. Sie sehen eine gewisse Primitivität im Funktionieren und der Struktur des Gehirns. Diese Primitivität liegt dann natürlich auch in unserer Hypothesenbildung in der Wissenschaft vor. Das Suchen nach Zusammenhängen und Erklärungen verlangt ein gutes Interpretationsvermögen, und Sie wissen so gut wie ich, dass dies nicht immer gleich stark veranlagt ist.'

,Darum', sagte Raymond, ,wird in Zukunft eine Umwälzung im menschlichen wissenschaftlichen Vermögen auftreten. Wenn die von der Persönlichkeit abhängige Interpretations-Anlage ganz durch eine standardisierte Interpretation mit dem Computer ersetzt werden wird!'

,Sie vergessen dabei aber', sagte der Mann, ,dass es noch immer die schwache Interpretationsfähigkeit des Menschen ist, die der Programmierung des Computers zugrunde liegt.'

‚Sicher!', sagte Raymond. ‚Aber so, wie das Gehirn zu Selbstregulation und -verbesserung imstande ist, finden wir auch in der Computertechnik allmählich die Möglichkeit zur Selbstregulation, Selbstkorrektur und Selbstentwicklung. Wenn er einmal einen Fehler gemacht hat, wird der künftige Computer daraus lernen und diesen Fehler danach nicht mehr machen – während die Neigung zu falschen Interpretationen in einem Menschen nicht so einfach überwunden wird.'

‚Da bin ich mit Ihnen ganz einig, dass das in einem Menschen nicht so einfach überwunden werden kann, und das führt dann auch dazu, dass ich diese große Zukunft der künstlichen Intelligenz noch nicht so ohne weiteres vor Augen habe.'

‚Sie verstehen das selbstlernende Prinzip glaube ich doch nicht.'

‚Doch', sagte der Mann. ‚Aber ich sehe zugleich, dass die Fehlbarkeit des Menschen, der den Computer herstellt, in der Maschine weiterlebt. Diese Tatsache entgeht Ihnen offenbar. Aber wenn man sich wirklich auf diese Prozesse einlässt, muss man das auf die Dauer doch erleben? Ich verwende sehr oft ein Diktiergerät. Beim Diktieren von Entlassungsbriefen gab es früher noch eine Sekretärin, die den Text abhörte und dann abtippte. Heute spreche ich, wenn ich eine Notiz machen will, diese auf ein Gerät, und es wandelt sie in ein Dokument um. Das ist eine grandiose Verbesserung der Technik. Dass die Sprache in einer Weise erkannt werden kann, dass sie in Schriftsprache umgewandelt wird! Wenn ich dann diesen Text lese, fallen natürlich trotzdem einige fundamentale Fehler auf. An diesen Fehlern ist sehr deutlich sichtbar, dass bei dem Spracherkennungssystem von einer verstehenden Umwandlung keine Rede sein kann. Es ist eine Art geniale Fotografie des Klanges. Aber auch wenn man hundert Mal einen bestimmten Namen einspricht, entstellt das System ihn, jedes Mal anders, auch wenn man es hundert Mal verbessert. Das könnte man noch durch eine regulierende Erfassung verbessern, denke ich. Aber es ist außerdem deutlich, dass das System keine Zusammenhänge liest. Nicht weiß, wann etwas ein Artikel oder ein auf sich beruhendes Wort ist, ein Bindewort, ein Verb oder was auch immer. Ich bin sehr dankbar für dieses System, es spart uns unglaublich viel Schreibarbeit. Aber es zeigt auch sehr deutlich, wie diese Umwandlung von Sprache zu Text zustande kommt.'

Raymond sagte:
‚Sie werden doch wohl verstehen, dass es eine Frage der Zeit ist, bis wir so weit sind, dass dasjenige, was Sie sprechen, in einer solchen Weise als Muster erkannt wird, dass es ausgehend von diesen Mustern *richtig* in Text verwandelt wird?'
‚Das glaube ich schon', sagte der Mann, ‚aber auch dann würde man noch sehen, dass der Apparat den Mustern folgt, ohne ein Bewusstsein davon zu haben. Und ich glaube, dass da die Trennung zwischen der Technik des Denkens, wie ihr sie seht, und der Technik des Denkens, über die ich spreche, liegt. Darum sind es zwei verschiedene Gebiete und bräuchten sie nicht im Streit miteinander zu liegen. Wenn sie nicht zu Unrecht miteinander verwechselt werden, können sie nebeneinander bestehen.'
Raymond saß völlig sprachlos da. War das wahr, was dieser Mann sagte? Wenn es wirklich so war, dass man an einem Spracherkennungssystem sehen konnte, dass der Apparat kein Wort von dem, was er umwandelte, begriff... Woran sah dieser Mann das? Er selbst verwendete diese Software auch, und er merkte das überhaupt nicht. Er fand es außerordentlich fesselnd, wie das, was er aufgesprochen hatte, nicht unfehlbar, aber doch brauchbar in Text umgewandelt wurde. Vielleicht musste er mehr darauf schauen, wo das System versagte, als sich über das zu begeistern, was dem System gelang?
Els mischte sich in das Gespräch und erzählte von den Präludien und Fugen von Bach, die Raymond gespielt hatte und bei denen sie gehört hatte, welches synthetisch war.
‚Das muss auf demselben Gebiet liegen', sagte sie, ‚wie das, worüber Sie in Bezug auf die Spracherkennung sprechen. Es wird etwas negiert, weil es nicht in ein System gefasst werden kann, und dieses Etwas, was negiert wird, ist nun genau das, wovon Sie in Ihrem Vortrag sprachen.'
Eva hatte noch kein Wort gesprochen, sagte aber nun:
‚Ist das wahr? Gibt es synthetische Präludien und Fugen von Bach!?'
Els nickte und sagte:
‚Ja, komponiert von einem Computer mit Mustererkennung.'
Das Gespräch floss gleichsam in einige unschuldig rieselnde Bergbäche ab, ein gefährlicher Wasserfall brauchte entlang dieser Abschweifungen nicht befürchtet zu werden.
Raymond hatte die Gelegenheit, seine Wunden zu lecken und sich

wiederherzustellen, und fragte:

‚Vielleicht wollen Sie mir dann hier am Tisch noch einmal erzählen, von welchem Denken Sie sprechen?'

Das Essen wurde gebracht, und der Mann sagte:

‚Das werde ich gerne tun, aber wir wollen erst einmal dieses herrliche Essen aufessen, bevor es kalt wird! Ich würde vorschlagen, das feierliche ‚Sie' beiseite zu lassen. Mein Name ist Johannes.'

‚Eva, Raymond, Els…', sagten sie jeder nacheinander.

Während des Essens, das gut schmeckte, aber doch irgendwie in eine Ecke des Bewusstsein versteckt wurde, weil das Übrige so stark wirksam war, dachte Els: Wir haben jetzt den ersten Akt gehabt, gleich kommt der zweite Akt, und dieser wird wohl einen ganz anderen Blick auf das Ganze geben… Oder vielleicht wird es der zweite Teil des Kampfes, der Teil, der entscheidend sein wird. Sie fühlte sich einigermaßen nervös dabei. Auch bei Raymond sah sie, dass ihm nicht wirklich behaglich war.

Er war nicht auf Kriegspfad, sie kannte ihn so gut, dass sie wusste, dass er nicht in heftiger Diskussionsstimmung war. Er war wahrscheinlich genau wie sie von der Wirkung beeindruckt, die dieser Mann auf einen hatte.

Tatsächlich leerte Raymond seinen Teller, während er von dem Mann, der ihm gegenübersaß, tief beeindruckt war. Ein Gedanke wirbelte in ihm auf: Ist nicht derjenige, der spricht, mehr Beweis für die Wahrheit seiner Worte, als es die Worte selbst sind? So einen Gedanken konnte er nun überhaupt nicht gebrauchen! Aber ein Gedanke nach dem anderen dieser Art wirbelte auf, wie Staub, der in seinem Bewusstsein ausgeklopft wurde. Dieser Mann war jahrelang Professor gewesen, er war bestimmt sehr kundig gewesen, und Raymond dachte: So eine allumfassende Gelehrtheit werde ich nie erreichen können. Ich muss einmal über die Frage nachdenken, warum eigentlich nicht?

Und so wurde auch bei ihm der Geschmack des herrlichen Essens durch beunruhigende Gedanken in den Hintergrund gedrängt.

Inzwischen erzählte Eva von ihrem Ehemann… Sie sagte:

‚Ich habe ihn hier kennengelernt, als er zum ersten Mal hier war. Ich kam schon ein paar Jahre hierher. Wir fanden nebeneinander im Saal Platz, und er erzählte, dass er Professor wäre, genau da, wo ich nach meinen Ferien mein Assistenzjahr beginnen würde. Er war vom Thema des Vortrags, den wir hörten, beeindruckt, und er blieb einigermaßen erschüttert zurück. Draußen sagte mir der Meister: ‚Geh einmal schauen, Mädchen, wie es ihm geht.'

‚Ein Meister?', fragte Els.

‚Ja, das ist unser buddhistischer Lehrer, dem dieses Zentrum ursprünglich gehörte. Nun ja, so haben wir uns kennengelernt, und es ist wahr, was Johannes sagt: Zu der Zeit war ein Professor noch der Chef, mit einer großen Autorität, und Johannes übertraf in dieser Hinsicht alle! Ich bin niemals jemandem begegnet, der so viel wusste und konnte wie er. Und das ist noch immer so. Glaub mir, Raymond, wenn du mit ihm über das Thema, über das ihr gesprochen habt, eine Diskussion anfängst, wirst du dahinterkommen, dass er alles darüber weiß. Er sagt zwar sehr bescheiden, dass er ein Amateur ist, aber ich fürchte, du wirst entdecken, dass er all die Details, die du kennst, wie ein Meister miteinander in Verbindung zu bringen weiß. Ich sage dir nur, dass es mit ihm nicht so einfach ist!'

Johannes brach in Lachen aus und sagte:

‚Ich hatte nicht vor, mich hier als den autoritären Professor von früher hinzustellen. Ich bin sehr interessiert, denn da sitzt mir ein Fachmann gegenüber, und ich würde nicht sagen wollen, dass ich das alles besser weiß – auch wenn ich viel darüber gelesen und wie gesagt auch einen Standpunkt eingenommen habe.'

Raymond bekam eine Gänsehaut und fand es unangenehm, dass er so viel Respekt vor diesem Mann empfand, ohne dass er Respekt vor seinem Gedankengang empfinden konnte. Das war doch die falsche Reihenfolge, meinte er. Darum nahm er sich vor, gleich nach dem Essen tatsächlich sehr genau seinem Gedankengang zu folgen und diesen, wo möglich, klar zu widerlegen.

Zwischen dem Hauptgericht und der Nachspeise lehnte Johannes sich etwas auf seinem Stuhl zurück und sagte:

‚Ich werde dann jetzt versuchen, deine Frage zu beantworten. Obwohl es eine Frage ist, die ich schon jahrzehntelang in den Vorträgen beantworte, und ich mir nicht genau vorstellen kann, wie ich hier in einer Viertelstunde oder so deutlich machen kann, worum es eigentlich geht. Aber es ging um die Frage: Was ist das Denken, von dem ich spreche? Ich könnte das in einem mehr spirituellen Kontext erläutern, aber ich denke, dass du das nicht gut ertragen könntest, weil man dann von bestimmten Annahmen ausgehen muss, die du nicht akzeptieren könntest. Ich habe ein Zitat von einem großen Vorgänger von dir, der mehr oder weniger an der Wiege der modernen Computertechnik steht, der aber, so wie er war, noch einen differenzierten Blick auf das eine und das andere Denken hatte. Ich werde dir also zuerst dieses Zitat wiedergeben und dann versuchen, eine Erläuterung hinzuzufügen.

Kurz dachte Raymond: Kennt er das Zitat auswendig? Aber Johannes holte sein iPhone aus seiner Tasche, suchte es kurz, sagte ‚Ich habe es!' und begann vorzulesen:

‚Was aber ist, wenn diese Theorien wirklich zutreffen und wir, wie durch ein Wunder, schrumpften und in das Gehirn eines denkenden Menschen gelangten? Wir würden sehen, wie all die Pumpen, Kolben, Zahnräder und Hebel arbeiteten, und wir könnten ihre Arbeitsweise – was die Mechanik anbelangt – vollständig beschreiben, wodurch wir auch die Denkprozesse des Gehirns vollständig beschreiben könnten. Doch in dieser Beschreibung würde das Denken mit keinem Wort erwähnt werden! Es wäre nichts weiter als eine Beschreibung von Pumpen, Kolben und Hebeln!'*

Es war natürlich deutlich, was dieser Gelehrte aus dem Beginn der wissenschaftlichen Epoche sagen wollte: Man konnte noch so viel Kenntnis über das menschliche Gehirn und dessen Funktionieren während des Denkens erwerben, das Denken selbst hatte man damit nicht erkannt!

Raymond nickte und sagte:

‚Ich verstehe. Jedenfalls verstehe ich, was dieser Mann geschrieben hat. Aber ob das auch wahr ist, das ist dann natürlich die Frage, um die es geht.'

‚Sicher', sagte Johannes, ‚darum geht es. Du hast zuvor gesagt, dass die Erfassung der Topografie und der Funktion des Gehirns voll im Gange ist und dass man da ganz sicher weitere Resultate erwartet. Ich kenne diese Aussagen, aber wenn man dann die Artikel darüber sucht und liest – und das wirst du doch auch getan haben –, entdeckt man, dass das, was ich schon vorher sagte, hier sehr zweifelhaft ist, nämlich

* G. W. Leibniz (1646-1716).

die Interpretation. Es ist eigentlich noch nicht gelungen, die Tätigkeit des zentralen Nervensystems ganz direkt festzustellen. Es sind immer indirekte Schlussfolgerungen. Zwischen der Wahrnehmung, auf der die Schlussfolgerung beruht, und der Schlussfolgerung selbst liegt das bekannte Feld der Interpretation. Man erweckt den Schein, dass da eine Sicherheit herrscht, aber du weißt so gut wie ich, dass das gar nicht der Fall ist. Außerdem ist die direkte Untersuchung des Gehirns, die einigermaßen verlässlich ist, nur möglich, wenn man direkten Zugang zum Gehirn hat, und das geht nur bei einem geöffneten Schädel. Also wird die Untersuchung nicht bei Menschen durchgeführt, sondern zum Beispiel bei Mäusen. Dem liegt die Annahme zugrunde, dass eine Maus nur ein primitiveres Gehirn als der Mensch hat, nicht ein total anderes. Das ist eine Interpretation. Es könnte nämlich sehr gut sein, dass der Mensch nicht in direkter Linie vom Tier abstammte, sondern eine ganz eigene Art ist, wobei darin dann dieselbe Art von Entwicklungssprung zu sehen wäre wie zwischen dem Mineral und der Pflanze, der Pflanze und dem Tier, in diesem Fall dann also auch den Tieren und dem Menschen. Es wäre möglich, noch weiter zu gehen und dann zu sagen: Der nächste Schritt in der Schöpfung ist der Übergang vom Menschen zum Engel, wobei man dann auch nicht sagen würde, dass der Engel eine Folge des Menschen ist. Man würde eher sagen: Der Mensch ist eine Folge der Engel.'

‚Das ist doch ein Gebiet', sagte Raymond, ‚das ganz und gar aus Annahmen und Interpretationen besteht?'

‚Ja, ich will nicht sagen, dass man das als wahr hinnehmen muss. Ich will es nur als ein Denkbeispiel geben: Man hat die Evolutionstheorie so interpretiert, dass es einen allmählichen Übergang zwischen den vier Naturreichen gibt. Ich will sagen: Das ist eine Interpretation, nicht eine tatsächliche Wahrnehmung.'

‚Damit müsste ich mich tiefer beschäftigen', sagte Raymond. ‚Ich habe keine unmittelbare Antwort darauf. Aber es ist natürlich doch so, dass die allmähliche Linie in der Evolution die allgemein akzeptierte wissenschaftliche Theorie ist.'

‚Ja', sagte Johannes. ‚Achte einmal auf deine Worte: Du hast das Wort ‚Theorie' verwendet.'

‚Aber von Beweisen untermauert.'

‚Vielleicht ist es möglich, auch andere Beweise zu liefern, die diese

Theorie ins Wanken bringen, aber wie gesagt, dafür brauchen wir einige Jahrzehnte, um das miteinander durchzusprechen. Eine Viertelstunde zwischen dem Hauptgericht und der Nachspeise ist dafür zu kurz. Ich will nur meinen Punkt ganz deutlich machen, dass die Untersuchung des Denkens des Gehirns, worauf du deine ganze Anschauung basierst, ein sehr wackliges Ganzes ist, dass es von Interpretationen zusammenhängt. Hypothese und Interpretation des Resultats – und damit dürfte man als Denker eigentlich nicht zufrieden sein.'

‚Wir haben nichts anderes, und wir dürfen erwarten, dass die Hypothesenbildung und die Interpretation der Untersuchungsresultate stets besser und feiner werden, ganz bestimmt jetzt, wo der Computer uns dabei hilft!'

‚Ich muss noch einmal darauf hinweisen, dass der Computer auf der Grundlage der bestehenden Hypothesen und Interpretationen programmiert ist. Man kann nicht eine Krankheit mit der Krankheit selbst heilen. Homöopathie ist etwas anderes, da heilt man die Krankheit mit etwas, was ihr ähnelt. Aber eine Heilung mit der Krankheit selbst – du wirst doch auch einsehen, dass das nicht geht?'

‚Jetzt hast du noch immer nicht gesagt, welches Denken es dann ist, von dem du sprichst!'

‚Ich scheue mich auch etwas davor', sagte Johannes. ‚Weil mir scheint, dass jeder Gedanke, den wir bilden, jetzt von tiefer Bedeutung für das Leben deiner Anschauung ist…'

‚Sprich nur weiter…', sagte Raymond. ‚Die Autorität, mit der du das tust, die Selbstsicherheit in deinem Gedankengang, die Wohlüberlegtheit, mit der du deine Worte wählst, geben mir genug Anlass, alles, was du sagst, ernst zu nehmen.'

‚Das zu hören, freut mich!', sagte Johannes. ‚Gut. So, wie der Computer dank der wissenschaftlichen zusammenhängenden Gedanken der wissenschaftlichen Techniker, der Menschen, die diesen Computer entwickeln, gemacht ist, so liegt dem Menschen selbst auch ein Denken zugrunde. Über dieses Denken spreche ich. Nicht das Denken, das im Leben anhand der äußeren Details entwickelt wird, sondern das Denken, das eher da war als der Mensch. Warum hat der Computer den Menschen nötig, um zu entstehen? Weil er auf keinerlei andere Weise sinnvoll entworfen werden könnte. Wie ist es dann möglich, dass das ganze wissenschaftliche Denken, das gelehrte Kollegium von Männern und Frauen in dieser Welt, glauben kann, dass das Wunderwesen ‚Menschheit' aus sich selbst heraus entstanden sei?'

‚Das ist einfach die Theorie des Kreationismus!', sagte Raymond.

‚Nein, das ist zu schnell geschlossen. Natürlich ist der nächste Schritt, zu sagen: Dann muss es auch ein Wesen geben, das den Menschen gedacht hat. So weit wollte ich noch nicht gehen, ich wollte zunächst sagen, dass der Gedanke Mensch eher dagewesen sein muss als der Mensch selbst. So, wie der Computer mit der Zeit und dank des Denkens der wissenschaftlichen Techniker immer besser und vollkommener funktioniert, so macht auch der Mensch eine Evolution durch. Aber nicht sozusagen von unten, nur von der Natur aus, sondern von oben her gedacht. Über dieses Denken spreche ich.'

‚Aber das beruht auf einer Annahme!'

‚Was glaubst du, wovon du sprichst? Das beruht auch auf einer Annahme, denn du nimmst an, dass dasjenige, was sehr mühsam als durch Hypothese, Interpretation von Forschungsdaten und neuen Hypothesen als Funktion des Gehirns gefunden wird, die Wissenschaft des Denkens ist. Man kann zwar – nehme ich an – auf die tatsächliche Anwesenheit von Gedanken schließen, aber dass deren Ursprung im Gehirn liegt, ist ebenso sehr eine Annahme wie meine Behauptung, dass das Denken dem Menschen vorausgeht.'

‚Dann sind wir also beide, du und ich, mit äußerst vagen Vermutungen beschäftigt...'

Johannes brach in ein Lachen aus und sagte:

‚Nein, du bist mit Vagem beschäftigt, ich natürlich nicht.'

Raymond wurde ein bisschen böse, aber er schluckte die Bemerkung und wartete ab.

‚Was würdest du sagen', sagte Johannes, ‚wenn man das Denken, das dem Menschen vorausgeht, in sich als die Quelle der eigenen Intelligenz finden könnte?'

‚Das wäre fantastisch! Aber gerade damit beschäftigen wir uns in der Wissenschaft!'

‚Nein, nein ... denk mit mir mit, du musst jetzt deine eigene Sicht kurz loslassen und versuchen, dem zu folgen, was ich sage.'

‚Ich tue mein Bestes...', brummte Raymond.

Lächelnd sagte Johannes:

‚Stell dir vor, dass irgendwo in dir die Quelle zu finden ist, wo du als Mensch gedacht bist. Das wären keine technischen Gedanken, denn die gab es überhaupt noch nicht. Es wären auch keine leiblichen Gedanken, denn den Leib gab es noch nicht. Es müsste eine Gedankenwelt sein, in der zwar alles beschlossen liegt, was aber erst in der tatsächlichen Menschenbildung verwirklicht wäre. Könnte man zu diesem Punkt in sich zurückgehen, ohne Apparatur, ohne Hilfe von Wissenschaftlern, sondern direkt, ohne weiteres, würde man einen Punkt finden, wo die Weisheit des Menschen, die Weisheit, die den Menschen gemacht hat, und die Weisheit, die im Menschen gefunden werden kann, entspringt.'

Er sah Johannes direkt an und sagte:

‚Das ist in der Tat eine großartige Idee. Aber wenn es eine Gedankenwelt ist, die dem Menschen vorausgegangen ist – und jetzt scheinbar im Menschen noch weiterwirkt –, kann man sie mit der physisch-sinnlichen wissenschaftlichen Methode also nicht erreichen. Das bedeutet, dass man sich mit der Untersuchung dessen auf Glatteis befindet. Man bewegt sich in eine bestimmte Richtung, und es gibt nichts, was einem zeigen wird, ob es unrichtig ist, was man denkt. Damit ist für mich dieser ganze Gedankengang, den du in diesen zwei Vorträgen und auch jetzt hier am Tisch entfaltet hast, ich will nicht sagen wertlos – und ich finde ihn durchaus sehr schön und tatsächlich auch in sich konsistent –, aber wissenschaftlich gesehen doch komplett unbrauchbar.'

Es war deutlich, dass Johannes nicht beeindruckt war. Er war an derartige Einwände gewöhnt, und er entschied sich in dem Moment, nicht darauf einzugehen. Er sagte:

‚Von deinem Gesichtspunkt aus kann ich deine Reaktion sehr gut verstehen und ist sie in gewissem Sinne auch berechtigt. Wenn du den wissenschaftlichen Charakter des Denkens, über das ich spreche, und auch den wissenschaftlichen Charakter der Forschung, die wir damit betreiben, kennenlernen wolltest, müsstest du dich viel tiefer darauf einlassen. Und ich verstehe, dass das für dich nicht interessant ist.'

‚Nimm es mir nicht übel!', sagte Raymond. ‚Interessant finde ich es schon, aber ich finde es buchstäblich aus der Luft gegriffen, und damit will ich mich nicht beschäftigen.'

Raymond fühlte eine enorme Kraft in sich aufkommen und sagte, getragen von der Kraft, die er fühlte:

‚Du sprichst über das wacklige Fundament des Reverse Engineering des Gehirns. Du kommst mit richtigen Argumenten dafür, aber in Wirklichkeit hast du die Seite des *Engineering* dabei außer Betracht gelassen. Und das ist gerade für uns immer wieder und wieder die Bestätigung, dass unsere Forschungsresultate auf einer Wirklichkeit beruhen. Ich habe nicht nur darüber gelesen, ich bin auch in der Forschung aktiv gewesen und wäre das noch immer gerne. Ich bin in Amerika gewesen, und daneben habe ich einige Jahre in Lausanne an meiner Dissertation gearbeitet und eine Art Praktikum bei dem großen Begründer dieser Forschung in Europa gemacht. Da habe ich unglaublich viel gelernt, aber auch sehr viel gesehen. Obwohl es scheinbar winzig kleine Schritte sind, die gemacht werden, ist es doch so, dass das, was so an Gehirntätigkeit gefunden wird, wirklich auf Zellniveau gesehen werden kann. In einem dafür geeigneten Computer werden diese Prozesse simuliert, und wenn diese Simulation dann denselben Effekt hat wie die wahrgenommene Wirklichkeit im Gehirn selbst, hat man damit rückwirkend doch bewiesen, dass die Hypothesen und Annahmen und Interpretationen richtig gewesen sind.'

Johannes erwiderte seinen Blick genauso kräftig und sagte:

,Ich habe dir schon gesagt, dass ich die wissenschaftliche Seite dieser Hirnforschung natürlich nicht abweise. Was ich sehr wohl ablehnen muss, ist die Isolierung des Denkens als *Produkt* des Gehirns. Damit beschäftigt ihr euch: Mit dem Feststellen, wie im Gehirn das Denken produziert wird. Während ich weiß, dass das Denken zuerst da ist und das Gehirn darauf reagiert. Es würde sehr schwierig werden, das wissenschaftlich zu zeigen, vor allem, wenn der Forscher nicht bereit ist, diese Hypothese in seine Forschungen einzubeziehen.'

,Wie kannst du', sagte Raymond, ,etwas, was völlig unwahrnehmbar ist, als eine Ursache für etwas annehmen, was dann wahrnehmbar wird?'

,Nun ja', sagte Johannes, ,das ist in Wirklichkeit mit allen Plänen, Zielen, Konstruktionen, zum Beispiel in der Architektur, auch der Fall. Da wird zuerst in Gedanken etwas erdacht, und dann kommt es in die Wirklichkeit und wird da erst sichtbar. Daran könnte man also schon sehen, dass dieser Prozess nicht so seltsam ist.'

Raymond sagte:

,Die Pläne, die Bauzeichnungen, die Ziele und so weiter werden natürlich immer dem Sichtbaren entnommen.'

‚Und was denkst du', sagte Johannes, ‚über die Musik von Bach? Ein Teil davon mag eine Folge dessen sein, was in der Zeit üblich war, aber bei Bach ist es natürlich schon das Besondere, dass er dem etwas hinzufügt, was es dann genau zur Musik von Bach macht. Das hat zuvor unsichtbar in ihm gelebt, und seit seinem Leben können wir es hören...'

Darauf hatte Raymond nicht unmittelbar eine Antwort, obwohl er das Gefühl hatte, dass der Vergleich doch nicht ganz stimmte.

Er sagte:

‚Aber sieh mal, Johannes, es wird weltweit mit tausenden hoch entwickelter Wissenschaftler an diesem Ergründen des Gehirns und hoffentlich letztendlich auch des Bewusstseins gearbeitet. Du weißt natürlich ebenso gut wie ich, dass da eine ungeheure Arbeit verrichtet wird.'

‚Ja', sagte Johannes, ‚und auch, dass sehr viel Geld darin investiert wird!'

‚Genau!', sagte Raymond. ‚Aber wie willst du mir deutlich machen, dass das, was ihr hier unten in diesem Zentrum mit ein paar Menschen aus einer vagen Idee heraus entwickeln wollt, mit diesen paar Zuhörern – was soll das sein gegen dieses gewaltige, weltweite Projekt der Erforschung des menschlichen Gehirns? Weißt du, dass das ein Projekt ist, bei dem alle Universitäten und technischen Institute zusammenarbeiten? Sie teilen ihre Information, es ist keine Frage persönlicher Ehre, sondern es ist wirklich ein globales Geschehen, wobei wir auch erwarten dürfen, dass auch für die Medizin sehr viele Früchte daraus hervorgehen werden?'

‚Nochmals', sagte Johannes, ‚diesen Aspekt weise ich nicht ab. Aber wenn du mich fragst: Wie wollt ihr, mit diesen paar Menschen und einer vagen Idee und einer Handvoll Zuhörern, dies in die Welt bringen? Dann kann ich nur antworten, dass du offenbar keine Ahnung von der Kraft des wirkenden Geistes hast. Ein Mensch, der diese Kraft in sich trägt, bringt mehr zustande als, sagen wir, tausend Wissenschaftler oder vielleicht auch zehntausend Wissenschaftler.'

‚Das ist einmal ein Hochmut!'

‚Hochmut ist es, wenn man sich etwas weismacht, was nicht so ist. Ich sage dir, es gibt noch einen anderen Ursprung des Denkens – den eigentlichen Ursprung des Denkens –, und dem kann nur jeder Mensch für sich auf die Spur kommen. Während ihr mit dem Entwickeln einer Intelligenz beschäftigt seid, die angeblich für jeden gleichermaßen verfügbar sein wird, sind wir mit dem Finden des Ursprungs der menschlichen Intelligenz beschäftigt. Das ist ein absolut individuell, frei denkender Prozess. Jeder, der das will, kann daran teilnehmen, aber jeder, der daran teilnimmt, wird es dennoch in sich *selbst* tun müssen. Das macht es weniger anziehend. Ihr sitzt lieber alle in einem großen Raum an den Bildschirmen, bringt eure Resultate ein und lasst den Computer die Denkarbeit für euch tun.'

‚Man muss selbst schon auch noch ein bisschen denken!'

‚Wir, diese Handvoll Denker, die du gesehen hast, können nichts aus der Hand geben. Es gibt keinerlei äußere Möglichkeit, die hier behilflich sein könnte. Man muss wirklich jeden Schritt selbst setzen wollen. Aber du wirst doch mit mir einig sein, dass *das* dann erst echte Freiheit ist!? Niemand kann einen von außen zu etwas bringen. Du siehst es an unserem Gespräch hier. Ich kann versuchen, dich mit meinen Argumenten zu überzeugen. Wenn du nicht selbst aus deinem Willen und deiner Einsicht heraus zu dem Schluss kommst: es steckt etwas Richtiges dahinter bei dem, was Johannes sagt – dann gehst du hier weg, gehst deinen Weg weiter, vergisst Johannes, und das ist die Freiheit. Es gibt nichts und niemanden, der dich zu etwas bringen kann, als nur deine eigene Einsicht. Es sind nicht meine Entdeckungen, denen du folgen sollst. Es sind meine Entdeckungen, die du verwenden kannst, um diese Entdeckungen selbst zu untersuchen, zu prüfen und dir zueigen zu machen. Aber das ist eine ganze Arbeit. Ich bin selbst auch ein Wissenschaftler gewesen, und ich darf wohl sagen, dass ich mir sehr viel Mühe gegeben habe, mir alle Details der Inneren Medizin anzueignen. Das war eine echte Arbeit, und ich habe damit noch immer nicht aufgehört, ich will in Bezug auf die Entwicklungen auf dem Laufenden bleiben. Aber die Anstrengung, die das verlangt, ist in nichts mit dem zu vergleichen, was man innerlich tun muss, um das menschliche Denken, das einem selbst vorausgegangen ist, zu erfassen. Hat man es einmal erfasst, wird es auch möglich, sein Handlungsleben, seinen *Willen*, in einem anderen Licht zu sehen. Man wird sehen, dass das in Wirklichkeit eine Aktivität im Menschen ist, die erst noch zu voller Blüte kommen muss.

Das sind die zwei Pole, die man im inneren Leben entdecken kann und die einen zu dem Bewusstsein führen, *was ein Mensch eigentlich ist*, und auch spezifiziert, *wer man selbst eigentlich ist.* Für uns ist das die schönste Frucht des Menschseins, und wir werden alles einsetzen, damit dies in die Welt durchdringen kann – wie schwer es auch sei, denn das Lager der Wissenschaftler, zu dem auch du gehörst, ist stark und mächtig. Du hast die physisch-sinnlichen, die mechanischen, die elektrischen, die magnetischen, die verschiedenen Naturkräfte zur Hand, und wir müssen gerade versuchen, außerhalb dieser Felder zu operieren. Also ja, wir haben es sehr, sehr schwer.'

Raymond war von diesen Worten doch wieder etwas beeindruckt und fragte:

‚Ist auch ein religiöser Aspekt mit dieser ‚Wissenschaft', wenn man so sagen soll, verbunden?'

‚Sicher', sagte Johannes, ‚aber keine Kirche. Ich sagte vorher schon, wenn man davon ausgeht, dass auch der Mensch Gedanke ist, ist der nächste Schritt, dass man an ein *Wesen* denken muss, das diese Gedanken gehabt hat. Dieses Wesen müsste dann auch die ganze Umgebung, alle Prozesse, alle Gewebe, alle Atomkerne, Elektronen, alle Planeten, schwarze Löcher, Milchstraßen und so weiter in seinen Gedanken gehabt haben. Das, was ihr hofft – denn das ist mir sehr wohl bekannt, dass ihr hofft, dass man mit der künstlichen Intelligenz einmal den ganzen Kosmos erfüllen können wird –, das ist ein Bild, ein Gegenbild dessen, was tatsächlich der Fall ist. Der Makrokosmos und der Mikrokosmos, das ganze Weltall ist von Intelligenz erfüllt, und wir als Menschen haben das Vermögen bekommen, uns mit unserer kleinen Intelligenz allmählich in diese große intelligente Welt einzuleben. Aber was tun wir? Wir erfinden ein Gerät, das ein bisschen im Kleinen nachmachen kann, was wir selbst im Großen tun und was im Kosmos unendlich viel größer anwesend ist – und dieses Gerät soll dann letztlich alles Menschliche und Übermenschliche ersetzen und unter der Kraft des Geräts verstecken!'

‚Tja', sagte Raymond, ‚wenn du es so sehen musst, habe ich mein Herz dem Teufel verpfändet oder einen Vertrag mit ihm mit meinem Blut unterzeichnet... Aber ich kann es unter keinen Umständen so sehen!'

‚Das verstehe ich auch sehr gut...', sagte Johannes. ‚Du bist von Jugend an an die Gedanken gewöhnt, die nun wissenschaftlich die deinen sind. Und dann kommt irgendein anderer Herr und sagt, es sei anders. Natürlich kannst du das nicht annehmen!'

Dies berührte Raymonds Eitelkeit. Er wollte mit seiner Hochbegabung nie großtun und behandelte sie im Grunde immer bescheiden. In der Tiefe lebte natürlich sehr wohl ein großer Stolz auf seine Intelligenz. Nun sagte ihm dieser Herr, der ihm da gegenübersaß, dass er in einem bestimmten Gedankenschema feststeckte und dass er da nicht einfach so hinaussteigen konnte! Das traf ihn in seiner Eitelkeit. War er nicht zu allem imstande, was mit der Intelligenz zu tun hatte? Könnte er nicht auch einen Schritt in das Ungewisse machen und es da einige Zeit aushalten, um zu erleben, ob es da etwas gab, was der Mühe wert war?

Es trat eine Stille ein. Sie waren alle vier so still, weil der Kampf ihnen den Atem nahm. Dies war nicht einfach ein Gespräch zwischen Johannes und Raymond, es hatte weltentscheidende Bedeutung. In einem Hotel irgendwo in den Bergen saßen zwei Männer einander gegenüber, ein älterer und ein jüngerer. Der ältere vertrat die geistige Würde des Menschen in einer allumfassenden Gedankengröße, und der andere suchte die Wissenschaft im Allerkleinsten und erwartete, durch das Wissen, wie das Allerkleinste funktionierte, zu einer Technik zu kommen, die die allergrößten Gedanken aus sich hervorbringen könnte.

Der eine war durch und durch erfüllt von den moralischen Implikationen seines Auftrages, der andere stellte überhaupt keine moralischen Fragen. Es war Technik, womit er sich beschäftigte. Er war ein Wissenschaftler und Ingenieur gleichzeitig, und er empfand keine Grenzen in Bezug auf die Folgen seiner Arbeit. Nun fühlte er sich herausgefordert, hingestellt als jemand, der nicht imstande wäre, einem Gedankengang zu folgen, der nicht der seine war.

‚Gut, Johannes', sagte er, ‚du hast mich erwischt. Du hast mich an dem Punkt gefasst, auf den ich am meisten stolz bin, denn ich fühle mich verletzt. Aber gerade durch diese Verletzung fühle ich auch, dass ich dir zeigen muss, dass ich mich sehr wohl zu deinen Gedanken erheben kann. Ein Mensch kann schließlich, was er will, und bis jetzt wollte ich das nicht. Aber jetzt, wo du sagst ‚du *kannst* es nicht!', muss ich natürlich sagen: Ich werde dir zeigen, was ich kann!'

Die anderen drei lachten los, und die Spannung löste sich auf.

‚Ihr lacht darüber', sagte er, ‚aber mir ist es ziemlich ernst. Ich werde ehrlich sein, Johannes: Ich glaube kein bisschen von dem, was du sagst, aber bin natürlich sehr wohl imstande, mich in Gedanken zu vertiefen, die ich nicht glaube. Das muss man im Studium schließlich auch.'

‚Das Problem ist', sagte Johannes, ‚dass es hier nicht nur um das

Sich-Vertiefen in Gedanken geht, sondern dass es auch um eine bestimmte *Denktechnik* geht. Man kann nicht mit seinen gewöhnlich studierenden Gedanken entdecken, ob das, was ich sage, wahr ist. Man muss dafür genauso eine Forschung betreiben, wie man es auch in seiner äußeren Karriere tun muss. Man müsste also bereit sein, bestimmte Übungen zu machen, um das Denken so zu verstärken, dass es auch möglich wird, hier eine Forschung zu beginnen. Sonst ist es nämlich viel zu flüchtig...'

Wieder bekam Raymond eine Gänsehaut. Es war wic ein Märchen, in dem er sich herausfordern ließ, einen Auftrag anzunehmen, der noch einiges mit sich bringen würde. Das sah er sehr wohl voraus, aber er sagte:

‚In Anbetracht meiner künftigen Stelle ist es an sich natürlich auch interessant, mich in deinen Gedankengang zu vertiefen. Mein Lehrauftrag sind die Implikationen der künstlichen Intelligenz für die Humanwissenschaften – und es erscheint mir gut, dabei auch die Möglichkeit einzubeziehen, dass es eine auf sich selbst beruhende Gedankenwelt gibt. Denn das ist es doch, was du meinst?'

‚Das ist es, wovon ich spreche, ja', sagte Johannes.

‚Wir haben noch vierzehn Tage', sagte Raymond. ‚Wie machen wir das?'

‚Hoffentlich haben wir viel länger als vierzehn Tage. Aber für eine erste Einführung müsste das genügen. Es ist jetzt noch nicht so voll hier, ich kann mich wohl jeden Tag eine oder anderthalb Stunden für dich freimachen. Dann bauen wir systematisch den Zugang zu dem Denken, von dem ich spreche, auf. Ich werde dann zugleich – ich weiß nicht, ob wir das dann jeden Tag tun sollten oder ob wir es jeden zweiten Tag machen, das muss ich noch sehen – einen der anderen hinzubitten, um seinen, ich will einmal sagen: Auftrag bei uns zu beschreiben. Mir scheint es gut, wenn Els mit dir mitkommt, sodass ihr diesen Zugang gemeinsam kennenlernt.'

‚Ist das nicht ein bisschen zu viel Ehre für uns?', fragte Raymond.

‚Findest du es selbst zu viel, täglich eine Stunde?'

‚Nein, nein, aber wenn du das mit jedem tun müsstest, der so kommt...'

‚Du, mein bester Raymond, bist nun einmal nicht ‚jeder, der so kommt'. Wenn du den Plan also gut findest, führen wir ihn in den kommenden Tagen aus.'

‚Ich fühle mich sehr geehrt... Welche Zeit hast du vor Augen?'
‚Täglich dieselbe. Zehn Uhr vormittags scheint mir eine gute Zeit.'
‚Wir werden da sein.'
Sie ließen sich von Johannes und Eva nach Hause bringen und saßen kurze Zeit darauf einigermaßen erstaunt im Wohnzimmer. Els sagte:
‚Das ist jetzt genau dasselbe Zimmer wie vor dieser Begegnung... Fühlst du auch, dass dennoch nichts mehr dasselbe ist?'
Raymond nickte und sagte langsam:
‚Du hast Recht, Els. Nichts ist mehr dasselbe, und es scheint, als ob sogar die Tische und Stühle ein Bewusstsein davon hätten...'

8

Zum dritten Mal fuhren sie am folgenden Morgen hinunter, parkten das Auto und betraten die Halle, diesmal nicht, um einen Vortrag zu hören, sondern für eine spezielle Verabredung mit dem ‚Chef' selbst. Sie gingen an die Rezeption, wo eine Assistentin fragte, ob sie ihnen helfen könne. Raymond sagte:

‚Wir haben einen Termin mit Johannes Leven.'

Das Mädchen schaute ihn erstaunt an, sah dann in ihre Liste und sagte:

‚Tatsächlich. Ich bringe Sie zu seinem Zimmer.'

Sie ging ihnen voraus, einen langen Flur entlang, klopfte an einer Tür und öffnete sie nach den Worten: ‚Ja, herein!'

Raymond ließ Els vorgehen. Da saß er an seinem Schreibtisch, stand unmittelbar auf, der Chef dieses zweifelhaften Instituts, aber so beeindruckend, dass dem Zweifel schnell der Boden entzogen wurde. Die Fenster des Zimmers gaben den Blick auf die entfernteren Berge frei. Johannes lud sie ein, nicht an seinem Schreibtisch, sondern beim Fenster Platz zu nehmen, sodass sie nicht vom Licht gestört wurden.

‚Steht dein Entschluss noch immer fest, Raymond?', fragte Johannes, bevor er sich setzte.

‚Ja!', sagte Raymond fast feierlich.

‚Und, Els, wie ist dein Standpunkt dazu?'

‚Ich bin von Anfang an überhaupt nicht einer Meinung mit Raymond, bin eigentlich auch von der Tatsache geschockt, dass er so fest von etwas überzeugt ist, was meiner Meinung nach nicht menschlich ist, dass ich nur innig dankbar darüber bin, dass wir hierher gekommen sind, dass wir euch begegnet sind und dass wir hier jetzt auch noch einen Privatunterricht von dir bekommen!'

Johannes lachte und sagte:

‚Okay, dann setzen wir uns. Ich werde zuerst doch einen kleinen privaten Vortrag halten müssen, bevor wir wirklich an die Arbeit gehen können. Denn das Denken, über das ich spreche, liegt natürlich nicht so faktisch vor Augen wie das Gehirn mit seinen Neuronen, Dendriten,

Synapsen, der Wirkung bestimmter Neurotransmitter und so weiter. Diese Forschung ist schwer genug und auch ziemlich ungreifbar, das ist mir wohlbekannt', sagte er. ‚Aber man hat zumindest ein faktisch greifbares Forschungsfeld. Wenn man auf die Suche nach dem anderen Denken geht, muss man darauf verzichten und muss das Forschungsfeld in Wirklichkeit erst sichtbar machen. Da liegt die Schwierigkeit. Darum ist es auch ein Forschungsgebiet, das nicht ernst genommen wird, weil es nicht auf der Hand liegt. Das Denken des Menschen ist ein flüchtiges, durchsichtiges, ungreifbares Etwas. Sobald man seinen Blick darauf richtet, ist es eigentlich schon wieder weg, und man muss sich Mühe geben, sich zu erinnern, was man gedacht hat. Sich Notizen zu machen, legt dann bereits ziemlich fest, was sich zuvor in so flüchtiger Weise gezeigt hat. Wir haben immer ein Bedürfnis danach, alles, was wir untersuchen wollen, außerhalb von uns zu haben, als etwas Konkretes, etwas Dichtes, etwas Materielles, wodurch man das Auge – und sei es über ein Mikroskop oder eine indirekte Wahrnehmung – darauf richten kann. Das geht bei dem Denken, über das ich spreche, nicht. Obwohl es sich fortwährend in uns entfaltet, haben wir es nicht vor Augen, und es entzieht sich unserer Wahrnehmung, als wäre es Quecksilber. Du weißt, sobald man Quecksilber fassen will, springt es weg. So etwas ist mit dem Denken auch der Fall. Man kann praktisch nichts anderes tun, als es jedes Mal wieder in Gang zu setzen, bewusst, mit einem selbstgewählten Thema oder einem Thema, dass du zum Beispiel von mir bekommest. Und dann *im Tun* das zu versuchen, was man untersuchen will. Und was man gleichzeitig hervorbringt, so stabil zu machen, dass es ein wahrnehmbares Forschungsfeld wird.'

‚Darf ich Fragen stellen?', sagte Raymond.

‚Natürlich!'

‚Die Frage ist natürlich, warum man das eigentlich tun sollte.'

‚Dem Motiv, das zu tun, liegt natürlich eine ganze Welt der Weisheit zugrunde. Ich denke, wir werden bei Gelegenheit darüber sprechen. Über eines, Raymond, sind wir uns einig, und zwar darüber, dass die Zeit gekommen ist, dass der Mensch beginnen muss, die Evolution selbst in die Hand zu nehmen. Nur wird das in deiner Sicht dadurch geschehen, dass eine technische Vervollkommnung erreicht wird, die eine neue Art Mensch erschaffen kann; in meiner Sicht – und die hat einen anderen Hintergrund als die gewöhnliche naturwissenschaftliche

– ist es so, dass der Mensch den Teil in sich, wo er verantwortlich ist, auch erfassen lernt, um dann von da aus die Evolution selbst weiter in die Hand zu nehmen.'

‚Kennst du die Philosophie von Teilhard de Chardin?', fragte Raymond.

‚Natürlich!', sagte Johannes. ‚Diese interessante Gestalt hat auch erlebt, dass die Menschheit an einem Wendepunkt steht. Aber er geht dann doch in die Falle des Sichtbaren, Messbaren, Wägbaren – und schließlich in die Falle der Technik als große Verbinderin der Menschheit.

Es ist also so, dass wir dadurch, dass wir einfach mit dem Denken beginnen, das Forschungsfeld ins Licht des Bewusstseins bringen müssen. Das bedeutet, dass man das Denken nun nicht auf eine Forschungsaufgabe außerhalb von einem selbst richtet, sondern man richtet es auf sich selbst, auf das, was sich dann darbietet, um sich erforschen zu lassen.'

Raymond sagte:

‚Ich bekomme den Eindruck eines Baron von Münchhausen, der sich an seinem eigenen Schopf hinaufziehen wollte...'

Johannes lächelte und sagte:

‚Das kann ich mir vorstellen. Und dennoch, wenn man damit wirklich anfängt, beginnt man allmählich zu erleben, dass es doch etwas sehr anderes ist. Man muss das Denken zwar selbst in Gang setzen, um es vollkommen selbstbewusst zur Anschauung zu bringen, aber in Wirklichkeit ist das Denken natürlich nicht nur dann aktiv. Es ist auch etwas Gegebenes.

Ich will dir folgende Frage stellen. Du, Raymond, hast deine Geisteskraft, deine Intelligenz zu einem großen Teil dem *Rechnen* gewidmet. Dich interessiert nicht so sehr die Logik, wie man sie bei Aristoteles findet und die man auf die eine oder andere Weise als Denkstoff verwenden könnte, um zu dieser Schaffung des Forschungsfeldes zu kommen. In deinem Fall will ich lieber ein anderes Gebiet der sieben Freien Künste wählen, nämlich dasjenige, das im Altertum für Pythagoras als Grundbegriff des Weltalls galt. Ihr modernen Naturwissenschaftler seht das in Wirklichkeit auch so. Das Rechnen ist die Basis im Weltall. Nur spricht man von Millionen, Milliarden, Billionen oder noch mehr. Man verwendet komplizierte Formeln, um Berechnungen durchzuführen. Das, was ursprünglich im Altertum als der Grundbegriff des Weltalls betrachtet wurde, ist ganz aus dem Blick verschwunden. Es ist nämlich die Zahl selbst. Bis weit ins Mittelalter hinein wurde die Kunst des Umganges mit der Zahl noch als eine wahre Wissenschaft geübt. Diese Kunst fand Anwendung in der Geometrie, in der Astronomie, auch in der Musik. Die großen mittelalterlichen Bauwerke wie die gotischen Kathedralen wurden auf dem Prinzip dieser Anwendung der Zahl erbaut. Die Tatsache, dass eine Kathedrale dann auch wirklich *steht*, dass die Maße und Verhältnisse offenbar so sind, dass es baukundlich auch zu verantworten ist, ist eine Art Reverse Engineering, könnte man sagen. Eine Simulation der inneren Zahlenkunst.'

‚Ein interessanter Gesichtspunkt', sagte Raymond aufrichtig.

‚Man kann also nicht sagen, dass das, was bei Pythagoras zum ersten Mal offenbar wird und dann über Platon bis ins Mittelalter weiterwirkt, bis in die Schule von Chartres zum Beispiel, keine exakte Wissenschaft sei. Nun ist es nicht so, dass wir meinen, man müsse für ein Fortschreiten der Evolution auf das Alte zurückgreifen, weil das Alte von neuem eingeführt werden sollte. So sehen wir es gewiss nicht, aber wenn wir dem Denken, dass zum Beispiel auch in der Architektur einer solchen gotischen Kathedrale in die Sichtbarkeit getreten ist, auf die Spur kommen wollen, müssen wir von den Millionen und den Milliarden, den nicht zu überschauenden Mengen von Formeln, die man mit dem menschlichen Denken zwar ableiten, aber nicht ganz in ihrem Zusammenhang im Ganzen durchschauen kann, absehen. Wir müssen zurück zur Einfachheit der Zahl, und ich will euch daher bitten, einmal die Augen zu schließen und euch zu fragen: was ist eigentlich Eins?'

‚Was meinst du mit Eins?', fragte Raymond.

‚Die Zahl Eins.'

Sie schlossen ihre Augen und betraten das Unsichtbare...

Nach etwa fünf Minuten sagte Raymond:

‚Erstens gelingt mir die Konzentration nur sehr kurz. Und zweitens weiß ich wirklich nicht, was ich mit der Eins soll. Es hängt ganz davon ab, mit welcher Einheit man es verbindet. Wenn ich sage ‚ein Millimeter', dann ist das etwas ganz anderes als ein Kilometer. Das ist doch beide Male ‚Eins'.'

Els sagte:

‚Ich bekam doch ein Erleben von einer Art Einheit. Ob das ein Millimeter oder ein Kilometer ist, ist dann eigentlich nicht wichtig. Es geht darum, was man damit ausdrückt.'

'Ich kann das nicht fassen!', sagte Raymond. 'Für mich stehen die Zahlen immer in Beziehung zu etwas, und darum ist eine Zahl relativ. Wenn ich sage 'ein Millimeter', dann habe ich davon tausend in einem Meter.'

'Man wird also', sagte Johannes, 'vom Millimeter, Meter, Kilometer abstrahieren müssen ... und die Eins an sich zu bedenken versuchen müssen.'

'Aber es geschieht, was du sagst... Meine Gedanken fliegen wie Quecksilberkügelchen auseinander, sobald ich versuche, sie festzuhalten.'

'Das ist eine Frage der Übung', sagte Johannes. 'Du wirst sehen, wenn du es ein zweites, drittes, viertes Mal machst, dass es schon besser geht. Versuche also einmal 'Eins' zu bedenken, abstrahiert von dem, was man damit ausdrücken will – also kein Millimeter, kein Gramm, keine Sekunde, sondern einfach nur Eins.'

Nach wiederum etwa fünf Minuten sagte Raymond:

'Dann habe ich überhaupt nichts. Ich weiß nicht, was *Eins* an sich ist. Ich weiß zwar, was Eins relativ ist, wie ich schon sagte, aber Eins losgelöst von aller Einheit, Eins an sich, das ist für mich total bedeutungslos.'

'Wie kannst du das sagen!', sagte Els. 'Eins bedeutet doch ungeteilt?'

'Man kann die Eins sehr wohl teilen!'

'Nein, selbst das kann man nicht, denn wenn man Eins teilt, ist es keine ganze Zahl mehr. Und damit beschäftigen wir uns doch? Also ist Eins ungeteilt, nicht teilbar. Es ist faszinierend, fast schockierend, wenn man es zu sich durchdringen lässt, dass in der Zahlenwelt ein Prinzip existiert, das für die Ungeteiltheit steht!'

'Gut...', sagte Raymond. 'Dann muss ich es noch einmal versuchen.'

'Es geht tatsächlich schon besser', sagte er. 'Eins wird für mich dann ein Punkt, ohne Dimension, keine Ausbreitung, nicht nichts, sondern ein Punkt. Eine Bedeutung dafür habe ich nicht. Man könnte wirklich daran verzweifeln, wenn man sich bewusst wird, dass man, sagen wir, dreißig Jahre mit Einheiten arbeitet und nicht weiß, was Eins in Wirklichkeit ist. Es ist etwas Gebräuchliches, könnte man sagen, und man gebraucht es, wie es gerade kommt. Aber was es nun selbst ist – das scheint ziemlich unsinnig, sich das zu fragen...'

Johannes sagte:

‚Es kann dir auch helfen, wenn du dir bei der Suche nach der Bedeutung von Eins bewusst wirst, dass du *keine Bedeutung hast*. Das Standhalten im Nicht-Haben einer Bedeutung führt schließlich zum Finden der Bedeutung. Denn es gibt natürlich eine Bedeutung. Es ist nicht nur ein abstraktes Ding, aus dem wir Milliarden machen und womit wir mit Formeln die kompliziertesten Zaubertricks ausführen können. Als der Mensch noch ‚dumm' war und in den Zahlen nur bis dahin blickte, wo er sie überschauen konnte, gab es noch ein Bewusstsein davon, was Eins eigentlich ist. Eins losgelöst von allen Objekten, von allen Einheiten. Von allen Maßen und Gewichten. Eins als Eins.'

‚Es fällt mir sehr schwer, nur auf diese Eins zu schauen!', sagte Raymond. ‚Ich will überlegen und tue das dann auch. Ich beginne, Eins und Null zu vergleichen, Eins und Zwei, ein Halbes, minus Eins. Aber nun sagst du, davon soll ich absehen und nur das Prinzip Eins im Auge haben.'

‚Ich verstehe nicht, dass das so schwer ist...', sagte Els.

Johannes sagte:

‚Als Ärztin hast du dich nicht so in die Zahl verwickelt. Der Weg, den Raymond gegangen ist, ist der Weg der stets komplizierteren Handhabung der Zahl, und die Energie liegt in der Handhabung und nicht mehr in dem, was eigentlich die Zahl selbst ist. Dahin versuche ich ihn nun zurückzuführen.'

‚Ich fange in jedem Fall an, einigermaßen zu erfassen, was du meinst', sagte Raymond. ‚Und ich glaube auch, dass es mir gelingen wird, den Blick auf die Eins als Zahl zu richten und einige Zeit dabei zu bleiben...'

‚Lass uns erst einmal Wandern gehen!', sagte Els, als sie auf den Parkplatz gingen. ‚Sonst kommen wir gewiss nicht mehr dazu. Ich habe eine schöne Wanderung gefunden, die hier beginnt und auch wieder hier endet. Dann können wir uns danach auf morgen vorbereiten, denn das wird nötig sein.'

Raymond lachte und sagte:

‚Ja, das wird wohl ein Schnellkurs. Aber das mag ich... Also los, gehen wir schön wandern!'

Der Bergpfad war schmal, und sie mussten größtenteils hintereinander gehen. Es gab keine Gelegenheit, einmal ruhig über die Erfahrungen der letzten Stunde zu sprechen. Das war auch gut. Diese Erfahrungen bekamen so die Gelegenheit, gut hereinzukommen und einen Platz im Sein beider zu finden.

Es war halb bewölkt und ziemlich frisch. Es tat ihnen beiden gut, sich körperlich anstrengen zu müssen. Raymond merkte, wieviel Mühe es ihn kostete, seine Gedanken anzuhalten und seine Sinne weit zu öffnen, damit die majestätische Umgebung auch wirklich Eindruck auf ihn machen konnte. Er fühlte sich eigentlich sehr glücklich... Er ging hier mit Els, hatte die Aussicht auf eine interessante, herausfordernde Stelle, und als Vorbereitung darauf bekam er hier einen Einblick in ein ganz anderes Denken – dessen Existenz er zwar noch nicht erkennen konnte, inzwischen aber sehr wohl ahnte, weil dessen Prophet ein vollkommen wahrhaftiger Mensch zu sein schien.

Als sie nach einigen Stunden in ihr Haus zurückkehrten, schien es wiederum, als ob alles darin eine andere Gestalt angenommen hatte.

Raymond fragte:

‚Wie ist es mit unserer Ration, was das Internet betrifft? Willst du sie in Anspruch nehmen?'

‚Natürlich!', sagte Els erstaunt. ‚Wieso?'

‚Ich fühle nämlich einen unwiderstehlichen Drang, im Internet nach der Eins, der Einheit zu suchen. Nach Pythagoras und Platon...'

‚Das kannst du dann doch in der Zeit, die wir uns dafür nehmen, sehr gut machen', sagte sie. ‚Du musst dich dann nur beschränken, und das scheint mir gerade sehr gut zu sein.'

‚Gut, gut...', sagte er und setzte sich vor seinen Laptop.

Nach einer halben Stunde hatte er einen umfassenden Eindruck davon bekommen, was im Internet alles über Pythagoras' Eins bis zur Monade von Leibniz zu finden war; das Corpus Hermeticum, der Neoplatonismus, Jamblychos, Porphyrios, Aristoteles, sogar Thomas von Aquin und nicht zu vergessen Boethius. Namen, die ihm alle bekannt waren, die auch in seinem Philosophiestudium aufgetaucht waren, als er einen Überblick über die Philosophie studierte. Er sah unmittelbar ein, dass diese Denker sehr spezifische Aussagen und Einsichten in Bezug darauf hatten, was die Eins ist, aber er hatte nicht die Zeit, das alles detailliert nachzusehen. Es musste bei einem Gesamteindruck bleiben, der nicht weiter differenziert werden konnte. Er fühlte, wie das in gewissem Sinne in seiner Seele wehtat. Er fühlte seine eigene Art – wie er immer so studiert hatte, dass er alles, was über etwas zu finden war, so schnell wie möglich aufnehmen wollte und am liebsten den vollkommensten Endpunkt am Anfang haben wollte. Das ging jetzt nicht, und es schien zu dem Wesen der Eins zu passen...

Als seine Zeit um war, setzte er sich zu Els und sagte:

‚Ich glaube, dass ich mich vor morgen noch einige Male in mein Denken zurückziehen und versuchen muss, die Bedeutung der Eins, der Einheit, wie sie gleichsam hinter dieser Zahl verborgen liegt, zu durchdenken.'

‚Ja, das will ich auch! Denkst du, dass wir morgen mit der Eins noch weitermachen, oder geht Johannes dann schon zur Zwei über?'

‚Ich vermute doch, dass er erst einmal etwas von unseren Resultaten hören will und dass wir also morgen noch bei der Eins bleiben werden. Ich will ihn nicht enttäuschen, und, was noch wichtiger ist, ich will mich selbst nicht enttäuschen, indem ich sagen müsste, das, was Pythagoras konnte, was Platon, was Thomas von Aquin konnte, was Aristoteles konnte und was wir darüber wissen: das kann Raymond nicht!'

Els brach in Lachen aus.

‚Was ist das nur, diese Triebfeder in dir, das alles können zu wollen?'

‚Als ich mich im Studium mit Platon beschäftigen musste – den ich für einen interessanten Denker hielt, aber natürlich ziemlich vage, obwohl es bestimmte Dialoge gibt, wo es vor allem um die Exaktheit zu gehen scheint, etwa im ‚Timaios' –, habe ich als Thema meiner Abschlußarbeit, das war glaube ich im ersten oder zweiten Jahr, Platons ‚Symposion' gewählt, dadurch kam ich auf die Übersetzung ins Lateinische und Italienische durch Marsilio Ficino in der Renaissance. Er hat auch Kommentare dazu geschrieben, und dieses Buch kann man noch immer bekommen. ‚Über die Liebe' heißt es. Ich denke, ich habe es auf englisch gelesen. Es werden da zwei Aspekte der Liebe beschrieben. Für Plato ist die Liebe die Begierde nach der Schönheit. Philosophie ist die Begierde nach der Weisheit, aber Liebe ist die Begierde nach der Schönheit. Diese Prinzipien werden im ‚Symposion' von allerlei Seiten besprochen. Ficino hat eine Auslegung dessen gegeben. Ich muss sagen, ich war damals dadurch wirklich in einer sehr erhabenen Stimmung. Ich hatte es eigentlich ein bisschen vergessen, aber das ist wohl ein Moment in meinem Leben gewesen, wo ich das Rechnen völlig losgelassen und mich ganz an die Gedanken über die Liebe hingegeben habe. Es wurden zwei Säulen der Liebe angegeben: Die eine ist die Scham, wodurch man nicht zu Gedanken, Gefühlen und Handlungen kommt, für die man sich schämen müsste; und die andere ist die Sehnsucht nach Ehre, nach Ruhm, nach Glorie – aber auf rechte Weise. Darin habe ich damals eine Art Rechtfertigung für meine ‚Ehre', meinen Ehrgeiz gelesen. Dass dies eigentlich hohe Liebe ist. Ehrgeiz wird als schlechte Eigenschaft betrachtet, und das kann er natürlich auch werden, wenn er zu Eifersucht, Nacheifern, Konkurrenz führt. Wenn man aber den Ehrgeiz in sich behält, kommt dadurch viel zustande. Und das fühle ich jetzt auch. Johannes hat mich herausgefordert, er hat meine Ehre nicht verletzt, in keiner Hinsicht, sondern herausgefordert. Du wirst mit mir einer Meinung sein: Wenn du diese Persönlichkeit von Johannes erlebst, entsteht eine Art Ehrgeiz, so sein zu wollen wie er. Und dann kann man eigentlich nicht mehr sagen, dass es Unsinn sei, was er sagt.'

‚Das ist mir nie eingefallen, zu denken, es sei Unsinn, was er sagt!'

‚Nein, dir nicht, aber mir schon. Wenn wir ihm nicht im Hotel begegnet wären, wäre ich mit einer Art barschen Überzeugung nach Hause gefahren, dass alles Unsinn sei, was ich hier gehört habe. Nun hat er mich herausgefordert, und ich will jetzt alles daran setzen, das andere Denken gewahr zu werden. Ich erinnere mich jetzt also, dass ich das in meinem Philosophiestudium gehabt habe, aber nicht erkannt habe. Es war natürlich niemand wie Johannes in der Nähe, der mich darauf hinweisen konnte... Das, was ich jetzt im Denken wahrnehme, ist ein anderes Denken als das Denken, das der Computer ‚kann'. Ich will nicht sagen, dass ich es schon habe, aber ich habe etwas in der Erinnerung, an dem ich mich festhalte.'

Els schüttelte erstaunt den Kopf und sagte:

‚Du bist so unglaublich begabt... Wenn sich nun zeigen sollte, dass diese Begabtheit auch in diesem anderen Denken wirksam ist...'

‚Das will ich nicht sagen... Vorläufig habe ich das nicht, aber ich werde sehr wohl die ganze Kraft meiner Begabung einsetzen, um zu versuchen, zu verstehen, was dieses andere Denken ist. Und wenn man es versteht, findet man es wahrscheinlich auch.'

Nach dem Abendessen und nachdem sie alles aufgeräumt hatten, wollten sie beide versuchen, noch einmal über die Eins nachzudenken. Sie hatten den gewöhnlichen Aperitif vor und das Glas Wein beim Essen stehenlassen, aus einer intuitiven Ahnung heraus, dass das eine solche Denkübung erschweren würde. So zogen sich beide in sich selbst zurück.

Anfangs hatte Raymond große Mühe, sich zu konzentrieren. Das gewöhnliche intellektuelle Denken zog ihn immer wieder von der Eins fort. Alles, was er in der halben Stunde im Internet gefunden hatte, wollte sich einschleichen und hinderte ihn, konzentriert auf die Eins als Begriff zu schauen. Bis er begriff, dass er mit dem Denken natürlich auch die Tatsachen, die er gefunden hatte, bewusst nachdenken konnte. Gleichsam rund um die Eins, wodurch dieser punktförmige Begriff reicher und erfüllter wurde.

Als er damit begann, fühlte er ein merkwürdig bekanntes Etwas, von dem er dennoch sicher war, dass er es nie in dieser Form wirklich bewusst erlebt hatte, außer vielleicht in der Zeit, wo er sich mit Platon beschäftigt hatte. Es war, als ob die bekannte Eins, mit der er zu rechnen gelernt hatte, zu einem Schattengebiet wurde. Nicht im Jetzt und auch nicht im Hier schien ein Licht zu scheinen, das die Einsicht in und das Bewusstsein von der Eins als Begriff war. Es war, als ob in ihm eine Erinnerung an etwas aufkam, was ein Mensch offenbar wusste und wovon er sich nur nicht bewusst ist, dass er es weiß. Wenn das zu Bewusstsein kommt, liegt es nicht im Hier und Jetzt, sondern lebt als eine Erinnerung an etwas, was einst war.

Mehr noch dadurch als durch das Verständnis für die Einheit wurde er gerührt. Er kam in eine ganz andere Stimmung. Auch an diese Stimmung erinnerte er sich. In leichter Form konnte sie zu ihm kommen, wenn er Klavier spielte.

Nun wurde die Stimmung so stark, dass er dachte, er würde davon überwältigt werden. Eine überwältigende Erinnerung lag hinter dieser Zahl Eins.

Er seufzte, öffnete seine Augen, kam wieder in sein gewohntes Tun, in dem dies alles unbekannt war, und versuchte es noch einmal.

Er versuchte nun, seine Aufmerksamkeit wirklich auf die Bedeutung der Eins zu richten.

Wieder kam eine überwältigende Erinnerung an Einheit bei ihm auf, eine Existenz, in der es keinerlei Teilung oder Spaltung gab und die dennoch nicht leer war. Die Existenz dessen war erfüllt von allem, was sein könnte, aber noch nicht ist...

Natürlich, er hatte diese Begriffe im Internet gelesen. Da hatten sie ihm nicht so viel gesagt, außer dass es durchaus interessant war. Nun brachte der Begriff diese überwältigende Erinnerungswirkung mit sich...

Die Rührung wurde so groß, dass er zu weinen begann. Els hörte erschrocken mit ihrer Übung auf und sagte:

‚Raymond, was ist!?'

‚Ich habe keine Worte hierfür...', sagte er schluchzend. ‚Ich weiß wirklich nicht, was geschieht! Aber dass dies ein Aspekt des Denkens ist, den ein Computer nie und nimmer haben könnte, das dringt schmerzlich zu mir durch.'

Die Tränen liefen so lange über seine Wangen, bis die Scham bezüglich seiner Anschauung über die Zukunft zur Ruhe gekommen war.

Am folgenden Morgen erschien alles wie ein böser Traum, und er vereinigte sich wieder mit seinen vertrauten Gedanken, für die er sich gestern so innig geschämt hatte...

Um zehn Uhr wartete Johannes in der Halle auf sie und sagte:

‚Bevor wir sprechen, gehen wir erst zum Meister. Ich habe es mit ihm verabredet, und es ist besser, ihn zu besuchen, als dass er uns besucht.'

‚Spannend...', sagte Raymond.

Sie liefen aus dem Gebäude heraus, den Weg zu einem niedriger gelegenen Chalet hinab, das sie in der Ferne liegen sahen.

Johannes sagte:

‚Er hat mich vor Jahrzehnten gleichsam aus meinem erstarrten Intellekt gerettet. Ich konnte ihm zwar nicht in allem folgen, bin also nicht dauerhaft sein Schüler geworden. Aber wir haben uns in unseren Wegen gegenseitig austauschen und befruchten können, und das tun wir eigentlich noch immer. Er wird euch ausführlich erzählen, woher er kommt, wo er jetzt steht und worauf er zugeht – und was er als seine Aufgabe in der Arbeit, die wir hier tun, sieht.'

Er öffnete selbst die Tür, klein von Gestalt, aber imposant. Er gab Raymond und Els die Hand und klopfte Johannes auf den Oberarm. Er sprach recht gut Niederländisch, und das Gespräch konnte auf Niederländisch geführt werden.

Sie setzten sich in ein Arbeitszimmer. Die Atmosphäre war halb östlich, halb klosterartig. Der Raum war von einer wohltuenden Atmosphäre erfüllt, und es war nicht klar, woher diese kam, abgesehen von der Anwesenheit des Meisters selbst. Man meinte, die Arbeit, die er in diesen Räumen verrichtete, müsse wohl diese wohltuende Atmosphäre verbreiten...

Sie setzten sich, und kurz blieb es still. Der Meister beobachtete die beiden Besucher, nicht aufdringlich, sondern voller Interesse. Dann begann er zu sprechen.

‚Johannes hat mir schon das eine und andere erzählt. Ich komme aus dem fernen Osten, ich bin in einem buddhistischen Kloster aufgewachsen und eingeweiht worden, und als ich meine Einweihung empfangen und einige Jahre als Eingeweihter in diesem Kloster verbracht hatte, hat der große Meister, der in diesem Kloster unsichtbar anwesend war und zu dem man nur in Ausnahmefällen vorgelassen wurde, mich mehr oder weniger als Missionar nach Europa geschickt. Ich lebte in voller Hingabe an den Willen meines Meisters. Es wäre mir nie in den Sinn gekommen, etwas gegen sein Vorhaben einzuwenden. Aber Schmerz bereitete es mir sehr wohl, mein geliebtes Vaterland, die herrliche Umgebung des Klosters verlassen zu müssen und mich in ein Gebiet zu begeben, von dem für uns feststand, dass die Menschen dort zwar intelligent, aber lieblos seien...

So bin ich hierhergekommen, und ich habe viele Jahre in diesem Institut, das mir zur Verfügung gestellt wurde, gewirkt, um den Menschen, die aus Interesse für die östlische Spiritualität hierherkamen, etwas von der Liebe beizubringen. Diese Liebe sollte nach unserer Auffassung auch in der Erkenntnis strömen. Und so war ich hier einsam. Ab und zu gab es jemanden, mit dem ich mich einigermaßen verwandt fühlen konnte. Bis auf einmal ein junges Mädchen mehrere aufeinanderfolgende Jahre hierherkam. Das war Eva. In ihr lernte ich wirklich eine liebevolle Europäerin kennen, eine Seele, so überströmend vor Liebe, dass man das Gefühl hatte: dieser Mensch kann aus Liebe Berge versetzen!

Diese Begegnung wurde noch übertroffen. Irgendwann kam Johannes, als ich in Holland war, an mein Bett, weil ich mit einer nahezu tödlichen Lungenentzündung eingeliefert worden war. Wir kamen miteinander ins Gespräch, und ich war erstaunt über sein Licht. Kein weißes Licht, sondern farbiges Licht, wie von einem Diamanten zurückgeworfen.

Und doch fehlte mir auch bei ihm die Liebe. Diese Liebe lag bei ihm in seiner Disziplin, in seinem Beruf. Aber ich fühlte, dass er sich von der sinnlichen Wirklichkeit gelöst hatte, die in der Natur lebt. Das wollte ich ihm zurückgeben. Ich hatte das Gefühl: Du stehst hier dem Licht gegenüber, das im Westen aufgeht – das ist Johannes. Aber er findet das Glück nicht...

Er ist dann auch hierher gekommen, konnte aber nicht mein Schüler sein.

Ich werde euch ersparen, durch welch schwere Zeiten wir gegangen sind – bis wir einander von neuem gefunden haben und ich allmählich verstanden habe, dass mein Urteil hier ganz daneben lag. Ich beurteilte etwas, was ich nicht sehen konnte, es entzog sich meinem Wahrnehmungsvermögen. Weil ich es nicht sehen konnte, dachte ich, es wäre nicht da...

Als ich einmal eingesehen hatte, mit wem ich es in diesem Johannes zu tun hatte, habe ich ihm meine ganze Wirksamkeit und das ganze Institut zur Verfügung gestellt.

So sind wir schon seit Jahrzehnten hier zusammen, und ich hoffe, dass ich noch genug Lebenszeit habe, um zu sehen, wie die Entwicklung in der Welt weitergeht, um meine Kräfte einer positiven Wendung zu widmen.

Was ich als meine Aufgabe sehe, ist, das, was ich durch meine Veranlagung und Einweihung als Vermögen habe, immer wieder dem ‚kahlen' Abendländer zur Verfügung zu stellen. Ich habe die Fähigkeit, in der Natur ganz aufzugehen und darin meiner selbst und des Göttlichen fortwährend bewusst zu sein. Früher, bevor ich Johannes kannte, verlor ich mich in der Naturwahrnehmung. Dank der Übungen, die ich mit Johannes machen durfte, verliere ich mein Selbstbewusstsein nicht mehr und habe dennoch das Vermögen behalten, ganz und gar in der Natur aufzugehen. Ich wachse und blühe mit der Natur mit, aber ich werde auch mit dem Erdenelement dichter, ich ströme mit dem Wasserelement, ich wehe mit der Luft, und ich brenne mit dem Feuer... Ich kenne die Natur des Blitzes und des Donners, der Zusammenballung der Wolken. Ich kenne die Natur der unterschiedlichen Tiere, wenn ich sie wahrnehme, und gehe so darin auf, dass ich diese Natur von innen heraus fühle.

Das versuche ich hier, den Menschen zu zeigen, sie darauf zu weisen, wie man das macht. Ich weiß, dass es im Altertum der europäischen Kultur Persephone war, die Göttin Natura, die der Menschenseele in der Vereinigung mit ihr das Vermögen gab, was ich habe...'

Er sah Raymond an und sagte:

‚So kann ich auch in deiner Natur aufgehen, Raymond. Es ist mir bekannt, dass ihr Wissenschaftler die kompliziertesten Testreihen habt, um zu einer Erforschung dessen zu kommen, was das Gehirn eigentlich tut. Von meinem Gesichtspunkt aus, wie ich es wirklich sehe, schaue, ist das ziemlich lächerlich. Wenn ich es in ein Bild bringen darf, dann gibt es kein Organ, das so selbstzufrieden und faul – man kann auch sagen: in Hingabe – lebt wie das Gehirn. Es tut wirklich nie etwas! So, wie der Mond aus sich heraus kein Licht ausstrahlt, so gibt es im Gehirn keinerlei Aktivität. Und was ihr als Aktivität wahrzunehmen meint, das ist Hingabe, das ist Aufnahme, das ist Aufnahme und Wiedergabe, Reflektion, wie es ein Spiegel tut. Ein Spiegel tut selbst nichts, derjenige, der sich spiegelt, tut etwas.

Ich sehe das Gehirn bequem in einem faulen Stuhl, alles wahrnehmend, nichts ausführend. Und wenn ich dich ansehe, Raymond, dann sehe ich ein ungesundes Vorherrschen dieser Passivität des Gehirns. Du bist so intelligent, weil du so gewandt im Reflektieren, im Spiegeln all dessen bist, was sich in deiner Umgebung zeigt. Aber die Wirklichkeit dessen wirst du erst finden, wenn dein anderer Pol, dein Gegenpol, dein Willenspol aktiv werden würde. Wenn du bleibst, wie du jetzt bist, kannst du eigentlich unmöglich gesund bleiben. Nimm es mir nicht übel, dass ich das sage. Aber du wirst nicht so bleiben, wie du jetzt bist, denn du bist Johannes begegnet. Und wenn er sich um dich kümmert… Ich glaube nicht, dass viele Menschen dann bleiben, wie sie sind… Er ruft einem fortwährend zu, dass man sich selbst ändern muss, und er tut das so, dass man es wohl hören muss. Glaub mir, ich spreche aus Erfahrung… Ich habe gehört, dass du eine Zukunft vor dir siehst, in der sich die jährlich exponentiell wachsende Rechenkapazität der künstlichen Intelligenz mit der Rechenkapazität des menschlichen Gehirns vereinigen wird, die sich dann zugleich als lächerlich ungeschickt und klein erweisen wird. Die Weisheit des Kosmos soll von der Maschine, die mit dem Urteil Ja oder Nein rechnet, übernommen werden.'

Er sah, dass Raymond protestieren wollte und hob seine Hand. Er sagte:

‚Ich weiß, dass es andere Systeme gibt, aber es bleibt Rechnen, nicht wahr. Der Apparat hat den richtigen Namen bekommen: Computer. Ihr stellt euch vor und meint, es sei nichts anderes nötig, als alle Möglichkeiten, Lösungen zu berechnen, und man begreift nicht, dass man damit dasjenige, was *Leben* ist, ausschließt und eine Art umgekehrtes Leben an dessen Stelle setzt. Auf dieses umgekehrte Leben kann man ebenso gut verzichten, das braucht der Kosmos wirklich nicht. Aber wenn sich dies durchsetzt, kann ich dir garantieren, dass in diesem Kosmos durch die künstlichen Gehirnfunktionen ein großes Krebsgeschwür entstehen wird, das das ganze Leben des Planeten und des Kosmos zerstören wird. Glaub nur nicht, dass das zu irgendeinem positiven Resultat führen wird. Das ist meine Zukunftsanschauung, und ich sehe mit Angst und Zittern, was in der Welt auf wissenschaftlichem Gebiet geschieht. Wir im Osten haben einen Blick dafür, auch die meiste Veranlagung dazu. Du wirst wohl wissen, dass der Handel mit dieser seltenen virtuellen Münze, dem Bitcoin, sich vornehmlich in China abspielt. Wenn man sich darin vertieft, was dieses ganz neue Münzsystem darstellt, bekommt man den Eindruck, dass man nach Strich und Faden betrogen wird. Auch wenn man den Finger nicht genau auf den Punkt legen kann, wo der Betrug genau liegt. Aber dass es eine Verspottung ist, ist klar. All diese Dinge, die mit der modernen Technik möglich werden, sind praktisch, aber in Wirklichkeit überflüssig.

Ich brauche keinen Nanobot, um in mein Gehirn vorzudringen und da zu erkunden, was alles geschieht. Es wird da, wie du weißt, nichts *getan*, aber das System der Hingabe könnte man vielleicht letztlich entdecken. Ich brauche das nicht. Wir haben in unserer Einweihungstradition die wirksame Bedeutung des Mantrams AUM!

Seit tausenden von Jahren ist die Technik bekannt, wie man mit seinem innerlichen forschenden Vermögen die Windungen des Gehirns abtasten und so zu einem Wissen kommen kann, wer man ist und was man wissen kann. Das alles kann man dann in Hingabe und Dankbarkeit wieder an die Gottheit zurückgeben. Aber ich habe es hier wiedergefunden, in der modernen Geisteswissenschaft ist es auch zu finden. Wenn man diese kennt, versteht man vielleicht, dass man die moderne Wissenschaft als blind beurteilen muss, zu keiner konkreten Erforschung irgendeines Organs des menschlichen Leibes imstande.

Es gibt eine Methode, mit dem eigenen Bewusstsein in die Tiefen des Leibes hinabzutauchen. Das wirst du in den kommenden Tagen sicher noch hören. Und ich hoffe, und ich gönne es euch auch, dass du, wenn du abreist, einsiehst, dass du an die dreißig Jahre lang deine Kräfte verspielt hast, und dass du einsehen wirst, dass es nie zu spät ist, seine Kraft da einzusetzen, wo sie eingesetzt werden muss. Du bist hochbegabt, jawohl, Raymond. Ich sage dir, es ist eine Sünde, dass diese Hochbegabung im Baum der Erkenntnis verschlungen worden ist!'

Raymond hatte das Gefühl, dass es eine Donnerpredigt gewesen war, die er hatte anhören müssen. Hier galt nicht das Prinzip von wahr oder unwahr, das konnte er in diesem Moment noch überhaupt nicht beurteilen. Wenn ein heftiges Unwetter losbricht und es blitzt und donnert, fragt man auch nicht nach, ob der Donner die Wahrheit spricht, aber man weiß: das Unwetter selbst ist wahr! So war es hier, bei diesem Donnerwetter, auch.

Raymond war nicht an Kritik gewöhnt und schon gar nicht daran, dass er eins auf den Deckel bekam, weil er etwas versäumte. Er hatte das vielleicht auch sorgfältig vermieden, indem er immer sein Bestes tat und die Dinge so tat, wie es von ihm erwartet wurde. Nun bekam er diese Grundsatzkritik, *weil* er immer getan hatte, was von ihm erwartet wurde.

Laut diesem Donnergott war offenbar das, was von ihm erwartet worden war, das Verkehrte gewesen. Wenn er ein Kind gewesen wäre, hätte er nun angefangen zu weinen – wenn er allein gewesen wäre, hätte er das auch getan. Aber jetzt, in der Gesellschaft dreier Erwachsener, alle nicht die Erstbesten, ging das natürlich nicht. Es war, als ob sein Verstand aus seinem Haupt verschwunden war und als ob er nur noch ein Herz hatte. Dieses Herz schämte sich, wie er sich auch gestern Abend geschämt hatte. Aber er wusste nicht, ob es richtig war, dass er sich schämte, denn dafür brauchte er seinen Verstand…

Der Meister lächelte und sagte:

‚Es ist nicht leicht, nicht wahr, so ein ungewohntes Gespräch. Außerdem ist es ein Monolog von meiner Seite, du hast keinerlei Gelegenheit bekommen, auch selbst etwas zu sagen. Aber dafür bin ich der Meister! Denk noch einmal darüber nach, ob es wahr sein könnte, was ich gesagt habe. Solltest du zu dem Schluss kommen, dass es wahr ist, was ich gesagt habe, dann schäme dich tief und sündige nicht mehr!'

Der Meister stand auf, zum Zeichen, dass die Unterhaltung beendet war. Er brachte sie zur Tür, und als er Raymond die Hand gab, sagte er:

‚Du bist böse, nicht wahr, Raymond? Das darfst du nicht sein! Von der Wahrheit kann man doch nicht böse werden? Es geht darum, dass ich dich wirklich aufrufen will, mit deinem großen Verstand einmal kritisch auf das zu schauen, was die moderne Wissenschaft dir weisgemacht hat. Du vertraust auf dasjenige, was angeblich bewiesen ist, aber ich möchte sagen: Studiere einmal die Erkenntnistheorie, die du dabei verwendest, denn du bist doch auch Philosoph? Ihr jungen Leute in dieser westlichen Welt – aber auch im Osten, auf eine andere Weise – seid Sklaven der Wissenschaft. Du hast keinen Glauben, sagst du, aber dein Glaube liegt bei diesem heiligen Haus der Wissenschaft. Das darf niemand berühren. Das will ich dir bewusst machen. Ich halte es für eine Sünde, was du tust, ich finde es auch eine Sünde, dass du es tust! Das ist meine Sicht, und nochmals, wenn du eine andere hast, dann vergiss ruhig, was ich dir gesagt habe!'

Raymond war blass und nickte schweigend.

‚Ich danke Ihnen für Ihre Ehrlichkeit…', sagte er schließlich verlegen, während er tatsächlich böse war.

Der Meister nahm Abschied von Els und von Johannes, und sie gingen den Weg zurück zum Hauptgebäude. Els fragte Johannes:

‚Warum ist er so streng!?'

Johannes erwiderte:

‚Er sagt, was er denkt. Er ist durch und durch wahrhaftig, nicht vorsichtig oder behutsam, das ist wahr... Er hat schon eine Menge Menschen verletzt und gegen sich aufgebracht. Ich weiß alles darüber, er hat mich, als ich zum ersten Mal hierherkam, genauso behandelt. Ich durfte nicht zum esoterischen Unterricht kommen, weil die Anwesenheit meines Verstandes diesen stören würde! Damit war ich auch nicht glücklich. Aber ich kann dir sagen, ich kenne ihn nun Jahrzehnte, und er ist durch und durch aufrichtig. Er schaut mitten durch einen hindurch, und wenn er meint, dass es einem gut tut, wenn er sagt, was er sieht, dann spricht er das aus. Komm, Raymond!', sagte er. ‚Du brauchst einen Kaffee! Wir setzten uns schön zusammen auf die Terrasse, dort ist es jetzt schön, und dann können wir da noch etwas reden.'

‚Ich wollte dir noch von meinen Erfahrungen mit der Eins gestern erzählen…'

‚Wir werden sehen, wie weit wir kommen…', sagte Johannes und ging ihnen voraus zu einem Tisch bei der Terrassentür. Die ganze Terrasse war leer.

Johannes war noch ein echter ‚Chef' in diesem Betrieb. Man fühlte den Respekt der Passanten, und Els und Raymond wurden selbst auch darin aufgenommen. Sie setzten sich, und Johannes bestellte Kaffee. Raymond bekam wieder ein wenig Farbe und sagte:

‚Ich bin tatsächlich sehr böse auf diesen Mann. Warum muss er mir so zu Leibe rücken, während ich doch aus einer gewissen Unschuld heraus meine wissenschaftliche Sicht aufgebaut habe?'

Johannes sagte:

‚Das Letzte, was er dir an der Tür sagte, ist, was er als deine Schuld ansieht, nämlich dass du mit deinem großen Verstand der wissenschaftlichen Methode, mit der du arbeitest, nicht kritisch gegenüberstehst. Würdest du das tun, dann hättest du die Forschungsresultate nicht so leicht als wahr angenommen. Wir haben schon darüber gesprochen, es geht doch um eine Vielzahl von Annahmen, die miteinander in Verbindung gebracht werden und dann, unterstützt durch einige Forschungsresultate, als Wahrheit dargestellt werden. Das ist es, wogegen der Meister Einwände hat, und ich gebe ihm natürlich Recht, denn ich weiß von der – sagen wir, mit einem altertümlichen Wort – gotteslästerlichen Sprache, die von den Anhängern der Singularität und des Trans- und Posthumanismus verwendet wird. Ich habe es noch einmal in dem dicken Buch von Kurzweil nachgeschlagen. Wenn man dieses Buch liest, hat man immer wieder den Eindruck, dass man in einem Science-Fiction-Film ist. Aber er stützt seine Science-Fiction mit konkreten Forschungsresultaten, und es ist natürlich auch bewundernswert, wie sehr er über den Fortschritt in der Forschung Bescheid weiß. Obwohl dieses Buch nun schon wieder sehr alt ist – denn was sind vierzehn Jahre? Eine Ewigkeit, wenn die technische Entwicklung so schnell geht, wie er uns das glauben lassen will. Er hat mehrere Vorhersagen gemacht, die eingetroffen sind, aber man hat in diesem Buch auch eine ganze Reihe von Vorhersagen für unsere heutige Zeit, von denen man doch wirklich nicht sagen kann, dass sie schon eingetroffen sind.'

‚Genau!', sagte Els. ‚Das sage ich auch immer. Man sollte besser auf das schauen, was *nicht* eintrifft, als auf das, was doch eintrifft. Dann *muss* man wohl davon kuriert werden, alles so beeindruckend zu finden.'

Johannes nickte, nahm sein Handy aus der Tasche, suchte kurz etwas und las dann einige Zitate vor.

‚Zuletzt wird unsere Intelligenz das ganze Universum durchdringen. Dies ist das Ziel des Universums. Anstelle der ‚dummen', einfachen, maschinellen Kräfte der Himmelsmechanik werden wir dann selbst über unseren Fortbestand entscheiden.'

‚Etwas kontroverser als Gehirnforschung ist der Upload eines Gehirns. Gehirn-Upload bedeutet das Scannen eines Gehirns bis ins kleinste Detail und das Reproduzieren dessen in einem anderen geeigneten Medium. Das würde die Persönlichkeit einer Person und all ihrer Erinnerungen und Fähigkeiten fixieren.'

‚Diese Zitate habe ich nachgeschlagen, um dich noch einmal daran zu erinnern, dass man, wenn man solche Aussagen macht, doch wirklich sehr genau wissen sollte, wovon man spricht.'

Raymond sagte:

‚Ich kenne diese Aussagen natürlich. Ich kenne sie sozusagen auswendig und war auch verliebt darin – bis vor etwa zehn Tagen. Nun stehe ich ganz anders dazu, schon jetzt, und das ist nicht angenehm, das kann ich dir sagen. Es ist, als ob man die ganze Sicherheit seines wissenschaftlichen Inhalts über Bord wirft, und dann kommt die Frage: Was bist du dann eigentlich noch? Wofür soll man seine Intelligenz dann verwenden? Ist dies nicht doch alles ein Traum, der sich, wenn ich zu Hause bin, als ein böser Traum erweist? Aber dann werde ich dennoch nicht mehr mein altes Selbst wiederfinden können. Ich fühle mich wie in zwei Teile zerrissen: Die eine Hälfte neigt sich euch zu, sogar diesem strengen Meister, der natürlich aufrichtig ist, das habe ich wirklich auch gesehen. Und vielleicht wirkt das Aufschütteln der Kissen auch… Aber die andere Seite ist an die Gedankenmuster gewöhnt, die du gerade vorgelesen hast, und es ist natürlich nicht nur Kurzweil. Philosophisch gesehen ist der Jesuit Teilhard de Chardin ein wichtiger Stützpfeiler für diese Zukunftsanschauung. Dieser Mann hat doch wirklich eine Verbindung mit dem Christentum. Ich habe von mir gedacht, ich würde an nichts glauben, außer an das, was bewiesen ist. Nun schlägt mir der Meister diesen Boden unter den Füßen weg, indem er sagt: Du hast einen anderen Glauben, nämlich den Glauben an die Wissenschaft, deren Resultate sehr zweifelhaft sind. Also bist du ebenso gläubig, und du meinst, sicher zu wissen, es sei wahr, aber du hast überhaupt nicht die Verlässlichkeit des Erkenntnisprozesses betrachtet! Wir meinen natürlich, dass wir den Erkenntnisprozess mit Hilfe von Reverse Engineering des Gehirns gerade aufdröseln, und das ist auch beeindruckend. Wenn man weiß, dass zum Beispiel in Europa, wie ich schon sagte, dieses große Projekt in Bezug auf das menschliche Gehirn im Gange ist, an dem Hunderte hervorragender Wissenschafter teilnehmen und das jährlich Zigmillionen an EU-Förderung erhält! Soll ich dann denken, dass das alles Unsinn ist? Dass all diese großen Gelehrten nicht nachgedacht haben, ob ihre Erkenntnistheorie verlässlich ist?'

‚Tja...', sagte Johannes. ‚Aber wenn du, der du doch ein Spitzendenker bist, über die Verlässlichkeit der wissenschaftlichen Forschung nicht weiter nachdenkst, warum sollten es diese anderen dann tun?'

‚Weißt du, was du sagst, Johannes?'

Johannes' stahlblaue Augen blickten direkt in die Augen von Raymond.

‚Ja, natürlich', sagte Raymond mit einem Seufzen. ‚Natürlich weißt du, was du sagst. Aber vielleicht verstehst du, dass ich geschockt bin. Am liebsten würde ich wegrennen, die Zeit zurückdrehen, vor diesen vermaledeiten Urlaub, als ich noch harmlos gläubig in der Wissenschaft stand. Nun fühle ich, dass ich eigentlich nicht anders kann, als doch in die Opposition zu gehen. Opposition gegen die übliche Naturwissenschaft, und das will ich nicht. Es ist schön, zu diesen gewöhnlichen wissenschaftlichen Kollegen zu gehören. Und sieh einmal, was Teilhard de Chardin darüber sagt!'

Nun nahm er selbst sein Handy, suchte den Text und las ihn vor:

‚Ist es nicht beeindruckend, wie diese vielen Apparate gleichsam in Solidarität entstehen und sich entwickeln? Mehr und mehr streben alle Maschinen der Erde als Ganzes danach, *eine* große, organisierte Maschine zu bilden. Die technischen Zweige verschränken sich auf ihre Weise ineinander, beschleunigen und vervielfältigen ihren Fortschritt, bis sie *einen* gigantischen Komplex bilden, der den ganzen Planeten umfasst. Wer ist der Träger, der erfinderische Kern dieses unermesslichen Apparates, wenn nicht die Denkwelt?'

Und:

‚Wie soll die Verbindung der reflektierenden Elemente der Erde stattfinden? Natürlich über die Nachrichtennetzwerke und die Rechenmaschinen, die uns alle in einer Art ‚ätherischem' Bewusstsein miteinander verbinden. Sie antizipieren also eine direkte Koordination des Gehirns mittels der noch immer mysteriösen Kräfte der Telepathie.'

‚Ich habe das Gefühl, Johannes, dass ich meinen Verstand verloren habe. Da, wo mein Begriffsvermögen saß, ist eine Leere. Ich kann zwar noch normal sprechen, und ich weiß auch, was ich sage, ich bin nicht auf einmal dement geworden, aber der ganze Inhalt meines Verstandes scheint plötzlich wertlos zu sein.'

‚Das ist natürlich nicht wahr!', sagte Johannes. ‚Der Wert dieses Inhalts ist, dass du durch und durch darüber Bescheid weißt, was in der Technik entwickelt wird und wie bestimmte Strömungen der künstlichen Intelligenz diese wissenschaftlichen Resultate bis dahin bringen wollen, dass der Kosmos etwas Maschinelles wird. Ob das eine reale Möglichkeit ist, kann ich nicht überschauen. Aber dass sie das in jedem Fall als eine reale Möglichkeit betrachten, ist deutlich. Aus den spirituellen Einsichten heraus, die wir haben, nehmen wir das sehr ernst. Denn wir wissen, dass es eine immer stärker werdende Tendenz gibt, welche von einer bestimmten geistigen Macht ausgeht, die in der Tat die spirituelle Intelligenz im Kosmos durch maschinelle Intelligenz ersetzen will. Das wurde schon gesehen, bevor diese Entwicklung wirklich in Gang kam. Das nehmen wir hier also wirklich ernst, und in diesem Sinne ist es sehr wertvoll, dass du über all diese Forschungen und Forschungsmethoden völlig im Bilde bist. Dass du eine Zeitlang darin auch mitgegangen bist, finde ich nicht so schlimm. Der Meister sieht es als eine Art Todsünde, und von seiner Perspektive aus, kann ich das auch verstehen. Aber von dem Standpunkt aus, der mehr Erfahrung mit der Wissenschaft hat, sehe ich es doch etwas nuancierter. Du brauchst jetzt wirklich nicht die ganze Wissenschaft und deinen Verstand auslöschen, bitte nicht! Das kann in voller Blüte bestehen bleiben, nur – und darin hat der Meister sehr wohl Recht – müsstest du deinen Glauben daran auf die Probe stellen, kritisieren, nach den Punkten suchen, wo die Wissenschaft absolut in der Wahrheit ist und wo sie in Treibsand gerät.'

Raymond sagte:

‚Ich habe nicht das Gefühl, dass ich in meiner Entwicklung Instrumente mitbekommen habe, das zu tun. Meinen Glauben an die Wissenschaft testen, die wissenschaftliche Methode kritisieren. Ich bin es gewohnt, mich mit allem mitzubewegen, und gerade weil ich mich nicht widersetze, geht das Aufnehmen von Wissen glaube ich so leicht. Wenn ich bei dem Wissen, das ich aufnehme, denken sollte: Wie ist das erlangt, ist das verlässlich, wo sitzen die Fehlermöglichkeiten, ich kann zwar Kenntnis davon nehmen, aber ich darf nicht daran glauben – dann wird es sehr schwierig werden, einen Schritt vorwärtszukommen. Ich bin also durch diesen Besuch bei dem Meister ziemlich ratlos geworden!

Gestern Abend, nachdem ich zusammen mit Els, jeder für sich, nach dem Wesen, dem Begriff der Eins geforscht habe, war ich auch in so einem Zustand. Ich glaube, dass ich wirklich kurz einen Blick auf das andere Denken, über das du sprichst, gehabt habe. Und damit wurde es also auch eine Wirklichkeit, nicht Fiktion, sondern wirklich eine existierende Wirklichkeit, die ich auch eigentlich sehr gut kenne und an die ich mich auch erinnere. In meiner Studienzeit hat es Momente gegeben, wo ich darinnen war, aber es gibt niemanden, der einen darauf hinweist, dass man irgendwo darinnen ist, und also geht man wieder heraus und legt dem keine Bedeutung bei. Nun habe ich mich schon gestern Abend aus mir heraus für das Verkennen dieses anderen Denkens tief geschämt, und ich habe schon selbst eine Art Schuld empfunden, die ich auf mich geladen habe, indem ich diese Art von Gedanken, die du gerade vorgelesen hast, als wahr angenommen habe. Ohne sie zu prüfen. Immer hatte ich als eine Art Entschuldigung in mir die Tatsache, dass der Priester und Jesuit Teilhard de Chardin eine moralische Seite an dem Ganzen sieht. So kamen beide Anschauungen miteinander in eine Deckung, und ich habe immer gedacht, es wäre gut, wenn diese Entwicklung der Technik so verlaufen würde, wie man sagt, dass sie verlaufe. Ich habe auch nicht so schnell das Gefühl, dass es alles Illusionen sind, weil in der Forschungspraxis doch sehr vieles wirklich wird, zwar indirekt, aber dennoch. Was in der sogenannten Science-Fiction dargestellt wird, schien mir also eine Frage der Zeit, und all diese Dinge werden geschehen, dachte ich, denn sie sind wissenschaftlich gut gestützt. Nun bin ich verwirrt. Jetzt denke ich: Vielleicht dürfen wir das alles nicht wollen – dass das geschieht. Und dann gibt es zwei Möglichkeiten. Entweder ist es Fiktion, und dann geschieht es sowieso nicht, oder es hat doch eine Wirklichkeitsbasis, und dann müsste ein Kampf begonnen werden, um zu verhindern, dass diese Aussichten letztlich Wirklichkeit werden. Selbst wenn nur zehn Prozent davon wahr wäre, wäre es noch zu viel. Und zehn Prozent scheinen mir doch wirklich wahr. Der Computer hat eine Möglichkeit, Lösungen für Aufgaben zu berechnen, die der Mensch nicht finden kann. Ich fühle jetzt, dass diese Lösungen zur falschen Seite ausschlagen können. Aber das heißt noch nicht, dass sie nicht doch auch zur Wirklichkeit führen können. Und wenn du sagst, dass ihr von der Spiritualität her wisst, dass es eine Macht gibt, die nach dieser Veränderung im Kosmos strebt, könnte es also tatsächlich geschehen, dass sich davon etwas verwirklicht.'

‚Darum ist es auch von großer Wichtigkeit, dass du deinen Verstand nicht verlierst, dass du den Inhalt deines wissenschaftlichen Denkens nicht verlierst, dass du auch weiter verfolgst, was in der Wissenschaft noch entdeckt wird. Aber, soweit es uns betrifft, ohne daran zu glauben.'

‚Wenn du selbst sagst', sagte Raymond, ‚dass sie nicht ganz unwahr ist, diese Zukunftsanschauung, das sie von einer bestimmten Macht tatsächlich beabsichtigt wird, warum sollte ich dann nicht daran glauben?'

‚Du musst mehr Wissen über die verschiedenen Prozesse haben, die mit der Menschheitsentwicklung zu tun haben, wodurch du lernst, ein Verständnis für das zu haben, was *gesund* ist und was nicht. Ich glaube, dass es darum geht. Gesundheit in weitester Bedeutung.'

‚Es wird immer schlimmer…'

‚Was meinst du?'

‚Dass ich meinen Verstand verliere. Ich habe immer den Eindruck, dass ich verstehe, wie die Dinge liegen und wie ich selbst dazu stehe. Nun entfällt mir das völlig, es bleibt nichts davon übrig. Selbst wenn ich den ganzen Inhalt meiner Wissenschaft weiter pflege, wie du es mir nahelegst, habe ich noch immer das Gefühl, dass ich meinen Verstand verloren habe.'

Johannes nickte langsam und sagte:

‚Du bist aus dem Gleichgewicht geraten, das ist verständlich. Du wirst es wiederfinden, sei beruhigt.'

Raymond sagte:

‚Kennt ihr hier eigentlich das Prinzip der Freiheit?'

‚Du meinst, weil du so hart angefasst wurdest?'

‚Ja.'

‚Die Freiheit lag in den Zwischensätzen, die der Meister aussprach, nämlich ob du das, was er sagt, einsehen kannst oder nicht. Wenn du dich entscheidest, dich davor zu verschließen, oder wenn du sagen würdest: ich bin damit nicht einer Meinung – dann verfällt alles, was er gesagt hat.'

‚Ja, ja…', sagte Raymond. ‚Ich glaube, dass ich das schon verstehe…'

Sie hatten keine Lust, eine lange Wanderung zu machen, und gingen den Weg im Park entlang. Ein Weg verlief nach unten, und sie wollten diesen Weg ein Stück gehen und dann wieder zum Auto zurückkehren. Nach ein paar hundert Metern stießen sie auf ein Schild: ‚Weg gesperrt! Gefährlicher Durchgang!'

Sie blieben stehen. Raymond blickte in die Ferne und sagte:

‚Meiner Meinung nach ist das übertrieben. Wir können hier sehr gut langgehen…'

‚Nein!', sagte Els. ‚Das mache ich nicht, das Schild steht nicht einfach so da!'

‚Komm schon, wir wollen doch nicht so weit laufen. Wir gehen einfach bis dahin, wo der Weg wirklich gesperrt ist…'

‚Es steht da, dass es gefährlich ist!'

Raymond zuckte mit den Schultern und ging in Richtung des Weges, aber Els blieb stocksteif stehen. Er ging davon aus, dass sie ihm folgen würde, aber sie tat es nicht… Als er sich umsah, sah er sie in der Ferne stehen. ‚Was bist du doch eigensinnig!', dachte er bei sich, kehrte dann aber doch um, um zu ihr zurückzugehen. Als er näher kam, empfand er seine große Liebe zu dieser vernünftigen, schönen Frau. Er rannte auf sie zu, hob sie hoch, drehte sie herum und sagte:

‚Wenn ich dich nicht hätte, lägen wir bald irgendwo unten im Tal.'

‚Du bist sicher lebensmüde!', sagte sie. ‚Komm, wir gehen einfach nach Hause…'

Sie gingen noch ein Stück durch den Park und sahen die kleine Klinik. Sie kehrten um und gingen zum Parkplatz zurück.

Raymond hatte sich in sich gekehrt, und Els fragte sich, wie sie ihn aus seinem tiefen Beleidigtsein wieder herausbekam.

Sie sagte:

‚Komm schon, Raymond, wir können doch einen kleinen Stoß vertragen?'

‚Ich verstehe nicht, warum mich jemand so beleidigen muss! Er kann es doch auch etwas behutsamer sagen?'

‚Das hilft nicht! Das habe ich schon so oft versucht! Ich muss dir sagen, dass ich dankbar bin, dass er es so direkt aus seinem Herzen heraus ausgesprochen hat.'

,Bah...', sagte Raymond und setzte sich. ,Und doch hast du irgendwo auch Recht. Ich bin tief beleidigt, wirklich. Aber auf der anderen Seite hat es mir auch gut getan. Also ob man plötzlich ins tiefe Wasser gestoßen wurde und ein kaltes Bad gehabt hat. Man hat sehr tief eingeatmet, man kommt wieder heraus und fühlt sich wie neugeboren. Das Gefühl ist nicht schön, aber die Wirkung schon.'

,Dieser Mann ist ein Weiser, er weiß wirklich, was er sagt und tut. Und ich glaube nicht, dass er etwas ohne Liebe tut. Er hat es aus Liebe getan.'

,Was du nicht sagst... Ich habe das Gefühl, dass wir auf dem Olymp gelandet sind, wo man, wie du weißt, eigentlich nichts zu suchen hat. Apoll und Zeus, dem Donnergott, sind wir schon begegnet. Ich bin gespannt, was uns die nächste Begegnung bringen wird... Diese Tage verlaufen in einer Heftigkeit, die ein Mensch normalerweise in einem ganzen Jahr nicht erlebt.'

,Wenn das der Olymp ist', sagte Els lächelnd, ,dann wohnen wir sogar darüber! Aber wenn du es so sagst, ist dies die Singularität! Dann tritt hier eine exponentiell zunehmende Intensität des Erlebens auf, und man bekommt es mit etwas zu tun, was von kosmischer Ordnung ist!'

,Was sagst du jetzt wieder!'

,Ich meine, ihr versteht unter Singularität, dass alle gewöhnlichen, bekannten Gesetzmäßigkeiten ihre Bedeutung verlieren und dass etwas gleichsam explodiert, wodurch das ganze Dasein, Raum und Zeit und die Menschen, eine andere Form annehmen. Das nennt man Singularität, und man betrachtet es als ein Vermögen der künstlichen Intelligenz, wobei die Rechenkapazität des Menschen dank der KI so zunimmt, dass man das, was man dann in einer Sekunde kann, jetzt in einem ganzen Leben nicht zustande kriegt. So etwas ist es doch?'

,So etwas ist es, ja...', sagte Raymond mit einem Seufzen.

,Nun sagst du selbst, dass die Intensität des Erlebens hier ungeahnt zunimmt und enorm größer ist als im Leben in der Stadt und im gewohnten Dasein. Das ist dann auch eine Art Singularität, aber nicht im Rechnenkönnen, Speichernkönnen und Reproduzieren von Daten und Finden von Lösungen, sondern in Form einer enormen Intensitätsvergrößerung des Lebens in jeder Sekunde!'

,Ja, da hast du wohl Recht...', sagte er. ,Das ist tatsächlich ungeahnt.

Was man hier an einem Tag oder eigentlich nur in ein oder zwei Stunden erlebt, das wirft das Leben derart um, dass ich natürlich selbst auch schon weiß, dass ich nachher, wenn wir wieder hinuntergehen, ich meine, wirklich in die Stadt, nach Hause zurück, so verändert sein werde, dass die alten Gesetzmäßigkeiten nicht mehr anwendbar sein werden. Ich bin gespannt, was wir noch zu erwarten haben und ob die anderen Gestalten auch so ein Kaliber haben und mir so viel zu sagen haben…'

‚Und mir auch…', fügte Els hinzu.

9

Am nächsten Morgen um zehn Uhr saßen sie wieder im Zimmer von Johannes. Er fragte:

‚Und? Habt ihr etwas von dem anderen Denken, von dem ich spreche, wahrnehmen können?'

Raymond sagte:

‚Ja, ich sagte gestern schon, dass ich wie in einer Art Blitz eine Form des Denkens wahrgenommen habe, die ich aus meiner Studienzeit und vielleicht auch noch davor kannte. Wobei es nicht um tatsächliche Kenntnis geht, sondern um etwas anderes, was dahinterliegt, wenn ein Blitz aufleuchtet, und was das ganze Wesen erwärmt und erleuchtet. Kurz erfasste ich, dass die Eins mehr ist als eine Zahl, mit der man rechnen kann. Kurz habe ich auch begriffen – und das weiß ich noch, aber ich habe den Begriff nicht aktuell, ich muss ihn aus der Erinnerung holen –, dass ich kurz gewusst habe, was Ungeteiltheit ist, Einheit in der ursprünglichen Bedeutung des Wortes. In dem Moment war ich dadurch sehr gerührt und fühlte auch kurz, dass ich mich tatsächlich über den Verlust an Denkkapazität zugunsten meiner Rechenkapazität schämen müsste. Ich habe in der halben Stunde, die wir uns gestatten, ins Internet zu gehen, nach der Zwei geschaut, denn das wird zweifellos das Thema von heute sein.'

Johannes nickte.

‚Dann sehe ich zu meiner Verwunderung, dass eine ganze spirituelle Wissenschaft über die Zwei existiert, dass sie auf Pythagoras zurückgeht, wahrscheinlich noch auf andere große spirituelle Lehrer davor, und dass Platon derjenige gewesen ist, der das weitergetragen hat. Man sagt, dass er das Wissen, das er hatte, nicht aufgeschrieben hat, sondern dass er es mündlich weitergegeben hat. Das wären dann die ungeschriebenen Schriften Platons. Darin kommt die Zwei als Dyade zur vollen Erscheinung. Man hat das aus bestimmten Stellen bei Aristoteles rekonstruiert, der darauf zu verweisen scheint, und auch aus späteren Texten, aus denen auch hervorgeht, dass solche Schriften Platons, die mündlich weitergegeben wurden, existiert haben.'

Johannes lächelte und sagte:

‚Du erwirbst viel Wissen in einer halben Stunde!'

‚Ja, Faktenwissen...', sagte Raymond. ‚Aber ich habe nachher natürlich noch einige Zeit darüber nachgedacht, und obwohl ich nicht mehr zu dieser Erfahrung dieses anderen Denkens kam, fand ich es an sich dennoch sehr interessant, es vor sich zu sehen, wie die Ungeteiltheit sich in die Zwei trennt, wodurch der *Gegensatz* entsteht.

Aristoteles nennt diesen Gegensatz beim Namen und verweist dabei auf Platon und Pythagoras. Es sind die Urgegensätze im Dasein. Wenn man sie überdenkt, ja, dann fühlt man dabei schon eine ganze Menge. Man fühlt, dass auch wir Menschen in diesen Gegensätzen gefangen sind und dass wir in dem Moment, wo wir uns glücklich fühlen, kurz im Gleichgewicht zwischen diesen zwei Gegensätzen sind. Aber dann ist die Zwei eigentlich schon wieder überwunden, vermute ich.'

Johannes sagte kopfschüttelnd:

‚Du bist geschickt!'

Els sagte:

‚Ja, Johannes, das werden wir noch entdecken! Es ist wirklich unglaublich, was er leistet, das haben sie in der Schule und auf der Universität gesehen! Aber niemand sieht es so gut, wie ich es sehe, denn ich lebe neben ihm. Es ist ein Wunder, wie er sein Wissen sammelt, behält und alles miteinander in Verbindung bringt.'

‚Es wird mir natürlich zugleich deutlich', sagte Raymond, ‚dass dieses Umgehen mit den Zahlen wirklich etwas sehr anderes ist als das, was das Rechnen in der heutigen Zeit geworden ist. Bei uns sind die Zahlen abstrakt, das sieht man auch bei den Wissenschaftlern. Die sprechen sehr gern über Millionen und Milliarden, das geht so ganz leicht aus dem Mund oder den Fingern in ein geschriebenes Dokument hinein. Aber es ist natürlich nicht so, dass, wenn das gesagt oder geschrieben wird, der Sprecher oder Schreiber auch vor Augen hat, wie groß diese Zahl in Wirklichkeit ist. Eine Milliarde Einheiten – allein schon das Aussprechen dessen zeigt, dass die Einheit keine Einheit ist. Man verbindet eine Zahl damit, und das ist schon etwas sehr Abstraktes geworden, das habe ich sehr wohl gefühlt. Diese Begriffskunde der Zahl gleicht letztlich doch mehr einer Ansammlung sprachlicher oder logischer Begriffe, weil der Zahl eine *Bedeutung* beigelegt wird.'

‚Nimm es mir nicht übel', sagte Johannes, ‚weil die Zahl eine Bedeutung hat?'

‚Man kann aus der Eins nicht etwas anderes machen, als sie ist, das ist beim Rechnen auch so. Aber die ganze Begriffswelt, die sich als damit verbunden erweist, hat doch eine Ähnlichkeit mit anderen Begriffen. Den moralischen Begriffen zum Beispiel. Wenn man über die Liebe spricht, kann man das auch abstrakt tun, sodass man das Wort verwendet, ohne eine genau umschriebene Idee davon zu haben, was Liebe eigentlich ist. So gehen wir mit Zahlen fortwährend um, und wenn ich das so sage, dann begreife ich wieder, wie schlimm es eigentlich ist. Aber auf der anderen Seite würde man im Rechnen natürlich keinen Schritt weiterkommen, wenn man sich dessen immerzu bewusst sein müsste.'

‚Man braucht sich dessen auch nicht immer bewusst zu sein. Wenn man sich regelmäßig in sich zurückzieht und die Begriffswelt sucht, die zur Zahl gehört, ist das ausreichend, um, wenn man dann wieder ans Rechnen geht und die Begriffe vergisst, während man abstrahiert, dennoch bei der Wirklichkeit und diesem anderen Denken zu bleiben. Das braucht einen dann nicht weiter zu stören, aber dann ist, sagen wir wie eine Ermahnung diese Welt in der Denkkapazität anwesend, und man wird dann nicht so leicht dazu kommen, diese Art von Aussagen zu machen, die ich gestern vorgelesen habe und die in der künstlichen Intelligenz doch üblich sind. Das bekommt man einfach nicht mehr über die Lippen, weil man weiß, dass die ganze bedeutungsvolle Begriffswelt der Zahl aus der Rechenkapazität gleichsam ausgepresst wird. Wenn man nur die Rechenkapazität behalten und kultivieren würde, hätte man das Kultivieren der Schale der Frucht – die man im gewöhnlichen Leben doch meistens wegwirft, während man den Saft genießt.'

‚Du sagt also eigentlich, dass ich, wenn ich mich täglich in die Bedeutung der Zahlen in dem anderen Denken vertiefe, dann nicht mehr so einfach sündigen würde – wie es der Meister ausdrückt.'

‚Es wird sich zeigen, dass noch andere Dinge nötig sind, aber das ist durchaus ein sehr fruchtbarer Beginn. Es geht natürlich darum, dass man nicht nur aus logischen Gründen annimmt, dass dieses Denken, über das ich spreche –'

Raymond unterbrach ihn und sagte:

‚Das wird nicht so schnell passieren, denn so logisch finde ich es nicht!'

‚Dass man es also nicht darum annimmt…', fuhr Johannes fort, ‚sondern weil man selbst gewahr wird, dass es existiert.'

‚Das ist schon geschehen…', sagte Raymond. ‚Darum habe ich auch das Gefühl – und das habe ich noch immer –, dass ich meinen Verstand verloren habe…'

‚Das liegt an der Tatsache, dass dein Verstand gewohnt ist, nur zu rechnen, und diese ganze Begriffs-Bedeutungs-Welt nicht nur des Rechnens, sondern auch der anderen Begriffe, die die Instrumente in unserem Denken sind, negieren gelernt hat. Darum meinst du, dass deine Rechenkapazität der eigentliche Verstand ist. Wenn das seinen Wert zu verlieren droht, meinst du, dass du den Verstand verlierst. Aber du bist auch einmal ein Kind gewesen, und ein Kind arbeitet noch nicht mit Rechenkapazität, sondern lebt ganz elementar in dieser anderen Welt der Begriffe.'

Els sagte:

‚Daraus hat ihn seine Umgebung schon nach drei Jahren hinausgestoßen. Sie alle fanden es natürlich großartig, wie gescheit der Junge war, und haben ihn damit gefüttert, überfüttert.'

‚Das ist ein Jammer…', sagte Johannes. ‚Bei mir, in meiner Jugend, gelang das nicht. Ich war, sagen wir mal, der dümmste Junge der Klasse, und wenn mein Vater nicht so ein deutliches Bewusstsein davon gehabt hätte, dass ich in diesem anderen Denken bleiben wollte, wäre meine Rechenkapazität völlig schlafend geblieben! Aber sie wurde dann doch noch geweckt, auch wenn ich damals schon in der Mittelstufe war. Dadurch habe ich es viel leichter, denn ich habe in meiner Erinnerung eine bewusste Erinnerung an diese Welt jenes anderen Denkens.'

‚Und doch', sagte Raymond, ‚habe ich diese Welt auch nicht ganz verloren, das verdanke ich, denke ich, meinem Interesse für die Astronomie. Ich las und las und las. Ich ging zur Bibliothek, ich wollte dieses Buch lesen, jenes Buch lesen, und ich las Bücher, die viel zu schwer für mein Alter waren. Aber ich las auch alte Bücher, jedenfalls später. Als ich in der Mittelstufe war, habe ich das Buch von Johannes Kepler über die Weltenharmonie gelesen. Nun, dann fühlt man dieses andere Denken sehr wohl … und das habe ich noch immer bei mir. Das zeigt sich, sobald ich über die Eins und die Zwei nachzudenken beginne. Wenn ich damit erst einmal gut in Gang gekommen bin, hellt sich diese Welt auf, und wenn ich dann darinnen bin, weiß ich, es sind die wertvollsten Augenblicke in meinem Leben gewesen, als ich einen Hauch davon aufgefangen habe. Ich habe das mit der Freude beim

Rechnen verwechselt. Natürlich ist das auch schön, wenn man es gut kann, immer die richtigen Lösungen findet, gelobt wird und so weiter. Aber das ist Freude von außen. Diese Früchte von innen, an die erinnere ich mich wirklich. Ich hatte dir von Ficino oder Platon erzählt, aber auch diese Astronomie vom Beginn der Neuzeit hat mir solche Momente gebracht. Zu dieser Zeit hatten wahrscheinlich noch Fetzen dieses anderen Denkens die Oberhand.'

,Verstehst du, Johannes?', sagte Els. ,Das habe ich immer in ihm gesehen. Ich habe immer gedacht, niemand sieht das, sie sehen nur sein unglaublich schnelles Auffassungsvermögen und sein gigantisches Gedächtnis. Aber das ist eigentlich nicht *er*. Wenn zum Vorschein kommen könnte, was er eigentlich ist – ich denke, dann würden wir uns noch sehr wundern!'

Raymond sagte:

,Ich frage mich, ob du ernst genug nimmst, wie groß der Umfang dieser Singularitätsbewegung ist. Ihr sitzt hier mit einer Handvoll Menschen auf einem Berg, und du wirst sicher dein Netzwerk in Europa haben, aber sehr durchdringend und groß wird es gewiss nicht sein. Dem steht ein Singularitäts-Netzwerk gegenüber, das sehr viele jüngere Intellektuelle anspricht, die es auch schön finden, via Internet miteinander zu kommunizieren, Brainstorming zu machen, Forschungsprojekte zu entwickeln, das mit ihren Freunden und Freundinnen in der Community, ihren Fellows zu teilen und so eine weltweite starke Gemeinschaft von Menschen zu bilden, die nicht nur an diese futuristische Idee *glauben*, sondern die auch fest entschlossen sind, sie *wahrzumachen*.

,Vielleicht hast du Recht', sagte Johannes, ,und ich nehme es nicht ernst genug. Ich nehme es aber durchaus ernst genug, um mir vierzehn Tage lang täglich ein oder zwei Stunden für dich freizumachen, aber das ist natürlich in der Tat nur wenig. Ich dachte, dass ich es ernst nähme, aber vielleicht sitzt irgendwo ein Stück Unglaube an die Machbarkeit dieses Weltbildes, weil es dieses andere Denken und die Gemeinschaft, die sich mit diesem anderen Denken beschäftigt – und das sind größtenteils keine sichtbaren Gemeinschaften –, ganz und gar nicht berücksichtigt.'

,Was meinst du jetzt!?', fragte Raymond.

,Was ich meine, ist, dass es schaffende und erhaltende geistige Mächte gibt, die viel, viel stärker, mächtiger und intelligenter sind als ihr und das, was ihr je erdenken könnt, die aber die Menschen freilassen, selbst zu der Entdeckung zu kommen, dass diese äußere Erscheinungswelt mit der ganzen Technik eigentlich ein unnötiger Überschuss, wenn nicht gar ein Ersatz ist. Aber vielleicht muss ich meinen Unglauben noch einmal genau betrachten, denn es ist natürlich sehr wohl so, dass ich die Macht kenne, die dahinter steht. Das ist auch eine unsichtbare Macht, aber eine, die eine außerordentlich starke Intelligenz hat und die diese Intelligenz nur allzu gerne durch die kreative menschliche Intelligenz bereichern würde, die sie selbst nicht hat. Die Gefahr ist groß, möglicherweise größer, als ich es für möglich halte. Aber ich kenne Ihn ebenso gut, sogar besser, den anderen Herrn, der die Quelle aller Intelligenz ist und von dem diese technische Intelligenz mehr oder weniger gestohlen ist. Dieser andere Herr gehört zu jenem anderen Denken, und ich kann mir einfach nicht vorstellen, dass nicht doch irgendwann ein Eingriff geschieht, wodurch diese Entwicklung nicht weitergehen kann.'

'Was', sagte Raymond, 'wenn dieser Eingriff *von dir* erwartet wird?'

Johannes wurde still und nahm den Kopf in die Hände. Eine tiefe Stille trat ein…

Dann sagte Johannes:

'Wie gesagt, ich muss mich einmal tief darauf besinnen.'

'Sieh mal', sagte Raymond, 'der Punkt ist, dass diese Gruppe von Technikern und Wissenschaftlern alle intellektuell sehr begabt sind und mit einer Art Verachtung auf all die Menschen herabblicken, die so versessen auf ihr biologisches Gehirn und ihre übrige Natur sind. Es gibt sogar jemanden, der sagt, dass die menschliche Sprache in der Zukunft – für diese hochentwickelten KI-Menschen – so etwas sein wird wie das Geläut von Kühen jetzt für uns.'

'Allmächtiger!', rief Els aus.

'Ja, das zeigt, wie sie die biologische Natur eigentlich verachten und diesen herrlichen technischen Intellekt, nach dem ich auch so verrückt bin, mit gewaltiger Ehre über die ganze natürliche Evolution erheben. Ich habe keine Gründe, an der Realisierbarkeit dessen zu zweifeln. Ob das auch so schnell geht, wie man es voraussagt, ist etwas anderes, das ist nicht zu hoffen, aber dass so etwas möglich ist, das halte ich ganz sicher nicht für ausgeschlossen. Wie du weißt, habe ich mich damit auch verbunden. Ich weiß, wie es sich anfühlt, wenn man sich mit einer solchen Zukunftsperspektive einlässt, und ich kenne auch alle irreführenden Argumente *dafür*.

Was denkst du, wird mir widerfahren, wenn ich diesen Weg verlasse und deinen Weg betrete? Ein ganzer Chor der Verachtung und des Hohns wird mich erwarten.'

Johannes sagte:

‚Du brauchst nicht unmittelbar preiszugeben, was du hier kennengelernt hast. Ich würde es sehr schätzen, wenn du deine Funktion als Professor in Amsterdam einige Jahre ausfüllen würdest.'

‚Natürlich', sagte Raymond. ‚So einen Entschluss hatte ich auch gar nicht im Auge. Ich will nur sagen, dass diese Menschen eine bestimmte Haltung haben und dass man besser draußen bleibt, wenn man sich davon abwendet. Obwohl es alles sehr gesellig, informell und fröhlich aussieht. Für mich ist nun vor allem wichtig: Wie kann ich in diesem anderen Denken mehr Stabilität finden? Dass es existiert, davon habe ich mich völlig überzeugt. Aber ich bin es gewohnt, in dem einen Denken zu leben. Soll ich nun Literatur suchen, die das andere Denken stimuliert? Ich kann mir zum Beispiel dieses große dicke Buch von Kepler noch einmal vornehmen und sehen, ob es dieses andere Denken in mir aufruft? Ich kann auch die Bücher von Ficino noch einmal nehmen und versuchen, mich zu erinnern, wie das in meiner Studentenzeit gewirkt hat. Hältst du das für den richtigen Weg?'

‚Teilweise', sagte Johannes. ‚Auf der anderen Seite wird es wichtig sein, dass du dich täglich im Üben des anderen Denkens ausbildest. In deinem Fall scheint es mir das Beste zu sein, das anhand des Begriffs der Zahl zu tun. Wir haben die Zwei heute berührt, wir können morgen darauf zurückkommen und dann weitergehen zur Drei. Ich habe Eva versprochen, dass wir sie besuchen. Sie wartet wahrscheinlich schon auf uns, lasst uns gehen!'

Sie gingen nun zur anderen Seite, den Weg, auf dem sie auch gestern schon eine kurze Wanderung gemacht hatten, zur Klinik. Sie erwies sich als ein schönes, geschmackvolles, modernes Gebäude mit viel Licht, sanften Farben und viel natürlichem Material.

‚Hier würde man gerne krank sein wollen!', sagte Els. ‚Was für eine Schönheit!'

Johannes führte sie durch den Gang zu Evas Zimmer. Sie war schon da.

Sie setzten sich, wie es in dieser Gemeinschaft üblich war, in die Sessel, nicht an den Schreibtisch.

‚Soll ich einfach anfangen?', sagte Eva.

Johannes nickte, und sie begann zu sprechen:

‚Ich bin Johannes hier, wie ihr wisst, begegnet, als er zum ersten Mal hier war. Ich selbst suchte hier Nahrung für meine sehnsüchtige Seele. Verlangend nach Tiefe, nach Echtheit, nach Liebe. Ich habe zu Hause nicht so sehr viel davon empfangen. Mein Vater war hart, und meine Mutter war distanziert. Es gab kein wirklich religiöses Leben, obwohl wir zur Kirche gingen.

Bei dem Meister fand ich teilweise, was ich suchte. Auch er war streng, wie mein Vater. Ich erinnere mich, dass ich einmal einige Tage lang nicht sprechen durfte, ich weiß nicht mehr, warum. Solche Maßnahmen ergriff er. Und wehe, wenn man sich nicht daran hielt!

Aber ich fand schnell einen persönlichen Zugang zu ihm, als sich zeigte, dass wir beide Johannes mochten. Und so ist ein Band fürs Leben entstanden. Als Johannes und ich Kinder bekamen, passte er im Winter auf unsere Kinder auf! Kann man sich das vorstellen? Ich bin damals noch zum Konservatorium gegangen und habe mein Klavierstudium gemacht, während ich schon Ärztin war. Ich bin eigentlich erst hier medizinisch-praktisch tätig geworden. Ich habe mit Johannes sehr viel spirituelle medizinische Literatur studiert, angefangen bei Hippokrates, und, ich denke, endend bei Rudolf Steiner. Durch die ganze menschliche Entwicklungsgeschichte, in der der Mensch sich um seinen physischen Leib kümmert, habe ich erleben und erkennen gelernt, dass der menschliche Leib ein Heiligtum ist, dass er wirklich ein fleischgewordener Kosmos ist, der eine Zeitlang auf Erden ein Wohnplatz für einen ist. Man hat den Kosmos außerhalb von sich im Großen, aber man ist in gewissem Sinne auch dazu geworden, insoweit man ein Leib ist oder einen Leib hat. Die Kräfte dazu kommen nicht aus der DNA, sondern aus dem Kosmos.'

‚Die DNA ist eine Tatsache!', warf Raymond ein.

‚Natürlich! Sie gehört sicher zur Blaupause der Vererbung. Aber das ist nicht der eigentliche Mensch und auch nicht die eigentliche Form des physischen Leibes. So, wie neben der Rechenkapazität ein anderes Denken existiert, so existiert neben dem DNA-Leib ein anderer Leib. Dieser Leib hat sehr wohl auch mit Gesundheit und Krankheit zu tun.

Wenn man es so betrachten kann, sieht man den menschlichen Leib als ein Heiligtum, in das der Geistesmensch sich metamorphosiert hat.

Ich habe als Vorbereitung auf dieses Gespräch einige Filme von Robert Freitas auf YouTube geschaut und auch ein paar Stellen im Internet gelesen, wie er und die Seinen sich vorstellen, Nanocomputer machen zu können, nicht größer als ein rotes Blutkörperchen, die injiziert werden und dann über den Computer gesteuert werden können. Sodass sie da, wo sie von innen aus Forschungen durchführen können, das tun können, und wo sie therapeutisch wirksam sein können, das auch tun können. Das Heiligtum des physischen Leibes wird dann mit unzähligen Maschinen, Apparaten bevölkert. Ich frage mich, wie es möglich ist, dass Menschen, die mit dem physischen Leib arbeiten, denken können, dass so etwas einfach so geht?'

‚Es wird in Tierexperimenten schon gemacht!', sagte Raymond.

‚Natürlich wird es vielleicht möglich werden, das auch noch auszuführen. Das meine ich nicht', sagte sie. ‚Ich meine, es moralisch und mit seinem Gemüt und natürlich letztlich auch mit seinem Verstand verantworten zu können, dass man ein Heer von Mikrorobotern auf ein Heiligtum loslässt.'

‚Dieses Heer ist dem Heiligtum wohlgesonnen!', sagte Raymond.

‚Aber es hat die Kapazität, dieses Heiligtum völlig zu entheiligen. Du weißt wahrscheinlich nicht, dass alles, was von der Außenwelt in den Menschen hineinkommt – ob das nun Sinneseindrücke oder Nährstoffe oder Luft oder was auch immer ist –, dem Menschen zueigen gemacht wird, bevor es verwendet werden kann. Alles, was man aufnimmt und sich nicht zueigen macht, wendet sich gegen einen.

Ich habe dank der Einsichten von Johannes auch einzusehen gelernt, dass das sogar mit Gedanken so ist. Wenn man fortwährend Gedanken denkt, die man nicht in der Form geprüft hat, dass man sie sich ganz zueigen gemacht hat, nimmt man in die Gesamtheit seiner Gedanken ein fremdes Element auf. Dadurch wird es immer schwieriger und schwieriger, diese andere Welt mit diesem anderen Denken und diesen anderen Hierarchien in einem wirksam sein zu lassen. Man entfremdet sich davon und begegnet diesem anderen Denken mit immer mehr Antipathie. Wenn man das weiterdenkt, ist diese bereits stattfindende Entwicklung eine ungeheure Katastrophe. Sobald es nun eine Möglichkeit gibt, technisch entwickelte Teilchen in den menschlichen Leib zu bringen, wird etwas geschehen, was ganz sicher ungeahnte Folgen hat.

In der spirituellen Kosmologie kennen wir die Erdentwicklung in verschiedenen aufeinanderfolgenden Phasen, und jede Phase hat einen Aufgang, einen Höhepunkt und wieder einen Niedergang. Wenn man auf die Phase schaut, die der unseren vorausgeht, ist dies eine Kultur gewesen, wo man irgendwann die Fähigkeit entwickelt hatte, mit dem Leben selbst zu experimentieren. Das wurde das Ende dieser Kultur. In der Bibel kennen wir das Ende unter dem Namen Sintflut...'

‚Das ist doch nicht wirklich geschehen!', sagte Raymond, in seine vertrauten Denkmuster zurückfallend.

‚Das kannst du zwar sagen', sagte sie, ‚aber hast du das, was du jetzt sagst, auch wirklich durch und durch geprüft? Ist das nicht einfach eine Annahme, die du jetzt aufgrund all dessen, was du in der wissenschaftlichen Forschung gelesen hast, aussprichst? Wie auch immer, ich habe mein ganzes Leben der Aufgabe gewidmet, die Gesundheit dieses Heiligtums kennenzulernen und zu bewahren, und ich glaube, dass ich darin auch einiges erreiche. Wir sind hier zu dritt – die Frau von Philippe, dem du noch begegnen wirst, ist meine Kollegin hier, und dann ist da noch Peter, ihm wirst du auch noch begegnen, er schwingt das Szepter der ‚Poliklinik', wie wir sie nennen. Es ist eigentlich eine Art Hausarztstation oder Erste-Hilfe-Station. Es ist bei ihm in der Hochsaison da ganz schön hektisch. Wir werden, was unser Wissen betrifft, von Johannes, Philippe und Beato unterstützt, dem du auch noch begegnen wirst. Wir sind ein wahres Ärztekollegium. Wir behandeln die chronischen Patienten auf eine Weise, die dieser Sicht entspricht, dass der menschliche Leib ein Heiligtum ist und alles, was von außen kommt, zueigen gemacht werden muss.'

Eva sah Els an und sagte:

‚Könntest du einmal länger darüber nachdenken, was das bedeutet, wenn sich so ein Heiligtum mit Nanobots bevölkert? Was für eine Art von Gesundheit würde man dann entwickeln?'

Els sagte:

‚Ich habe das immer für Science-Fiction gehalten, nicht ernst zu nehmen. Ich habe nie verstanden, dass Raymond das sehr wohl tat. Aber jetzt, wo ich hier bin und eine ganz andere Seite des Daseins aufleuchtet, nehme ich diese Entwicklung ernster als früher. Ich kann mir auch nicht vorstellen, dass es je Wirklichkeit werden wird, dass man eine Injektion mit Nanobots bekommt, die dann zum Beispiel in das Gehirn gelangen, um Wahrnehmungen zu machen und am Reverse Engineering des Gehirns zu arbeiten. Oder die eine große Hausputzaktion im Körper veranstalten und alle krebserregenden Einflüsse ausräumen. Eine Art Müllabfuhr durch molekulare Roboter. Dieser Gedanke ist so fantastisch, dass man sich nicht vorstellen kann, dass ein denkender Mensch das je für real hielte, und noch viel weniger, dass gemeint wird, es gäbe Menschen, die das auch wollen.'

‚Mach dir darüber mal keine Illusionen!', sagte Raymond. ‚Die gibt es in großer Zahl!'

Eva sagte:

‚Am Anfang der Benutzung von Internet und Mobiltelefon und später Internet auf den Mobiltelefonen und der Aircons der Hotelzimmer und so weiter hatte ich ensetzliche Beschwerden durch die elektromagnetischen Wirkungen, die davon ausgehen, und ich fühlte auch, dass dies das ganze eigene System durcheinanderbringt, zugleich aber auch materialisiert. Es wird immer schwieriger, dieses andere Denken noch ernst zu nehmen. Nun sind wir längst daran gewöhnt und merken diese materialisierende, beunruhigende Wirkung viel weniger. Man stelle sich aber vor, man hätte Milliarden dieser Unruhebringer im Blutkreislauf!'

‚Daran würde man sich auch wieder gewöhnen...', wandte Raymond ein.

‚Vielleicht', sagte sie. ‚Aber eine dramatische Materialisierung würde sich dennoch ereignen. Dieses andere Denken verschwindet dann hinter dem Horizont, wie am Abend die Sonne untergeht, die Nacht einbricht und der Mond aufsteigt.'

‚Artemis', sagte Raymond.

‚Ich finde es schwierig mit ihr!', sagte Raymond, als sie eine Wanderung machten.

‚Wieso?', fragte Els. ‚Ich fand es gerade sehr schön, was sie alles erzählte!'

‚Diese Geschichten über Engel und Hierarchien und den Kosmos und das Heiligtum ... das geht mir alles echt zu weit. Johannes beschränkt sich darauf, von ‚einem anderen Denken' zu sprechen. Das kann ich dann noch einigermaßen akzeptieren. Aber das... Ich weiß nicht, was ich davon halten soll!'

‚Ich schon!', sagte Els. ‚Ich finde es eigentlich alles sehr logisch. Aber es geht vielleicht zu schnell für dich?'

Damit traf sie ihn natürlich mitten in seine verletzbare Stelle. Nichts war ihm je zu schnell! Er dachte: Ich muss Zeit haben, noch einmal genau darüber nachzudenken!

Als sie wieder zu Hause waren, sagte er also:

‚Ich muss das alles noch einmal gut überdenken. Es sind bei mir einige Ideen aufgekommen. Die will ich gern weiter untersuchen, sodass ich morgen, wenn wir wieder bei Johannes sind, das eine oder andere dazu fragen und sagen kann.'

‚Wir gehen doch jetzt nicht wieder stundenlang ins Internet?', sagte sie.

‚Ich meine nicht, dass ich das Internet dafür brauche. Ich will in mir selbst ein paar Dinge betrachten und sehen, ob ich, wenn ich darüber nachdenke, vielleicht selbst hinkomme.'

‚Okay!', sagte Els verwundert. ‚Gut!'

So zog er sich in das Schlafzimmer zurück, setzte sich auf den Stuhl, der da am Fenster stand, schloss seine Augen und stellte sich folgende Frage:

In der *Zwei* lagen die Gegensätze. Nun schien es zwei Arten des Denkens zu geben. Das eine Denken ist die Rechenkapazität, die das menschliche Gehirn mit der künstlichen Intelligenz gemeinsam hat; das andere Denken liegt auf einer anderen Ebene. Aber wenn man das eine Denken und das andere Denken betrachtet, bedeutet das, dass man sie gegenüber aufstellt und dass es also Gegensätze sind, wie warm und kalt, hell und dunkel, Mann und Frau und so weiter. In diesen Gegensätzen liegt nicht, dass das eine gut und das andere verkehrt ist. Hier komme ich zu meiner Frage, nämlich: Muss es nicht eigentlich so sein, dass dieses andere Denken, über das Johannes spricht, *nicht* im Gegensatz zu dem rechnenden Denken steht, sondern dass es ein Gleichgewicht bringt, zwischen diesem Computerdenken auf der einen Seite und etwas, wovon ich mich dann frage, was auf der anderen Seite steht? Das würde bedeuten, dass das andere Denken von Johannes in Wirklichkeit die Drei repräsentiert, nämlich die *Überbrückung* der Gegensätze und nicht das *Sein* eines dieser Gegensätze.

Darüber dachte er nach. Er suchte in seiner Erinnerung, ob vielleicht noch ein drittes Denken existierte, das in Gegensatz zu dem exakten rechnenden Denken stehen müsste. Zuerst fiel er jedes Mal wieder in das alltägliche Denken zurück und bekam die Konzentration nicht klar und stark genug, um länger bei seiner Frage zu verweilen. Aber indem er sich jedes Mal wieder zurückholte, die Frage von neuem dachte und dann wiederum versuchte, dabeizubleiben, begann es doch zu gelingen, sich etwas mehr in der Umgebung der Frage umzuschauen. Und plötzlich lichtete sich da die Antwort... Er erinnerte sich, dass er, als er noch sehr jung war, sehr viel von der New-Age-Bewegung gehört hatte. Nach dem Beginn des neuen Jahrhunderts war das Gerede darüber verstummt. Aber vor Beginn des neuen Jahrhunderts hatte es eine große Erwartung gegeben, dass eine spirituelle Umkehr eintreten würde. Eigentlich eine ganz ähliche Erwartung wie die der Singularität, nur von einem spirituellen Blickwinkel aus. Das alles war seiner Ansicht nach so vage, dass er davon nur gereizt wurde. Was Eva an diesem Morgen gesagt hatte, hatte eine gewisse Ähnlichkeit damit ... aber vielleicht tat er ihr Unrecht und Els hatte Recht mit ihrer schmerzlichen Bemerkung, dass es für ihn alles zu schnell ginge. Aus dieser verletzten Ehre holte er auch die Kraft, sich nun so intensiv auf diese Frage zu konzentrieren.

Und wirklich, die Antwort kam, und er sah, dass gegenüber von der künstlichen Intelligenz eine supersanfte Mystik stand, bei der eigentlich überhaupt nicht gedacht wurde, aber natürlich dennoch ein denkartiges Bewusstsein anwesend sein musste. So, wie Literatur und Poesie dem Rechnen und der Mathematik gegenüberstanden, so stand die Mystik der KI gegenüber. Das Träumen von Fantasievorstellungen in der Spiritualität sah er plötzlich als das große Gegenstück der künstlichen Intelligenz! Das ‚andere Denken' von Johannes hatte das Spirituelle der Mystik und das Exakte der künstlichen Intelligenz, und so gehörte das ‚andere Denken' – was also eigentlich eine falsche Bezeichnung war – zur Drei und war nicht eine der beiden entgegengesetzten Formen des Denkens!

Er fühlte sich glücklich mit dieser Einsicht, es war, als ob der Gang der Eins, die universelle Ungeteiltheit war, zu der Zwei, die eine völlige Spaltung war, nun durch die Drei bereichert und zur Ruhe gebracht war, die alle Gegensätze miteinander ins Gleichgewicht bringt.

Das, so dachte er, war ein Gebiet, das die Rechenkapazität des Computers nie erfassen würde. Diese konnte sich in dem selbstlernenden Element entwickeln, aber immer wieder nur durch die Wahl zwischen

Eins und Null, zwischen Ja und Nein, zwischen den Gegensätzen Schwarz und Weiß...

Die ganze Welt der *Versöhnung* musste, wie er nun ahnte, außerhalb des Bereichs des Funktionierens des Computers liegen und würde zweifellos auch immer außerhalb dessen bleiben. Die Vertreter der künstlichen Intelligenz würden sicher – übrigens ohne jede Untermauerung – einwenden: Es wird eine Zeit kommen, wo der Computer auch das erreicht... Er vermutete, dies würde bedeuten, dass Computer mit einem Herzen und nicht nur mit Gehirn gebaut werden müssten. Weil aber in der künstlichen Intelligenz auch das Herz zu einem Gehirn gerechnet wird, würde das nie der Fall sein...

10

Am nächsten Morgen legte er diese Frage und die Antwort Johannes vor und fragte ihn, ob er es richtig gesehen habe. Johannes hörte aufmerksam zu, und als er zu Ende gesprochen hatte, sagte Johannes:

‚Du hast diese Frage sehr richtig gesehen, und auch die Antwort auf diese Frage ist richtig. Das ist exakt ein Beispiel für das Wesen der Drei, und ich finde es wirklich sehr klug und besonders, dass du durch eigene Denkaktivität darauf kommst!’

Raymond sagte:

‚Nun ja, ich habe mich natürlich auch auf Informationen aus dem Internet gestützt. Aber da fand ich keine Frage und auch keine Antwort. Das Zusammenbringen meiner Frage mit der Bedeutung der Drei ist wirklich meine eigene Entdeckung. Das heißt, ich habe den Eindruck bekommen, dass ein Licht aufging. Dass ich die Frage zwar mit meinem eigenen Denken gestellt habe, die Antwort aber mehr oder weniger von außen kam. Obwohl sie von meinem bereits anwesenden Wissen Gebrauch machte, nur wurde dieses anders gruppiert, als ich es gewohnt bin...’

‚Das ist tatsächlich genau das, was geschieht...’, sagte Johannes. ‚Ich frage mich: Wie stehst du der Zukunftserwartung der Singularität jetzt gegenüber?’

‚Ja, das frage ich mich natürlich auch...’, sagte Raymond. ‚Ich habe zu lange innerhalb der Community gedacht und kommuniziert, um nicht zu wissen, was da vor sich geht. Bestimmte Zukunftserwartungen, die zu Beginn des 21. Jahrhunderts sehr lebendig waren, sind nicht eingetroffen. Jedenfalls nicht in Bezug auf den Zeitpunkt. Sehr wohl aber in Bezug auf die Möglichkeit der Verwirklichung. Nanotechnologie ist schließlich inzwischen eine Studienrichtung an der Universität. Die DNA ist in ihrer Sequenz, wie sie im menschlichen Genom vorkommt, identifiziert. Die Technik der künstlichen Intelligenz hat einen großen Höhenflug begonnen, vielleicht nicht ganz so ausgeprägt, wie zu Beginn des Jahrhunderts erwartet. Ich glaube also nicht an den Zeitpunkt, der dann genannt wird, die vierziger Jahre dieses Jahrhunderts. Ich glaube auch nicht an die völlige Umwälzung, wie sie in der Singularität beschrieben wird. Ich glaube schon daran, aber ich sehe es jetzt doch recht anders, weil ich dieses andere Denken kennenlerne, von dem ich entdecke, dass ein Computer das nicht hat. Während ich es vorher als eine große Zukunftserwartung sah, sehe ich es jetzt als eine doch sehr reale Gefahr. Ich würde euch davor warnen wollen, dies zu leicht zu nehmen. Es klingt alles sehr fantastisch und scheint Science-Fiction zu ähneln, aber der Mensch hat natürlich einen gewaltigen Drang und Trieb, die Science-Fiction zu einer scientific reality zu machen. Mit Hilfe der Rechenkapazität des Computers wird die Wissenschaft bestimmt auch ein ganzes Stück weit kommen. Man kann regelmäßig Artikel in der Zeitung lesen, in denen gesagt wird, was man dem Computer alles zutraut. Operiert wird bereits mit Operationsrobotern. Man will die Protokolle der Diagnose und Therapie immer mehr dem Computer überlassen und aufgrund von Wahrscheinlichkeitsberechnungen vorhersagen, wie groß die Wahrscheinlichkeit ist, dass jemand dies oder das hat oder kriegt. Ich habe das immer als etwas Großartiges empfunden, Els hat sich immer heftig dagegen widersetzt. Ich verstehe sie nun besser, jetzt, wo ich fühle, was das Element ist, in dem sich das dritte Denken bewegt.

Ich musste auch an die Briefe über die ästhetische Erziehung des Menschen von Schiller denken, die ich natürlich im Philosophiestudium auch kennengelernt habe. Da wird auch eine Dreiheit beschrieben, die dann zwar wieder ganz anders ist, aber irgendwo auch nicht... Man könnte sagen, dass der Vernunfttrieb, der nichts mit der Natur zu tun hat, eine Affinität zur künstlichen Intelligenz hat und dass der Naturtrieb, der sinnliche Trieb, die biologische Sphäre ist, auf die die künstliche Intelligenz so herabblickt. Das dritte Denken ist dann das Gebiet des Spieltriebes, wo das eine im anderen zirkuliert und umgekehrt, was von Natur aus nicht gegeben ist, sondern fortwährend entstehen muss, indem der Mensch es selbst in Gang setzt.'

‚Junge, Junge!', sagte Els. ‚Du bist ja auf Touren!'

Johannes schaute etwas erschrocken, aber Raymond lachte und sagte: ‚Das bin ich von ihr gewöhnt! Und von ihr kann ich das auch ertragen! Ja, ich bin auf Touren, ich werde für das alles ziemlich enthusiastisch. Es ist, als ob ein verlassenes Gebiet, das vergessen wurde, plötzlich zugänglich wird und sich mit Duft und Farbe, mit Sonne und auch Mond, mit Sternen und Planeten füllt – nicht berechnet, sondern seinem Wesen nach erkannt!'

Es wurde an die Tür geklopft. Johannes stand auf, sagte ‚Das ist Peter!' und rief: ‚Komm rein!'

Es kam ein Mann herein, den sie natürlich auch schon gesehen hatten, der aber jetzt in der vollen Glorie erschien. Ein gesunder Fünfziger mit ein paar grauen Haaren in seinem sonst noch schwarzen Haarschopf, mit beinahe schwarzen Augen und einer Lebendigkeit und Kraft, vor der man Angst bekommen konnte. Raymond hatte in seinem Leben solche Jungen und Männer immer gemieden. Sie waren seiner Ansicht nach zu sehr Natur, und er konnte das mit seiner betrachtenden Art nicht gut ertragen. Dieser Typ Mann hatte seinerseits auch nicht viel Sympathie für solche Typen wie Raymond.

Nun trieb die Notwendigkeit sie zueinander, und obwohl Raymond einigen Schrecken empfand, ermannte er sich, stand auf und gab dem Kraftprotz freundlich die Hand.

‚Komm, setz dich!', sagte Johannes. ‚Wir haben gerade ein sehr interessantes Gespräch gehabt und wir sind gespannt, was du zu erzählen hast.'

‚Ja, was mich betrifft, werde ich es kurz halten. Ich bin ein Kollege von Johannes, oder besser gesagt, eigentlich ein Lehrling im Fach der Inneren Medizin. Ich habe einige Jahre als leitender Oberarzt unter seiner Aufsicht gearbeitet, und als er wegging, hat er mich als seinen Nachfolger – als Professor – vorgeschlagen, aber das habe ich nicht angenommen. Denn ich wollte mit ihm mit, ich konnte mir ein Leben ohne ihn nicht vorstellen. Und so habe ich mich mit auf diesen Berg zurückgezogen. Am Anfang habe ich damit noch sehr viel Mühe gehabt, weil ich natürlich von einem Jemand plötzlich zu einem totalen Niemand geworden war, wie ich glaubte. Ich konnte hier ein paar Wunden versorgen, ein paar Differenzen mit Eva haben und mich von Johannes und dem Meister tadeln lassen... Aber ich habe hier auch meine große Liebe kennengelernt, die ich geheiratet habe und mit der ich Kinder bekommen habe... Es waren zwei Welten, und schließlich hat diese Welt hier den Sieg davongetragen, weil ich es wollte.

Nun hat Johannes mir erzählt, über welches Thema er mit dir und mit Els im Gespräch ist. Ich habe mir erlaubt, mich ein wenig darauf vorzubereiten und darin zu vertiefen, habe ein paar Filmchen von den großen Männern, den Anhängern oder Initiatoren dieser Zukunftsanschauung der Singularität gesehen. Und ich habe natürlich auch noch etwas darüber gelesen. Nicht so viel, denn was kann man in wenigen Tagen aufnehmen?

Aber ich muss sagen, den Eindruck, den ich von diesen drei Männern bekommen habe – dem Mann der Nanotechnologie in der Medizin, dem Mann des Gedanken der Singularität, dem exponentiellen Wachstum, und dem Mann, der ursprünglich die Idee der Nanotechnologie lanciert hat und noch am Leben ist –, die drei habe ich mir angeschaut, und ich muss sagen, dass ich bestürzt darüber bin, was das für Männer sind –'

‚Wieso?', fragte Raymond.

‚Nun, ich werde wirklich böse, wenn ich sehe und höre, was sie zu sagen haben. Ich würde gerne einmal zu ihnen gehen und auf sie eindreschen, einen kleinen Boxkampf. Ich glaube nicht, dass es einer der drei länger als fünf Sekunden mit mir aufnehmen kann... Ich meine, was für Schlappschwänze, die dann aber irgendein Zeug erzählen! Ich habe mich totgeärgert!'

‚Nur ruhig, Peter...', lächelte Johannes.

‚Aber abgesehen von der Tatsache, dass ich sie für Schwächlinge halte, habe ich auch mehrere Argumente gegen das alles. Erstens: Was mir fehlt, ist das ‚Übung macht den Meister'. Als Arzt weiß man sehr gut, dass ein Muskel, der nicht mehr benutzt wird, atrophiert. Mit Organen ist das auch der Fall. Von Fertigkeiten kennen wir das auch. Wenn man eine bestimmte Fertigkeit lange Zeit nicht mehr geübt hat, ist sie nicht ganz weg, ist aber doch nicht mehr viel davon da... Man kann sie mit Mühe wieder auf ein gutes Niveau bringen und mit Übung da halten. Wie soll ich es mir nun vorstellen, dass der Mensch, wenn er sich von der künstlichen Intelligenz alles einflüstern lässt, noch er selbst sein soll?'

Raymond sagte:

‚Das braucht er dann auch nicht mehr, denn alles, was die künstliche Intelligenz für ihn tut, wäre dann viele Male besser als das, was er je selbst könnte. Obwohl ich jetzt nicht mehr dahinter stehe.'

‚Aber das würde bedeuten', sagte Peter, ‚dass die Denkkapazität des biologischen Menschen völlig atrophiert und er also irgendwann von der künstlichen Intelligenz ganz und gar abhängig wird.'

‚Darüber wird zwar nachgedacht', sagte Raymond, ‚aber es wird nicht als ein Problem gesehen.'

‚Nun, ich sehe das sehr wohl als ein Problem!', sagte Peter verärgert. ‚Das nächste ist: Es ist ganz deutlich, dass all die Lösungen, die die so verehrte künstliche Intelligenz uns anbieten kann, auf Wahrscheinlichkeitsberechnungen beruhen. Ich habe ein Beispiel gesehen, wie Daten eines Krankheitsfalles in den Computer eingegeben wurden und wie dieser dann damit umging. Er kann nur alle Details hintereinander aufreihen und bei jedem Detail Ja oder Nein sagen und schließlich zu einer Schlussfolgerung mit einer bestimmten Wahrscheinlichkeit kommen. Da gibt es kein sicheres Wissen, und das, was man als Mensch als gewisse, vielleicht sichere Intuition kennt, ist da absolut nicht zu finden. Ich habe jahrzehntelange Erfahrung mit dem Stellen von Diagnosen, und ich weiß: Die richtige Diagnose kommt immer wie ein inneres Licht, nicht aus dem Repetieren des Wissens, das man hat, sondern dieses Wissen gestaltet sich selbst zur Lösung. Mir macht niemand weis, dass der Computer das je nachmachen könnte.

Mir wird wirklich schlecht, wenn ich lese, wie sich so ein Programm selbst programmiert, indem Millionen Details eingegeben werden und man dann – als wäre es die Evolution in einer Nussschale – zum richtigen Programm für die richtige Frage kommen will. Wenn man dann noch bedenkt, wie ein Mensch, wenn er etwas gelernt hat, in *einem* überschauenden Blick weiß, was los ist, ist es doch tief traurig, dass die halbe Welt damit beschäftigt ist, ihre göttliche Intelligenz an die Entwicklung eines so dummen Denkroboters zu verschleudern, der dann zwar scheinbar mit großartigen Resultaten daherkommt, bei dem aber die intuitive Sicherheit, die für den Menschen eine große Rolle spielt, nicht anwesend ist. Und dann wird es der großen Öffentlichkeit so dargestellt, als ob der Computer die Lösungen, die er erdenkt, sehr wohl aufgrund dieser intuitiven Sicherheit habe und sich nicht irre!

Da wird sehr oft das Beispiel des Schachspiels verwendet. Wie der Schachcomputer gegen die Schachweltmeister gewinnen kann, weil er in einer Sekunde alle möglichen Züge und Gegenzüge berechnen kann und dann also den besten zu setzen weiß – womit es das menschliche Gehirn nie aufnehmen kann. Das wird als Beweis dafür angeführt, dass die künstliche Intelligenz in der Entwicklung schließlich weit über das hinausgehen könne, was ein Mensch kann. Aber was man dabei vergisst, ist, dass es überhaupt keine Ähnlichkeit mit dem Weg gibt, den man geht, um zu einem nächsten Zug auf dem Schachbrett zu kommen. Natürlich denkt auch der Schachspieler und fragt sich, was der Gegenzug sein wird, wenn er dies oder jenes tut. Er kann natürlich nicht alle möglichen Züge überschauen, das kann der Computer auch nicht, aber der kann sie alle nacheinander berechnen. Was aber völlig aus dem Auge verloren wird, ist, dass es um ein Spiel geht und dass es die Freude des Spiels ist. Ein Spiel muss man gut machen können, aber man muss auch Fehler machen können. Es geht nicht darum, dass die eine Perfektion mit der anderen Perfektion kämpft, denn dann hat es überhaupt keinen Sinn mehr. Es geht darum, dass das *Spiel* genossen wird.

Ich begreife das alles wirklich überhaupt nicht – natürlich weiß ich davon nicht genug und ihr schon, und ich bin jemand, der immer schnell reagiert, und denke dann hinterher oft: Du hättest schon etwas ruhiger sein können... Und nun mache ich es wieder – aber ich kapiere wirklich nicht, wie jemand mit einem gesunden Gehirn, einem reinen Herzen und einem energischen, enthusiastischen Willen in der künstlichen Intelligenz je etwas sehen kann, was mehr wäre als ein administrativ-statistisches System.'

Raymond nickte und war blass geworden, während Peter noch besser aussah als in dem Moment, wo er hereingekommen war. Er sagte:

‚Du hast eine überwältigende Art, deine Meinung zu äußern –'

‚Es ist keine Meinung', korrigierte Peter. ‚Es ist eine Überzeugung!'

‚Gut gut', sagte Raymond. ‚Deine Überzeugung zu äußern. Du tust das mit so viel Verve und Kraft, und es ist auch so logisch, was du sagst, dass du mich auch darin mitnimmst.'

‚Gut so!', erwiderte Peter zufrieden und mit einem Lachen.

‚Wie es dann sein wird, wenn ich zu Hause bin', sagte Raymond, ‚werden wir noch sehen, aber wenn ich dich so höre ... ja, da gebe ich dir natürlich im Grunde bei jedem Satz, den du aussprichst, völlig Recht.'

‚Vielleicht gehe ich zu weit mit dieser Frage', sagte Peter, ‚aber ich stelle sie doch, und dann musste du einfach schauen, ob du sie beantworten willst oder kannst. Wie ist es möglich, dass so ein intelligenter, denkender Mann wie du, der auch noch nett ist, sich so in diese Ideen der künstlichen Intelligenz verirren kann?'

‚Tja', sagte Raymond. ‚Els hat das auch oft ausgerufen, und als ich noch nicht daran zweifelte, war ich schnell damit fertig, weil man natürlich weiß, warum man sich dafür begeistert. Jetzt aber liegt die Frage doch etwas anders, weil ich hier eine andere Welt entdecke, die auch Wissenschaft ist, die rein menschlich ist. Und jetzt weiß ich es nicht mehr. Das heißt, ich weiß es schon, aber wie es möglich ist, dass ich mich ganz und gar dem Rechnen hingegeben habe und diese überwältigende Welt alles übrigen ausgeschaltet habe – das ist für mich auch ein wachsendes Rätsel. Das ist die einzige Antwort, die ich habe. Vielleicht wird es mir später, im Lauf der Zeit, deutlich. In diesem Moment weiß ich es wirklich nicht...'

Sie hatten danach noch kurz die Gelegenheit, mit Johannes zu sprechen. Dieser sagte:

‚Es wird dir nicht leicht gemacht. Ich hätte es am liebsten alles etwas dosierter, aber wir haben nun einmal nur zwei Wochen Zeit.'

‚Ich werde völlig durchgeschüttelt', sagte Raymond. ‚Wenn ich nachher alles für mich noch einmal ordnen kann, kann ich es schon ertragen. Nur entsteht bei mir natürlich die Frage: Was siehst du – oder was seht ihr – nun als eure Aufgabe, um dieser Entwicklung der künstlichen Intelligenz durch all diese Wissenschaftler das richtige Gegengewicht zu geben?'

‚Wir haben Einiges gemeinsam...', sagte Johannes. ‚Das ist das Ergründenwollen der menschlichen Intelligenz, und das ist die Einsicht, dass der Mensch in eine Phase der Evolution gekommen ist, in der es darauf ankommt, dass er die weitere Entwicklung immer mehr selbst in die Hand nimmt. Nur erforscht die Gruppe der künstlichen Intelligenz die Intelligenz, indem sie die Gehirnfunktion untersucht und in Apparaten simuliert und das In-die-Hand-Nehmen der Evolution durch den Menschen gerade in dieser Singularität sieht, wo der Mensch eine Maschine erfunden hat, die schließlich eine neue Phase in der Evolution einleiten wird. Der Mensch wird mit Mikrogerätchen, den Nanobots, bevölkert werden. Ich gebe Peter natürlich Recht, wenn er sagt, dass der Mensch nicht mehr im Vordergrund stehen, sondern gerade mehr oder weniger völlig zurücktreten müssen wird.

Wir, ausgehend von dieser anderen Sicht auf den Menschen, sehen unsere Möglichkeit im Ergründen der Intelligenz mit eben dieser Intelligenz, also nicht mit Hilfe eines Apparats, sondern mit dem Denken selbst, das das menschliche Denken ergründen kann, weil es schon weiß, wie es seine Begriffe hervorbringt und zu einem immer umfangreicheren Wissen zusammenbringt. Soviel zum Ergründen der Intelligenz. Das In-die-Hand-Nehmen der Evolution setzt dann genau da an, weil man in dem Moment, wo man als Mensch sein eigenes Lernvermögen vor Augen hat und ergründen kann, von da aus imstande ist, sich sogar bis in den Leib hinein immer mehr zu ergründen und nach außen hin auch die Natur immer besser zu ergründen – unter Ausschluss jedweder Apparatur, rein und nur aufgrund des menschlichen Denkens selbst.

Aber dafür ist es wichtig, dass man als Wissenschaftler eine Gewohnheit daraus macht, dass man sich, wenn man Wissen aufnimmt, immer fragt: Wie ist dieses Wissen erlangt worden? Du weißt natürlich besser als ich, dass die Forschungsresultate auf molekularem oder atomarem Niveau nie direkte, sondern immer *indirekte* sind. Es sind Computerprogramme dazwischengeschaltet. Das, wo der Mensch mit der Wahrnehmung nicht herankann, wird in ein wahrnehmbares Etwas umgewandelt, auf dem Bildschirm. Das bedeutet, dass derjenige, der diese Programme macht, beschließt, dass *bestimmte Impulse*, die in der Untersuchung erhalten wurden, in dieser oder jener Form in wahrnehmbare *Bilder* oder *Text* oder Rechnungen *verwandelt* werden. Das bedeutet, dass die ‚Kritik der reinen Vernunft', die von Kant gegeben wurde und in der er zu dem Schluss kommen musste, dass der Mensch die Dinge außer in der Mathematik nicht erreichen kann, mehr und mehr *eine Tatsache* wird, zumindest in der Wissenschaft.

Der Mensch ist nicht imstande, mit seinem eigenen Wahrnehmen und Denken in das vorzudringen, was auf atomarem oder molekularem Niveau wirklich geschieht. Es wird von einem Programm mit einer gewissen Wahrscheinlichkeit in bestimmte wahrnehmbare Vorstellungen umgewandelt, in Text oder Berechnungen, und wenn man sich denkend damit einlässt, fühlt man, wie unsicher diese Wissenschaft dadurch geworden ist. Es gibt eine enorme Ausbreitung, aber die Frage, wie dieses Wissen erlangt ist, müsste man bei jedem Aufnehmen von Forschungsresultaten im Bewusstsein haben. Dann ist das Verhältnis in Bezug auf diese Forschungsresultate natürlich ein wesentlich anderes geworden. Das heißt noch nicht, dass man nichts davon aufnehmen möchte, nur nimmt man es mit einem gewissen Vorbehalt auf.'

,Gut', sagte Raymond. ,Das kann ich versuchen. Aber das ist dann die eine Seite. Die andere Frage bleibt: Wie führe ich in mir dieses, ich will einmal sagen philosophisch-spirituelle Reverse Engineering des Denkens aus?'

,Da ist', erwiderte Johannes, ,die *Wahrnehmung* und das *Wissen* ein und *dasselbe*. Wenn man das einmal erlebt, ist das vielleicht das eindrücklichste Geschehen im ganzen Leben. Man hat es dann nämlich als Erfahrung, dass es etwas gibt, mit dem man so verbunden ist, dass es keine Grenze des Erkennens mehr gibt, dass kein Abgrund zwischen Wahrnehmung und Begriff liegt, sondern dies ganz und gar ein und dasselbe ist. Das ist es, worauf Peter zuvor abzielte. Da ist von Wahrscheinlichkeitsberechnung keine Rede, denn da lebt man in der intuitiven Sicherheit, dass das, was man in diesem sich selbst anschauenden Denken denkt, auch wahr ist. Man hätte es nämlich überhaupt nicht denken können, wenn man nicht zuerst gewusst hätte, ob das, was man zu denken beginnt, wahr ist oder ob man die Wahrheit dessen erst noch entdecken muss oder aber sicher weiß, dass es nicht wahr ist.

Eine ganze Welt eröffnet sich einem, aber es ist eine Welt, die sich im Inneren vollzieht, und zwar auch dann, wenn man sie nicht anschaut. Nun sollst du in dein Inneres schauen, und du wirst schon gemerkt haben, dass es ein ungeordnetes Ganzes ist, dieses innere Denkleben, und dass es sehr schwer ist, da konzentriert zu bleiben. Draußen, in der existierenden Natur, sind die Dinge geordnet, auch im Chaos. Drinnen ist eigentlich immer Chaos, und man muss fortwährend selbst die Ordnung herstellen. Diesen Prozess des inneren Ordnens, sodass man eine innere Welt erschafft, die man dann ruhig anschauen kann, nennen wir auch Meditation. Es ist leider dasselbe Wort, das auch in allen möglichen spirituellen Strömungen, die *nicht* nach der inneren Klarheit streben, verwendet wird. Aber es ist nun einmal das Wort, das wirklich dieser Tätigkeit entspricht, also verwenden wir dennoch diese Bezeichnung.'

,In den letzten Tagen habe ich schon einige Erfahrung damit gemacht, und ich muss mich natürlich noch an den Gedanken gewöhnen, dass darin auch einige Sicherheit gefunden werden kann. Den Punkt, wo ich mir dessen sicher wäre, habe ich noch lange nicht erreicht.'

,Dafür muss man auch methodisch die richtigen Schritte machen.

Darüber werden wir sicher noch sprechen, nachdem wir das ganze Problem der Singularität von verschiedenen Seiten beleuchtet haben. Morgen habe ich den ganzen Tag Besprechungen und kann leider unserer täglichen Verabredung nicht nachkommen. Mir scheint es das Beste, wenn wir einen freien Tag nehmen und erst Donnerstag weitermachen, dann können wir über die Vier sprechen. Ich werde dann Beato bitten, entweder hierherzukommen oder ihn in seinem Zimmer besuchen zu dürfen. Ich muss kurz schauen, was er am liebsten möchte. – Wie geht es dir inzwischen, Els?'

'Ich finde es alles ganz großartig!', antwortete sie. 'Ich habe das Gefühl, dass ich hier mit dem in Kontakt komme, wofür ich eigentlich lebe, wonach ich eigentlich auch immer strebe, ohne dafür einen Rahmen gehabt zu haben. Nun beginnt das alles, Form anzunehmen, und ich finde das wirklich großartig. Ich sehe natürlich, wie angetan Raymond davon ist, und auf der einen Seite wünsche ich mir das natürlich auch, aber auf der anderen Seite bin ich manchmal auch etwas besorgt darüber. Er ist nämlich ein sehr empfindsamer Mensch... Wenn der Meister ihn dann so abkanzelt, frage ich mich, ob das wohl alles gut ist...'

Johannes lächelte und sagte:

'Ich glaube nicht – das habe ich auch schon gesagt –, dass der Meister es so machen würde, wenn er nicht sicher wüsste, dass Raymond es vertragen kann und dass es auch nötig ist.'

Raymond sagte nichts.

'Nun war', sagte Els, 'Peter hier, und er hat auf andere Weise einen Angriff auf Raymond ausgeführt.'

'Nicht auf Raymond', sagte Johannes, 'sondern auf die Singularität.'

'Ja, gut, aber er bringt es dennoch mit Raymond in Verbindung. Das muss er dann doch wiederum kassieren. Aber ihr werdet der Meinung sein, dass harte Heiler nötig sind.'

Raymond sagte noch immer nichts.

Johannes sagte:

'Glaub mir, ich habe außerordentlich viel Respekt vor Raymond, und ich weiß, dass die anderen das auch haben. Wir sehen seine große Begabung sehr wohl, und wir wissen auch sehr gut, dass wir seine Freiheit respektieren müssen. Wenn er bei der Singularität bleiben will, werden wir ihn dafür nicht weniger respektieren. Aber wir haben ein doppeltes

Motiv, so vorzugehen, wie wir es tun. Einerseits, weil es für Raymond selbst, sagen wir: besser wäre, wenn er einen nuancierteren Blick auf den Menschen entwickeln würde. Viel wichtiger aber ist noch, dass es, wenn er mit seinem Hintergrund und seiner Begabung einsehen könnte, dass es wichtig ist, was wir hier tun, und er dazu vielleicht selbst auch seinen Beitrag leisten wollen würde – dass das dann für die ganze Welt eine Bedeutung hätte. Ihr seht das vielleicht nicht, dass die Dinge so wirken, aber ich sehe das sehr wohl! Raymond ist nicht der Erstbeste. Darum machen wir ihm alle unsere Aufwartung, denn so ist es tatsächlich, und es mag so scheinen, als würde er durch uns die Leviten gelesen bekommen, aber seinem Wesen nach liegt es doch sehr anders.'

Raymond nahm seinen Kopf in die Hände und seufzte tief.

‚Ich komme schon klar', sagte er. ‚Ungewohnt ist es sehr wohl... Ich bin es gewohnt, gelobt zu werden, und nicht, auf verschiedene Weise so angegangen zu werden. Ich könnte auch den Kopf hoch tragen und alles in den Wind schlagen, um dadurch mein Selbstgefühl zu bewahren. Aber das wäre auch mir selbst gegenüber nicht ehrlich – und das bin ich glaube ich doch immer. Ich sehe nun etwas ein, ich beginne, etwas einzusehen. Dann muss ich das auch weiterverfolgen. Und ich sehe auch, dass es etwas Besonderes ist, dass ihr euch hier so viel Mühe geben wollt. Denn es ist mir vom ersten Tag an deutlich gewesen, dass ihr ein paar Giganten seid! Ich habe zu Els gesagt: Wir sind auf dem Olymp gelandet, wir sind schon Apollo, Zeus und Artemis begegnet, und heute auch noch Ares. Ich bin sehr gespannt, wer Beato sein wird, und dann in der allerletzten Begegnung, als wer Philippe sich erweisen wird...'

Hand in Hand machten sie eine Wanderung über das ausgedehnte Gelände und gingen dann im Restaurant essen. Als sie einander gegenübersaßen, sagte Els lachend:

‚Wir fühlen uns hier schon wie zu Hause, findest du nicht auch? Wir gehen hier jetzt sogar schon essen!'

‚Es ist in der Tat ein angenehmer Ort, über den Alltagsstress erhaben, aber nicht mit der üblichen unsinnigen Wellness oder Sportaktivitäten...'

‚Wie fühlst du dich jetzt, Raymond?'

‚Ihr tut so, als wäre ich ein Patient, dem etwas widerfahren ist und der sich in der Genesung befindet oder so etwas... Irgendwo stimmt das natürlich auch, aber ich will gerne meine Ehre ein bisschen bewahren!'

‚Ich versuche immer', sagte Els lächelnd, ‚auch bei meinen Patienten ihre Ehre zu bewahren! Aber vielleicht willst du mir trotzdem antworten?'

‚Was du zu Johannes gesagt hast, stimmt natürlich. Dieser östliche Meister hat mir eine gewaltige Abreibung verpasst, während ich mir keiner Schuld bewusst war. Eva hat in Bezug auf den Menschen ein spirituelles Fass aufgemacht. Zuerst dachte ich: Was für ein Unsinn... Aber es wirkt dann doch in einem, und dann wundert man sich doch ein bisschen über die Tatsache, dass auf der ganzen Erde, an allen Universitäten, nichts davon zu erfahren ist. Und dann heute dieser Kraftprotz...'

Els brach in Lachen aus.

‚Das ist er doch wirklich!', sagte Raymond. ‚Ich habe nicht so gern mit solchen Männern zu tun. Erst recht verstehe ich nicht, dass so jemand auch eine Frau hat, denn wenn ich seine Frau wäre, hätte ich ständig Angst, dass ich etwas Falsches sage und dann ein paar Schläge bekäme.'

‚Nein! So ist er überhaupt nicht!', sagte Els.

‚So ist er wohl! Aber er wird wohl gelernt haben, sich zu beherrschen. Du hast ja gehört, dass er sich mit den Männern der Singularität am liebsten geboxt hätte, sie einmal kurz durchgeprügelt, sodass sie danach nicht mehr an so etwas denken. Auf der anderen Seite ist es natürlich so, dass er mit einer gewissen Nüchternheit bestimmte Dinge korrigiert. Das ist so logisch, wie er es macht, so klar zusammengefasst auch, dass man, wenn man ihm wohlwollend folgt, eigentlich nicht anders kann, als ihm Recht zu geben. In diesem Sinne wäre es schon interessant, einmal ein Zwiegespräch zwischen Peter und zum Beispiel Kurzweil zu sehen. Aber der wird ihm wahrscheinlich nicht wohlwollend zuhören, das wird also doch nichts werden...

Ja, Els, es sind enorme Wirkungen, die wir hier erleben. Du sagst selbst, dass das Mobiliar in unserem Haus jeden Tag anders aussieht. Du kannst dir also wohl vorstellen, welchen Effekt jedes Gespräch hier hat. Ich habe natürlich das Gefühl, einen ‚Reset' zu erleben. Der Stecker wird gezogen, alle Prozesse werden gestoppt, und wenn ich dann den Stecker von neuem einstecken soll, muss ich mal gucken, was noch übriggeblieben ist.'

‚Meistens', sagte Els, gehen mit so einem ‚Reset' nur die Störungen weg, und der Rest bleibt ganz normal erhalten.'

‚Nun ja, ich meine einen ‚Reset' mit völligem Zurücksetzen auf den Ausgangszustand. So ungefähr fühle ich mich. Völlig durchgeschüttelt, vollkommen leer und mit einem kleinen Hauch einer neuen Perspektive – vor allem aber einem sehr großen Verlust an alter Perspektive. Da fühlt man dann wohl, dass man dafür stark sein muss...'

21

Ein freier Tag...

Sie waren spät aufgestanden und hatten ausführlich gefrühstückt. Nach dem Frühstück sagte Raymond zu Els:

‚Ich werde jetzt gleich einmal gut über all diese Dinge nachdenken. Es ist schön, dass wir jetzt einen Tag Pause haben, sodass es mir möglich wird, all diese Gespräche zu durchdenken. Wir haben die letzten Tage so viel zu verarbeiten gehabt und eigentlich kaum Gelegenheit gehabt, dem allen einen Platz zu geben.'

Er zog sich ins Schlafzimmer zurück. Beim Hereinkommen sah er sich selbst im Spiegel am Kleiderschrank. Er blieb stehen... Er schaute nicht gern in den Spiegel, denn was er da sah, fand er nicht anziehend. Ein Mann mittlerer Größe, das Haar dunkelblond und schon etwas dünn... Hellbraune Augen hinter Brillengläsern, ein intelligenter Kopf, das wohl, aber er hatte schon schönere Gesichter gesehen. Die Haltung vielleicht etwas zu gebeugt von der ständigen Computerarbeit. Nun dank Els recht gut gekleidet. Eigentlich ein durchschnittlicher Mann, wenn er sich mit diesen olympischen Göttern verglich, mit denen er in den letzten Tagen zusammengewesen war. Da war jeder individuell stark er selbst. Was war er nun eigentlich? Aufgegangen im Bild der hohen Begabung, aufgegangen im Aufnehmen von möglichst viel Wissen, in der Hoffnung lebend, dass diese Begabung noch durch eine künstliche Intelligenz verstärkt werden könnte, die viele, viele Male besser sein müsste – und auf der anderen Seite lebte er mit Els zusammen, die er innig liebte, während er nicht an eine Seele glaubte und das Herz als Pumpe betrachtete, die dafür zu sorgen hatte, dass der Körper am Leben blieb. Alle Emotionen und Gefühle hatte er dem Nervensystem zugeschrieben. Sein Kopf war wie ein Oktopus, ein sehr großer Kopf mit Beinen, die auch noch Nerven sind... Das Bild stimmte wahrscheinlich nicht, denn ein Oktopus hatte natürlich überhaupt keinen Kopf. Und doch fühlte er sich plötzlich so, als ein herzloses Subjekt mit einem Bedürfnis nach Wissenserwerb...

Er wandte sich von seinem Spiegelbild ab und setzte sich einigermaßen missmutig auf seinen Stuhl.

Es hatte mit seinem Wunsch angefangen, eine autobiografische Geschichte zu schreiben, aber er erwies sich als dazu nicht in der Lage. Darüber hinaus war sein Leben natürlich eigentlich überhaupt nicht interessant... Aber dadurch, dass er die Tatsachen seiner Entwicklung mit Els geteilt hatte, war etwas in Gang gekommen, was hier in den Bergen – er lächelte innerlich – eine exponentielle Beschleunigung durchmachte.

Singularität, ja...

Alle bis jetzt so streng bewachten Gesetzmäßigkeiten verloren hier ihre Gültigkeit. Sehr wohl aber trat etwas Neues an ihre Stelle, etwas mit einer neuen Gültigkeit.

Oh, er hatte auch Angst vor dem Tod! Und er hatte sich mit der Perspektive getröstet, zehnmal so lange leben zu können, wenn die Technik für die Gesundheit sorgen würde.

Aber diese neue Welt geltender Gesetzmäßigkeiten schien keinen Trost für die Angst vor dem Sterben zu haben. Man musste sich Mühe geben, so stark wie möglich man selbst zu werden – in moralischem Sinne –, und was das für den Tod für Folgen hatte, konnte er in diesem Moment nur erahnen. Er musste unbedingt mit Johannes über den Tod sprechen...

Wahrscheinlich lag hinter diesem anderen Denken eine bestimmte Sicherheit eines anderen Lebens, er ahnte das, und ab und zu fühlte er es auch. Aber es war noch mit keinem Wort darüber gesprochen worden, und bevor er nach Amsterdam zurückkehren würde, musste das Thema berührt werden...

Er versuchte, sich zu konzentrieren und sich das Gespräch mit dem Meister in Erinnerung zu rufen. Er fühlte von neuem den Schlag, den dieses Gespräch ihm versetzt hatte. Aber war es nicht so, dass der Meister ihn gerade wegen der Tatsache bestraft hatte, dass die Anhänger der Singularität sich an die Stelle Gottes setzten? Wenn der Meister aufrichtig an Gott glaubte, war es schon zu verstehen, dass er angesichts eines solchen Hochmuts von Zorn erfüllt wurde. Aber im Moment war das für Raymond zu weit weg. Das andere Denken – ein Denken, das als Bedeutung offenbar im Menschen webte und lebte – konnte er ab und zu gewahr werden, aber damit war natürlich noch überhaupt nicht bewiesen, dass dieses Denken nicht doch auch aus dem Gehirn kam. Auch war nicht bewiesen, dass es zu einer Welt gehörte, die bestehen blieb, wenn der Körper nicht mehr existierte...

Dennoch hatte er in den Momenten, wo er dieses Denken erlebte, sehr sicher gewusst, dass ein Computer nie imstande sein würde, dieses Denken zu simulieren. Damit hatte er in Wirklichkeit zugegeben, dass man es im Gehirn nie finden könnte.

Es hatte vielleicht etwas mit dem zu tun, woran er sich aus Platons Philosophie erinnerte, der ewigen Idee. Nachher, in seiner halben Stunde Internet-Zeit, würde er versuchen, das noch einmal herauszufinden, und es dann später in seine Betrachtungen aufnehmen. Er wusste noch, dass in Platons Philosophie die Idee als das Ewige und Unvergängliche betrachet wurde, woran der Mensch Anteil hat, was aber aus seinem Blick verschwindet, wenn er im Erdenleib ist.

Als er Student war, hatte er diese Gedanken von Platon als schöne, künstlerische Gedanken aufgenommen, ohne je zu denken, es könne vielleicht auch auf irgendetwas beruhen. Nun dachte er, dass Johannes ihn mit dieser Welt der ewigen, unvergänglichen Idee in Berührung gebracht hatte, in diesem Fall mit der Idee der Eins, der Zwei und der Drei. Die umfassende Idee musste selbst *eins* sein, ein ungeteilter, allumfassender, ja göttlicher Gedanke. Wenn dieser in die Zwei überging, entstand die Idee des Gegensatzes und so weiter...

Er fühlte sich wieder von diesem anderen Denken berührt. Es war, als ob es ihn suchte, als ob er sich nur darauf einstellen musste und es dann zu ihm kam.

Er wurde davon tief berührt – wurde dadurch aber auch abgelenkt und verlor seine Konzentration.

Er sah es nicht wirklich vor sich, wie er sich, sobald er wieder in Amsterdam war, auf seine Stelle an der Universität vorbereiten sollte. Vor dieser Reise war das für ihn etwas Selbstverständliches gewesen. Er hatte seine künftigen Vorlesungen gleichsam gänzlich in der Tasche. Nun stimmte nichts mehr davon, und er fragte sich wirklich, ob er diese Stelle annehmen sollte. Er *hatte* sie schon angenommen, aber man konnte natürlich immer auch etwas rückgängig machen... Auf der anderen Seite empfand er in sich etwas wie eine starke Triebfeder, die wahrscheinlich dafür sorgen würde, dass er, einmal zurück in Amsterdam, wiederum seinen Weg gehen würde. Vielleicht würde all das Alte das Neue wieder beiseite wischen? Das wäre auch schrecklich. Sollte er vielleicht mit einer gewissen Regelmäßigkeit hierher zurückkommen, um sich an der Quelle seiner Umkehr zu laben?

Solche Gedanken brachten ihn von neuem ganz in Verwirrung. Jedes Mal, wenn er in solche verwirrten Gefühle und Gedanken geriet, schien es ihm, als habe er seinen Verstand verloren und müsse sich wie ein Säugling ganz neu in der Welt orientieren. Dann fühlte er stark: Ich will eigentlich nicht zurück in dieses in Amsterdam zurückgelassene Erwachsensein.

Aber auch Johannes hatte gesagt: Mach es ruhig ein paar Jahre! Und er würde das höchstwahrscheinlich auch wirklich tun...

Mittags gingen sie wandern. Es war strahlendes Wetter, und dank der Tatsache, dass er ‚seinen Verstand verloren' hatte, standen seine Sinne sperrangelweit offen.

Er spürte den Raum von hier bis zur anderen Seite des Tales, den Raum von dieser Höhe nach unten, den Raum von dieser relativen Tiefe in den Kosmos. Das Licht erleuchtete und erwärmte ihn. Er sah die verschiedenen Bäume, die verschiedenen Blumen, hörte das Summen der Insekten, sah, wie seine künftige Frau vorausging, fröhlich und schön wie immer... Sie hatte von Natur aus die Gabe geöffneter Sinne. Sie sah und hörte alles, und dadurch nahm sie auch sehr fein die Gemütszustände ihrer Mitmenschen wahr. Er hatte immer gedacht, dass es der Preis für sein Denkvermögen wäre, dass seine sinnliche Wahrnehmung nicht so scharf war. Aber hier begann er, etwas von einer Ganzheit zu erahnen, nicht den ewigen Unterschied von Denkern und Machern, sondern ein denkendes Tun und ein tätiges Denken.

Das Wundersame war, dass er, als sie wieder zu Hause waren, in seiner halben Stunde im Internet, bei seiner Suche nach Platons Ideenwelt, auf die sieben Freien Künste stieß. Sie wurden von den Neoplatonikern bis ins späte Mittelalter hinein geübt. Er las, dass sie zwischen den sprachlichen und den mathematischen Künsten unterschieden hatten: drei sprachliche und vier mathematische Künste...

Grammatik, Rhetorik und Dialektik auf der einen Seite, Arithmetik, Geometrie, Astronomie und Musik auf der anderen Seite. Johannes hatte ihn mit sanfter Hand zur Arithmetik geführt, und er vermutete, dass in dieser Siebenheit der Freien Künste etwas von dem wiederzufinden war, was er während der Wanderung gefühlt hatte: ein denkendes Tun und ein tätiges Denken. Morgen musste er Johannes danach fragen...

‚Du bist ganz weg, Raymond', sagte Els, während sie zu Abend aßen. ‚Du lebst in deinen Gedanken, und mich hast du vergessen!'

‚Das, liebe Els, siehst du doch einmal ganz verkehrt! Aber ich kann mit mir nicht ins Reine kommen, wenn ich es nicht im Denken tun kann. Ich muss all diese Erfahrungen nochmals durchdenken und zu verstehen versuchen. Das ist doch die einzige Art, weiterzukommen und die Erlebnisse nicht unverdaut einfach hinter sich zu lassen.'

‚Das ist auch so, aber du könntest mir sehr wohl davon erzählen.'

Er erzählte ihr, was er an diesem Tag alles gedacht hatte.

*

‚Zu der Vier bin ich noch nicht gekommen, Johannes. Ich habe gestern viel Zeit gehabt, mich zu besinnen, und diese Besinnung hat einige Fragen aufgeworfen. Fragen über den Tod, Fragen über Gott, Fragen über Platons Ideenlehre und Fragen über die sieben Freien Künste...'

‚Ja', sagte Johannes. ‚Wir haben in Wirklichkeit nur über das Denken gesprochen, weil das das direkte Gegenstück zu dem ist, was mit der Singularität beabsichtigt ist.'

‚Aber das', sagte Raymond, ‚rührt mich sehr, jedes Mal, wenn ich einen kurzen Hauch dieses anderen Denkens auffange. Ich wüsste nicht, warum ein Begriff einen so rühren sollte, wenn nicht noch etwas anderes anwesend wäre. Ich habe gestern noch sehr tief über die letzten Tage nachgedacht, und ich glaube, wenn ich an Peters Frage zurückdenke, wie es eigentlich kommt, dass ich diesen Auffassungen verfallen bin, dann ist die Antwort, denke ich: Angst vor dem Tod. Wenn ich ehrlich bin, empfinde ich den Tod als etwas Unerträgliches. Das, was man in sich als das Wesentliche des Daseins erlebt, die Intelligenz und alles, was man mit dieser Intelligenz erwirbt, die Menschen, die man liebt und die einen lieben, schließlich die eigenen Möglichkeiten, etwas zur Welt beizutragen, diese drei Gebiete verliert man, wenn man stirbt. Oder besser gesagt, man verliert alles. Man ist einfach nicht mehr existent, und das, Johannes, ist für mich so ein unerträglicher Gedanke, dass ich für die Männer der Singularität dankbar bin, die mir versprechen, dass in nicht allzu langer Zeit – in jedem Fall noch innerhalb meiner Lebenserwartung – die Medizin dank der Entwicklung der Nanotechnologie und der künstlichen Intelligenz so weit fortgeschritten sein wird, dass ich nicht schon mit achtzig Jahren Abschied zu nehmen brauche. Zumindest wenn kein Unglück geschieht und kein Krieg ausbricht, kann ich mich bei einem normalen Leben mit Hilfe der Nanotechnologie immer wieder einer Verjüngungskur unterziehen, wodurch ich diesen Abschied aufgrund des Todes jedes Mal wieder einige Jahrzehnte vor mir herschiebe... Der Tod ist für mich etwas Unerträgliches.'

Johannes sah ihn mit einem Blick voller Mitgefühl an und sagte:

,Das, mein bester Raymond, kann ich sehr gut verstehen. Ich bin der Meinung, dass jeder Mensch im Grunde seines Wesens die Angst trägt, und ich bin mit dir einer Meinung, dass viele ungesunde, unmenschliche Lösungen dem Streben, dem Tod zu entkommen, entspringen. Nun gibt es da kein Entkommen, und auch wenn man den Zeitpunkt eines möglichen Todes jedes Mal einige Jahrzehnte vor sich herschiebt, lauert dieses Unerträgliche doch weiterhin in der Ferne. Wäre es nicht besser, eine Versöhnung mit dem Tod anzugehen?'

,Das wäre nur möglich', sagte Raymond, ,wenn man erwarten dürfte, dass der Tod nicht das Ende von einem bedeutet. In jedem anderen Fall glaube ich nicht daran, dass eine Versöhnung möglich ist. Wenn es in Zukunft möglich wäre, das ganze innere Denk- und Gefühlsleben auf den Computer zu speichern, dann würde durch diesen Apparat das Bewusstsein, das man hat, unsterblich werden.'

,Da, finde ich, Raymond, lässt dich dein intelligentes Denken doch im Stich! Denn die Tatsache, dass man weiterleben will, hängt unmittelbar mit der Tatsache zusammen, dass man ein Selbstbewusstsein hat. Die Tiere haben das höchstwahrscheinlich nicht, nicht wahr, und eine Angst vor dem Tod haben sie nicht. Sie können das nicht in der Zukunft vor sich sehen. Der Tod kommt, und dann ist er eine Tatsache.

Wir sehen das voraus, weil wir ein Selbstbewusstsein haben, und dieses Selbstbewusstsein gibt uns die Angst, dass wir uns selbst einmal durch den Tod verlieren müssen. Glaubst du wirklich, dass man auch dieses Selbstbewusstsein in den Computer hochladen könnte? Das kann doch nicht wahr sein, dass du das wirklich denkst!'

,Es wird vorausgesagt', wandte Raymond ein. ,Und diese Vorhersagen nehme ich an, weil sehr viele frühere Voraussagen eingetroffen sind. Ich werde nachher, wenn ich zu Hause bin, noch einmal genau darüber nachdenken. Ob ich mir tatsächlich nicht vorstellen kann, dass ein Computer auch mein Selbstbewusstsein haben könnte...'

‚Was für eine idiotische Vorstellung!', brummte Els. ‚Das weißt du doch unmittelbar, dass so etwas nicht möglich ist?'

‚Ich kann das nicht sagen, ich weiß das nicht unmittelbar. Aber gut, gehen wir einmal davon aus, dass ihr Recht habt. Dann gibt es tatsächlich für einen Menschen, der alles auf dieses Leben setzt, auf eine Karte, keine Hoffnung auf Versöhnung mit dem Tod. Dann kommt man auf die Existenz von, sagen wir, Gott, oder auf die Existenz einer Welt, die außerhalb dieser physisch-sinnlichen Welt real wäre. Ich sehe diese Welt nicht, und ich nehme sie nicht wahr, und was ich darüber höre, wirkt auf mich wie pure Spekulation. Wie die Darstellungen von Eva, bei allem Respekt für sie. Ich werde davon gereizt und bekomme dann das Gefühl, etwas anhören zu müssen, das jeglicher Grundlage entbehrt.'

Johannes sagte:

‚Du spricht über Momente, wo du kurz einen Hauch dieses anderen Denkens auffängst, das dich dann rührt...'

‚Das ist noch leicht ausgedrückt!', sagte Raymond. ‚Ich werde zu Tränen gerührt. Willst du sagen, dass ich da von Gott berührt werde?'

‚Ich würde das gerne sagen', sagte Johannes, ‚wenn ich nicht wüsste, dass so etwas für dich auch wieder pure Spekulation ist. Ich will es also anders sagen: Setze dein Forschen in diesem anderen Denken mit all deiner intelligenten Energie und deinem Konzentrationsvermögen fort, bis Gott selbst sich dir offenbart. Dann erst wirst du wissen, dass es keine spekulative Interpretation ist – ‚es wird wohl Gott sein' –, sondern du wirst ihm Auge in Auge gegenüberstehen, und Er wird dir selbst erzählen, wer er ist. Inzwischen ist es natürlich nicht verboten, Erfahrungen von Mitmenschen zu lesen, die eine solche Begegnung schon gehabt haben.'

Raymond sagte einigermaßen skeptisch:

‚Man würde meinen, dass solche inneren Erfahrungen in diesem anderen Denken auch sehr gut auf der Fantasie beruhen können.'

‚Ja, das könnte man denken', sagte Johannes. ‚Bis man diese Erfahrungen selbst macht. Wie du weißt, dass ich für dich jetzt nicht eine Fantasie-Erscheinung bin, sondern der wirkliche Johannes, mit dem du im Gespräch bist, ebenso sicher und deutlich wird es für dich sein, wenn du dem göttlichen Wort Auge in Auge gegenüberstehen wirst.'

Es trat eine Stille ein, und es war, als ob dieses göttliche Wort gegenwärtig sein wollte. Jedenfalls war es so, dass Raymond kurz fühlte, wie der Hochmut seines Intellekts verging, ein Gefühl der Demut bekam und dachte: Ach, es gibt eine ganze Welt, deren Existenz ich noch nicht einmal kenne.

Johannes sagte:

‚Ich rate dir also, überhaupt nichts anzunehmen und alles selbst auszuführen, als wärst du ein Ingenieur, der dasjenige, was andere schon gefunden haben, noch einmal zustande zu bringen versucht. Ich halte das in deinem Fall für sehr gut möglich, und das wird dich dann sicher überzeugen. Ich will dich nicht überzeugen!'

‚Das ist sehr deutlich...', sagte Raymond. ‚Dann habe ich eine Frage über Platons Ideenwelt. Als ich gestern mit meinen Betrachtungen beschäftigt war, kam mir die Erinnerung an Platons Ideenlehre. Ich bekam eine Ahnung, dass dieses andere Denken, wie wir es einmal weiter nennen wollen, unmittelbar mit dieser Ideenwelt zusammenhängt. Kannst du darüber vielleicht etwas sagen?'

Johannes lächelte und sagte:

‚Ich kann lieber dich fragen, ob du etwas darüber sagen willst, das kannst du sicher.'

‚Es kommt natürlich daher', sagte Raymond, ‚dass ich beim Nachschlagen in Bezug auf die Eins und die Zwei immer wieder zu Pythagoras und Platon komme. Wenn ich dann so eine Denkübung mache und kurz aufleuchtet, was der Begriff der Einheit, der Zwei ist, und ich das Universelle erlebe, also wie groß und umfassend eine solche Idee ist – auch wenn ich nur einen Hauch davon erfasse –, dann ruft das bei mir eine Erinnerung an mein Philosophiestudium wach. Am Anfang mussten wir uns in die alte griechische Philosophie vertiefen. Ich habe das natürlich doch allmählich vergessen, aber was in meiner Erinnerung haften geblieben ist, ist, dass Platon die Überzeugung hatte –'

‚Oder vielleicht sah er es auch...'

‚Ja, die Überzeugung hatte, dass alles, was der Mensch an Wissen erwirbt, ein Erwecken dessen ist, was er als Wissen schon hat. Wenn ich mich recht erinnere, ist Platons Ideenwelt eine Welt, die schon vor der Geburt existiert und in der man als Mensch gewesen ist, bevor man geboren wird.'

‚Genau so ist es.'

‚Jedes Wissen, alles, was im Denken an Begriffen existiert und im

Denken aufleuchtet, wäre dann eine Erinnerung an eine vorgeburtliche Welt, aber in einer Art Schattendasein. Das ist Platons berühmtes Höhlengleichnis, das er in seinem bedeutenden Werk ‚Der Staat' beschrieben hat. Das würde bedeuten, wenn diese Überzeugung von Platon auf Wahrheit beruht, dass wir als Menschen schon da waren, bevor wir geboren wurden. Dann liegt es natürlich nahe, dass man nach dem Tod auch noch da sein wird. Dann ist das irdische Dasein wie eine Station, wo man etwas länger verweilt, um dann wieder weiterzugehen. Dann könnte auch der Tod viel von seiner angstmachenden Wirkung verlieren, obwohl es wahrscheinlich doch immer wieder schmerzlich ist, wenn man den Bahnhof verlassen und wieder in den Zug steigen muss und von allen Geliebten Abschied nehmen muss, die da auf dem Bahnsteig zurückbleiben. Das habe ich schon immer so schwer gefunden. Die Frage ist: Wie kann man das Bewusstsein dieser Welt der Idee so verstärken, dass sie Realität für einen wird und man gleichsam aus diesem Schattendasein der Idee erlöst wird? Man erinnert sich dann im Leben auf Erden an das himmlische Dasein. Dann würde der Tod etwas Annehmbares werden. Auch wenn die Frage bleibt: Warum ist der Tod eigentlich nötig?'

‚Auf diese Frage', sagte Johannes, ‚gibt es natürlich viele Antworten. Die naheliegendste Antwort ist, dass die Menschenwelt bestimmt keine vollkommene ist. Wir Menschen halten es eine Zeitlang miteinander aus, aber nicht ewig auf dieselbe Weise. Man sieht doch, dass, wenn Menschen zu alt werden, sie eine Stelle besetzen, die dadurch nicht für die jüngere Generation freiwerden kann. Das kann manchmal sehr heilsam sein.

Aber stell dir vor, dass das auf eine künstliche Weise bis ins Unendliche ausgedehnt werden könnte, dann würde die ganze Menschheitsentwicklung gleichsam angehalten werden, weil man es mit einem Haufen unvollkommener Menschen zu tun hätte, die sich auch nicht mehr weiterentwickeln würden, weil sie selbst immer weniger aktiv sind. Sie würden ihre intellektuelle Kapazität, auch ihre Gesundheit, einem Apparat verdanken.'

‚Über diese Dinge wird eigentlich nicht wirklich gesprochen. Man hat ein Verlangen nach einer Verlängerung des Lebens. Was das im großen Ganzen dann bedeuten würde, darüber habe ich nur sehr unvollkommene Vorstellungen gehört. Für eine Entwicklung ist das Absterben und neues Wachstum notwendig, was man auch in der Pflanzenwelt sieht, wodurch die Natur gedeiht. Die Frage ist also: Wie kann ich dazu kommen, dieser Ideenwelt eine gewisse Beständigkeit zu verleihen?'

‚Darüber gab es in Platons Schule deutliche Vorstellungen. Platon stellt in seinem Werk über den Staat die Frage: Welche ‚Lehrfächer' könnten dazu führen, dass die Seele aus dem Schatten in das volle Tageslicht geführt werden könnte und zum wirklichen Sein aufsteigen könnte? Das ist genau deine Frage. Seine Antwort ist: Arithmetik, Geometrie, Astronomie und Musik. Und wenn die sprachlichen Fächer daneben entfaltet werden, können beide Zweige des Erkenntnisvermögens vereinigt werden, was dasselbe ist wie das Suchen nach Harmonie, das Suchen nach dem Ideal der Universalität. Für uns in der neuen Zeit bedeutet das: durch Betrachtung in einem reinen Denken, diesem anderen Denken, dazu zu kommen, die Idee wirklich zu erleben, um diese dann mit dem Initiativ-Leben, das sich auf diesen inneren Prozess des Gestaltens des Denkens richtet, zu vereinigen.'

‚Ich dachte gestern', sagte Raymond, ‚eigentlich ist es ein Suchen nach einem tätigen Denken und einem denkenden Tun. Dieser Gedanke kam mir, auch wenn ich keine Vorstellung davon habe, wie man das entwickeln könnte.'

‚Ich hoffe', sagte Johannes, ‚dass das in den kommenden Tagen, jedenfalls was die Methode betrifft, deutlich für dich wird, sodass du es, wenn du wieder zu Hause bist, weiter entwickeln kannst.'

‚Ich freue mich überhaupt nicht darauf, wieder nach Hause zu gehen…', sagte Raymond. ‚Ich fühle mich hier bei euch sehr wohl, und ich fürchte, dass, wenn ich in mein altes Leben, in die alte Umgebung zurückkomme, die Krankheit wieder zuschlägt.'

‚Das denke ich nicht!', sagte Johannes. ‚Du hast hier nicht nur eine Einsicht bekommen, sondern hast dich durch diese Einsicht völlig verändert. Eine Einsicht kann man vergessen, aber eine völlige Veränderung wirkt auch, wenn man nicht mehr daran denkt, weiter. Wir werden am Ende unserer Treffen noch überlegen, ob und wie wir diese Begegnungen fortsetzen könnten.'

Els schwieg meistens, aber nun sagte sie:

‚Wie kommt es, Johannes, dass du und die deinen sich so viel Mühe mit uns geben, um uns auf den Weg zu helfen?'

Johannes sah sie direkt an und sagte:

‚Das beruht darauf, *wer* ihr *seid!*'

Els hatte in dieser Nacht wieder an das Labyrinth gedacht – ob es nun ein Traum oder ein wacher Gedanke war, konnte sie später nicht mehr erinnern. Sie sah, wie das Ungeheuer sich verborgen hielt. Es war noch lange nicht überwunden...

Beato kam für das Gespräch zu Johannes' Zimmer. Els und Raymond hatten ihn noch nicht gesehen. Er schien etwa Ende vierzig zu sein und war vielleicht der hübscheste Mann hier. Nachdem sie einander begrüßt und sich vorgestellt hatten, setzten sie sich wieder, und Beato begann zu sprechen.

‚Ich bin in Italien geboren, in Südtirol, und bin mit Deutsch als Muttersprache aufgewachsen. Aber ich spreche auch gut Englisch, vielleicht ist es also einfacher, auf Englisch miteinander zu kommunizieren?'

Raymond sagte:

‚Verstehen können wir das Deutsch sehr gut, sprechen ist etwas anderes. Aber wir können es versuchen.'

‚Gut...', sagte Beato und fuhr auf Deutsch fort. ‚Ich habe Johannes auf einem holländischen Kongress in Leiden kennengelernt, den wir beide besuchten, ihr versteht: auch ich bin Arzt... Ich bin Chirurg geworden und habe mich auf das schwierige Fach der Traumachirurgie spezialisiert. Darin arbeite ich noch immer drei Tage pro Woche, in Mailand. Die andere Zeit bin ich hier und versuche, meinen Beitrag für die Arbeit, die getan wird, zu leisten. Ich bin gestern Abend wieder angekommen, aber ich hatte schon von eurer Anwesenheit gehört und habe mich einigermaßen auf das Thema vorbereiten können. Ich finde es ein außerordentlich interessantes Gebiet...'

Raymond schaute erstaunt.

‚Ja, wirklich!', fuhr Beato fort. ‚Es ist sehr verständlich, dass einen dies, wenn man keinen religiösen Hintergrund hat und in der Physik und der abstrakten naturwissenschaftlichen Denkweise groß geworden ist, fasziniert, und ich denke, das kommt vor allem daher, dass es doch eine halbe Wahrheit ist. Das heißt, vielleicht ist es in sich eine ganze Wahrheit, aber die Hälfte, die fehlt, ist dieses andere Denken und die ganze Welt, die damit zusammenhängt. Die Wahrheit ist also bestenfalls halb, denn die andere Hälfte ist abgefallen. Wenn ich so mehr oder weniger global von der Singularität Kenntnis nehme, ist das Auffällige natürlich, dass die Intelligenz hier als wichtigster Punkt der Evolution eingeschätzt wird und zu Recht geahnt wird, dass ein neuer Entwicklungsimpuls kommen muss. Und weil das etwas anspricht, was jeder Mensch tief in sich weiß, kann man sich dafür sehr leicht begeistern. Ich kann das sehr gut verstehen. Wir stehen wirklich an einem Punkt der Entwicklung, wo die Intelligenz eine Erneuerung durchmachen muss. Es ist ganz und gar richtig. Wenn man also nichts anderes zur Verfügung hat als die abstrakte menschliche Intelligenz und dasjenige, was der Computer dem hinzufügen kann, ist es verständlich, dass man hofft, auf diese Weise eine Erneuerung erreichen zu können. Wie erreichbar das wirklich ist, muss man abwarten, aber ein ganzer Teil dieser Technik wird sicher kommen. Wir leben natürlich schon jetzt so sehr mit der künstlichen Intelligenz, dass wir ihr einen Teil unserer mühsamen Tätigkeiten überlassen. Wenn ich einen Entlassungsbrief schreiben muss, spreche ich ihn einfach auf meinem iPhone in eine bestimmte App, und der Brief schreibt sich selbst. Das ist nur ein Beispiel. Will ich etwas über Singularität wissen – ihr wisst, wie das geht –, brauche ich das Wort nur einzutippen und bekomme eine ganze Reihe von Artikeln und Webseiten und Büchern mit Informationen darüber. Der Traum, dass der Mensch imstande sein könnte, ein umfassendes Wissen zu haben, ist sehr verständlich. Ich erinnere mich an Geschichten aus der Zeit vom Ende des 19. Jahrhunderts in Wien über einen Mann namens Friedrich Eckstein, sie nannten ihn MacEck. Von ihm wurde gesagt: Wenn du etwas nicht weißt, frag ihn, er weiß alles. Er war wie eine Art lebendes Internet, das man zu Rate ziehen konnte. Als Scherz wurde gesagt, dass selbst die Enzyklopädie aus dem Regal kam, um ihn zu fragen...

Nun kann jeder darüber verfügen. Das sind natürlich großartige Dinge! Auch die Möglichkeiten der Kommunikation über den ganzen Globus hinweg... Ich bin nicht der Meinung, dass man dem nur kritisch gegenüberstehen müsste. Ich mache zumindest dankbar Gebrauch davon. Wir haben auch in der Chirurgie bestimmte Vorrichtungen, um komplizierte Operationen mit Hilfe eines sogenannten Roboters durchführen zu können. Daran muss man sich erst einmal gewöhnen, denn man ist nicht mehr unmittelbar mit seinen Händen am Leib des Patienten tätig, es sitzt etwas dazwischen. Aber wenn das viel, viel besser und effektiver ist als die ungeschickt zitternde Hand des Menschen, warum sollte man nicht Gebrauch davon machen?

In dem Verlangen, schließlich eine so kräftige und schnelle künstliche Intelligenz zu entwickeln, dass diese den ganzen Kosmos erfüllen und sogar noch in andere Sternensysteme vordringen kann, zeigt sich dann etwas, woran man zu sehen beginnt, wessen Handschrift dies alles eigentlich ist... Als die Menschheit noch spirituelle Weisheit hatte, wusste man, dass der ganze Kosmos von kosmischer Intelligenz erfüllt ist, dass es wirkende Kräfte sind, die intelligent sind, wodurch die Planeten diejenige Bahn haben, die sie haben, und die Verhältnisse zwischen den verschiedenen Himmelskörpern so sind, wie sie sind. Auch das, was auf Erden als Naturreiche existiert, ist kosmisch intelligent gedacht und geschaffen. Die kosmische Intelligenz, die den Kosmos und auch die Erde gebildet hat und noch immer bildet, haben wir immer den ‚Heiligen Geist' genannt. Man stellte sich vor – und diese Vorstellungen beruhten noch auf einem visionären Schauen – dass es ein hohes geistiges Wesen gibt, das diese kosmische Intelligenz gleichsam in der Hand hat. Man sieht sie überall auf Abbildungen als den Erzengel Michael, der den Drachen bekämpft – und besiegt.

Es ist natürlich eigentlich nicht möglich, eine so große, kosmisch-irdische Entwicklung innerhalb einer halben Stunde in Worte zu fassen. Aber etwas davon will ich trotzdem sagen, und das ist, dass diese kosmische Intelligenz, die also überall wirksam ist, sodass die Dinge nach Gesetzmäßigkeiten harmonisch miteinander funktionieren können, nach der Ankunft von Christus allmählich mehr und mehr die Intelligenz des Menschen geworden ist. Man stelle sich also vor: Die ganze Organisation der Schöpfung kommt als ein Extrakt in jeder menschlichen Intelligenz zur Erscheinung. Wenn man das weiß, ist es natürlich bizarr, zu denken, dass der Mensch mit seiner Intelligenz diese durch einen Apparat bereichern sollte, um dann das göttliche Werk noch einmal zu wiederholen und das, was er als Geschenk aus dem Kosmos in sich trägt, mechanisiert, digitalisiert diesem Kosmos zurückzugeben.

Und doch liegt etwas von Wahrheit darin. Ein Mensch muss tatsächlich in sich selbst dazu kommen, das, was in ihm menschliche Intelligenz ist – die einst kosmisch gewesen ist –, so durch und durch kennenzulernen, dass er sie freiwillig wieder mit dem Kosmos in Verbindung bringt. An sich also ist der Gedanke dieses Prozesses nicht bizarr, nur das Dazwischenschalten eines Apparates macht ihn zu etwas – nehmt es mir nicht übel, dass ich das sage – Teuflischem, sogar Satanischem.

Was würde geschehen, wenn das Wirklichkeit werden würde, was die Menschen der Singularität hoffen? Es würde eine mechanisch-digital intelligente Menschheit entstehen, während das Biologische minderwertig wird. Zugleich würde die Verbindung mit dem real wirksamen Heiligen Geist abgeschnitten werden, das würde bedeuten, dass die Erde mit dem Kosmos, insoweit dieser sich ebenfalls mit künstlicher Intelligenz abgesondert hat, von dem lebendigen Baum der Schöpfung abfallen würde. Es würde etwas Ausgeschlossenes entstehen, dass versuchen würde, sich durch die Technik zu erhalten. Aber es muss im Gegensatz dazu etwas ganz anderes geschehen. Wir können lernen, das, was wir als abstrakten Intellekt kennen, in uns selbst in eine spirituelle Intelligenz zu verwandeln, wir können die Spiritualität darin wiederfinden. Dann können wir diese verstärken und an den Kosmos zurückgeben, der dadurch dann neues Leben schenken würde. Die Erde fällt dann nicht wie eine nutzlose Frucht vom Baum der Schöpfung ab. Sondern es würde gerade von der Erde die Kraft ausgehen, die Spiritualität in einer neuen Form mit dem Kosmos zu verbinden.

Der Mensch wird die Intelligenz tatsächlich in das Weltall hinauftragen, aber nicht durch die künstliche Intelligenz, sondern durch eine Intelligenz, die die ursprüngliche Spiritualität wiederfindet. Es gibt einen Modebegriff, der verwendet wird, um auszudrücken, dass etwas Erkanntes nicht den vollen Umfang, das totale Wissen, die ideale Lösung bedeutet. Man sagt dann: Das ist natürlich nicht der heilige Gral.

Wenn die abstrakte menschliche Intelligenz, die tatsächlich unreif ist, die Spiritualität in sich zu erwecken versteht, dann kommt der Heilige Geist und weckt das ganze gestorbene Wissen im Menschen zu neuem Leben auf. Das ist sehr wohl der Heilige Gral! Da wird einem nichts mangeln. Die Grenze zwischen Tod und Leben wird auf diese Weise aufgehoben sein. Nicht schon 2040, das dauert noch viel, viel länger. Aber der Beginn dieser Umwandlung liegt in der Gegenwart!

Nochmals, du brauchst den Kern der Idee der Singularität nicht aufzugeben. Du musst nur eine andere Hülle suchen.'

Beato schwieg, und es war ihm anzusehen, dass diese Rede ihn viel Kraft gekostet hatte.

Raymond war tief gerührt. Dieser Mann brachte ihm Verständnis entgegen, keine Vorwürfe, keine Antipathie. Er begrüßte ihn mit der vollen Sympathie des verstehenden Mitmenschen.

Beato sagte:

‚Beim Lesen all dieser Informationen über die zu erwartende Singularität hat mich die enorme Menge an Energie, die sie in die Verbreitung dieser Anschauung gesteckt haben, beeindruckt. Und ich frage mich dann, Johannes: Ist das, was wir hier tun, ein ausreichendes Gegengewicht? Müssen wir nicht noch exakter, noch intensiver, noch mehr Kraft und Energie einsetzen, um die Spiritualisierung des Denkens in eine Kultur zu bringen und hinauszutragen?'

Johannes nickte und sagte:

‚Das finde ich auch. Das Gute daran, dass wir diesen Impuls der Singularität jetzt so kennenlernen, ist, dass man gleichsam fühlt, wie stark die Menschheit darin ist. Und dann ist es natürlich so, dass dasjenige, wodurch all diese Information gespeichert und übertragen wird, das elektromagnetische Feld ist, von dem wir wissen, dass es die Entwicklung eines anderen als des abstrakten Denkens sehr, sehr schwer macht. Wenn die technische Entwicklung der künstlichen Intelligenz exponentiell wächst, dann wächst der Widerstand und das Schwerer-Werden eines spirituellen Denkens auch exponentiell.'

‚Bis man weiß', sagte Beato, ‚wie man den Schritt machen kann, der aus diesem ganzen materiellen Gebiet herausführt, wodurch man die ursprüngliche Leichte, Elastizität und Formkraft des eigentlichen Denkens leicht wiederfindet.'

Raymond sagte:

‚Aber dann ist es *das*, was gelehrt werden muss! Wie komme ich mit meinem Bewusstsein aus diesem elektromagnetischen Feld heraus, in dem wir laut euch gefangen sind?'

‚Das Problem ist die Sucht nach Inhalt. Es wäre gut, wenn du einmal die Erzählung von Wolfram von Eschenbach, den ‚Parzival', lesen würdest...'

‚Ich kenne die Erzählung', unterbrach ihn Raymond, ‚durch die Oper von Wagner.'

‚Dann könntest du versuchen, zu fühlen, dass Amfortas Bild für diese Versklavung gegenüber der Welt ist – und im inneren Denkleben ist das die Sucht nach Wissen, so viele Fakten wie möglich, Fakten, Fakten. Parzival dagegen ist das Urbild vom Wissen des Weges, wie man anfänglich mit dem Heiligen Geist in Kontakt kommen kann. Danach muss man natürlich doch von neuem Inhalt erwerben oder den bereits existierenden Inhalt spiritualisieren. Aber es gibt einen Durchgangspunkt, da muss man von allem Inhalt absehen können. Das ist so schwer, weil das Internet Milliarden Fakten bereithält, und daran sind wir so gewöhnt.'

,In der Theorie kann ich das verstehen...', sagte Raymond. ,Aber wie das in die Praxis umzusetzen wäre, ist für mich ein völliges Rätsel.'

Johannes sagte:

,Ihr seid einem von uns hier noch nicht begegnet, und das ist Philippe. Ihn haben wir bis zuletzt aufbewahrt. Ich erwarte, dass er dir deutlich machen kann, was du tun kannst, um von diesem Konzept der Singularität zur spirituellen Intelligenz überzugehen, die von den Sternen kommt und auch wieder dahin zurückführt...'

,Was hältst du nun eigentlich davon?', fragte Els Raymond während des Essens.

,Beato ist wirklich ein sehr netter Mann. Wenn sie doch alle so freundlich wären!'

,Ich glaube nicht, dass es irgendeinen Effekt gehabt hätte? Ein ,Reset' bedeutet doch, dass man alle Einstellungen auf einen Schlag ungeschehen macht? Ich denke, dass das die Wirkung des Meisters gewesen ist.'

Raymond schüttelte den Kopf und sagte:

,Eigentlich war es der erste Vortrag von Johannes. Schon da hatte ich das Gefühl, völlig durcheinandergeschüttelt zu werden, weil etwas angesprochen wird, von dem man weiß, dass es wahr ist, auch wenn es im Kampf mit allem liegt, was man liebgewonnen hat...'

,Aber was hältst du nun davon?', wiederholte Els.

,Was ich sagte: Ich lerne hier etwas kennen, wovon ich kein Bewusstsein hatte, obwohl ich zugeben muss, dass ich unmittelbar weiß, dass es wahr ist! Das ist an sich schon besonders, das wird sicher auch nicht jeder haben. Für mich besteht daran keinerlei Zweifel. Dies ist wahr. Aber diese Wahrheit reißt meine sorgfältig aufgebaute Wahrheit völlig nieder, und dagegen empfinde ich sehr wohl Widerstand, das scheint mir auch verständlich...'

,Sicher ist das verständlich', sagte Els. ,Aber nicht sehr produktiv. Was für einen Sinn hat es, sich gegen eine Wahrheit, die man selbst erkennt, zu widersetzen?'

‚Es mag keinen Sinn haben', sagte er, ‚wirken tut es dennoch. Es tut in gewissem Sinne sogar weh, auch weil ich zugeben muss, dass ich mit meinem Wissen – das ich für wahr hielt – dann wahrscheinlich auf einem ganz falschen Weg war. Ich denke, dass das kein Mensch gerne zugibt.'

‚Auf der anderen Seite ist es sehr wohl ein Beweis von Größe, wenn man das doch zugeben kann! – Aber was hältst du nun davon?', fragte sie zum dritten Mal.

‚Ich weiß nicht, was du hören willst, Els. Ich fühle mich verwirrt, und es wird noch einige Zeit dauern, bis ich diese Verwirrung in Ordnung gebracht habe. Ich habe Johannes schon ein paar Mal gebeten: Weise mir den Weg, wie ich auf stabile Weise in diesem anderen Element des Denkens heimisch werden kann – und bekomme dennoch nicht wirklich eine deutliche Antwort.'

‚Außer, dass er', erwiderte Els, ‚heute sagte: Wir haben Philippe bis zuletzt bewahrt. Ich hörte in dieser Antwort, dass er dir Anweisungen geben wird, welchen Weg du gehen musst. Besser gesagt, welchen Weg *wir* gehen müssen, er wird *uns* Anweisungen geben. Denn es gilt natürlich ebenso für mich, dass ich in diesem anderen Element des Denkens gern heimisch werden möchte.'

‚Natürlich', sagte er. ‚Ich denke immer an uns gemeinsam! Aber du hattest natürlich schon deine ernsten Bedenken gegen die Singularität und ich nicht. In diesem Sinne besteht also ein großer Unterschied. Ich muss eine gewaltige Umkehr machen, und ich fühle, dass es sehr, sehr schwer ist – obwohl ich es erkenne.'

‚Das ist also eigentlich eine Prüfung deines Wahrheitssinnes', sagte Els aus ihrer angeborenen Weisheit heraus. ‚Du musst also dasjenige, was du abstrakt umarmst, jetzt mehr oder weniger auf den zweiten Platz verweisen, in Bezug auf etwas, von dem du sicher weißt, dass es wahr ist, das du aber nicht abstrakt bedenken kannst. Das ist eine ziemliche Aufgabe!'

Er sagte:

‚Ja, und ich leide wirklich darunter, was ich eigentlich auch wiederum unsinnig finde, denn warum sollte man die echte Wahrheit nicht mit Freude begrüßen?'

‚Wahrscheinlich vor allem deshalb, weil man sich dann auch lächerlich fühlt...'

Raymond nickte und schwieg. Dann sagte er:

‚Das Problem bei dieser Sicht ist, dass man zwar weiß, dass sie wahr ist, dass man aber eigentlich nicht wirklich etwas in die Hände bekommt, wodurch man es zum Beispiel jemand anderem erklären könnte. Das macht es so wenig greifbar und ganz unbeschreibbar. Es ist eine Art Bekehrung. Und weil man es gewohnt ist, alles gerade beschreiben zu können – auch wenn es Wahrscheinlichkeiten und keine Sicherheiten sind. Auch finde ich es schwer, nun wieder von der frischen Bergluft Abschied nehmen zu müssen. Zuerst war ich in einer virtuellen Welt abgeschlossen, und als wir hierher kamen, war es für mich eine völlig fremde Welt, diese Welt voller frischer Sinneseindrücke – und nun bin ich daran einigermaßen gewöhnt und muss diese natürliche Welt gleichsam für eine geistige Welt aufgeben.'

‚Diese Aufgabe scheint mir weniger total und definitiv als das, was ihr euch in Bezug auf die Singularität vorgestellt hattet, wo die ganze Natur und Biologie letztlich einer technologischen Virtualität weicht. Das Leben würde dann ein großes Computerspiel werden, was vielleicht für sehr viele Menschen eine herrliche, ideale Aussicht ist…

Wenn man die Natur um des Geistes willen aufgeben muss, glaube ich, dass das nur für Momente der Fall ist und man während des Restes der Zeit gerade ein immer intensiveres Naturerleben genießen kann. Das ist das, was ich ahne, ich kann das auch nicht mit Beweisen stützen…'

‚Ich bin in jedem Fall sehr traurig', sagte Raymond. ‚Alles steht auf schwachen Füßen, und ich hoffe, dass du dabeibleiben wirst, um den Prozess zu bewachen, sodass ich nicht aus Gefühlen des Unglücks doch in die Zukunftsanschauung der technologischen Virtualität zurückgleite.'

‚Das ist in der Tat eine Gefahr…', sagte sie. ‚Es lässt mich an eine Ferienliebe denken. Wenn man in diesen idealen Umständen einander begegnet und einige Zeit beisammen ist und das Fest der Ferien feiert, scheint es, als würde man das nie mehr vergessen und als würde man den Rest des Lebens miteinander verbringen. Aber dann fährt man nach Hause, und da ist alles, wie es war, und für den anderen gilt das auch. Meist ist es dann so, dass einer der beiden das Ganze als Luftschloss betrachtet und nicht mehr reagiert…

Du begegnest hier einer ganz anderen Lebenssicht und empfindest Liebe dafür. Aber was ist, wenn du wieder in den nüchternen, gewohnten Umständen bist, in einer Straße mit hohen Häusern, endlosen Treppen, wo viele Menschen wohnen, wo der Computer auf dem Schreibtisch steht und so weiter…'

‚Ich bin sehr gespannt, wer Philippe ist!', sagte Raymond. ‚Wir müssen ihn schon gesehen haben, aber er ist mir dann nicht wirklich aufgefallen, denn jedem, der mir aufgefallen ist, sind wir inzwischen begegnet.'

‚Es war noch ein Mann mit einer sehr schönen Frau dabei, sie saßen auch in der ersten Reihe. Ein unauffälliger Mann mit einer auffälligen Frau, daran erinnere ich mich noch', sagte Els.

12

Am nächsten Morgen brachte Johannes sie direkt zum Zimmer von Philippe und begleitete sie hinein.

Als er ihn sah, erinnerte er sich doch. Er hatte ihn tatsächlich an beiden Vortragsabenden gesehen, aber nicht als eine besondere Person gedeutet.

Raymond war zu nervös, um ihn detailliert wahrzunehmen, im Gespräch kam er dann allmählich zur Ruhe und sah, was für einem Mann er eigentlich gegenübersaß. Äußerlich schien er die Stille selbst, ganz und gar Ruhe, schweigsam unbeweglich, freundlich.

Aber wenn er sprach, verwandelte sich der Eindruck, den er machte, völlig. Es war, als ob er in eine Geistentrückung kam, wobei er ebenso ruhig blieb und sein Verstand normal arbeitete.

Er sprach langsam und wohlüberlegt, aber man fühlte eine enorme Begeisterung in ihm. Er stellte sich wie folgt vor:

‚Mein Name ist Philippe Laurent… Meine Mutter war eine Niederländerin, mein Vater ein echter Franzose. Ich bin in Holland aufgewachsen, weil mein Vater da an der Universität als Philosoph eine Stelle bekam. Johannes habe ich im Studium kennengelernt, als er noch Professor war und ich als Koassistent arbeitete. Er hat mich selbst gebeten, sein Assistent zu werden, aber ich wollte das nicht. Ich habe eine Zeitlang als Hausarzt gearbeitet und habe danach mehr zur literarischen Seite gewechselt. Der Kontakt mit Johannes wurde erneuert, indem ich, als ich eine Zeitschrift hatte und in Paris wohnte, die Bitte bekam, seine Bücher ins Französische zu übersetzen – was ich auch getan habe. Daneben habe ich mich in der Meditation, in der Entfaltung dieses anderen Denkens ausgebildet.

Dieses Denken wird gleichsam ein neuer Wohnort, von wo aus man sowohl den Kosmos als auch den Mikrokosmos – den Leib – kennenlernen kann. Meine Frau Angelique habe ich im Studium kennengelernt, und sie ist Hausärztin geworden und hat letztlich, als wir hierhin umgezogen sind, die Funktion einer Kollegin von Eva übernommen. Wir wohnen nicht auf dem Gelände, sondern unten im Städtchen.

Genau wie alle anderen habe ich mich so gut und so schlecht, wie es ging, innerhalb von ein paar Tagen in die Anschauung der Singularität vertieft. Diese war mir nicht unbekannt, aber ich bin nie jemandem begegnet, der wirklich Teil dieser Gruppe war. In diesem Sinne ist es wirklich eine Ehre, dich kennenzulernen!

Ich glaube, dass die wichtigste Argumentation ist, die ganze technologische Entwicklung verlaufe nach Moores Gesetz, dem Gesetz des exponentiellen Wachstums der Technologie. Er sprach von den Transistoren, und das Gesetz lautet: Die Anzahl der Transistoren in einem integrierten Schaltkreis verdoppelt sich durch den technologischen Fortschritt alle zwei Jahre. Dann würde irgendwann ein Punkt erreicht werden, wo die Zunahme jenseits allen ruhigen Wachstums in einer Kurve fast senkrecht zunähme und dann mit der menschlichen Intelligenz eigentlich nicht mehr zu erreichen wäre. Der Mensch muss dann die Hilfe der Technik akzeptieren, um mit der ganzen Entwicklung mitkommen zu können. Moore sprach über Transistoren in einem integrierten Schaltkreis, andere haben dies ausgedehnt auf die Verdoppelung der technischen Resultate im allgemeinen, also auch in Bezug auf die künstliche Intelligenz.

Wenn ich die Lektüre im Internet auf mich einwirken lasse – ich habe auch ein ganzes Stück in dem dicken Buch von Kurzweil gelesen –, dann macht die Entwicklung auf mich den Eindruck, als ob anfangs tatsächlich von einem exponentiellen Wachstum die Rede zu sein scheint, sich dieses aber letztlich doch nicht durchsetzt. Moore selbst hat sein Gesetz 2006 auch eigentlich zurückgenommen, in dem Sinne, dass er es für zeitweilig hält, aber seine Anhänger halten daran fest. Es wird jedoch über einen Rückgang seit 2011 gesprochen.

Man sieht dann auch, dass die Berichte über die Resultate der Technik auf dem Gebiet der Nanotechnologie, Gentechnologie und Robotertechnologie zwar optimistisch und positiv sind, aber nicht mehr so sehr ausstrahlen, dass das, was die Singularitäts-Anhänger hoffen, innerhalb kurzer Zeit eine Tatsache werden wird. Ich glaube, dass das von den gemäßigteren Menschen inzwischen wirklich bezweifelt wird. In den letzten Jahren wurde auch weniger publiziert. Ich habe gelesen, dass der Initiator des Human Brain Project der EU inzwischen 31.000 Zellen eines Rattengehirns identifiziert hat, aber es muss zugegeben werden, dass das menschliche Gehirn – wenn ich mich richtig erinnere – 100

Milliarden Zellen hat. Wenn das auf ähnliche Weise so weitergehen soll, ist das ein unendlicher Prozess...'

Raymond wandte ein:

‚Das dachte man bei der Identifikation der DNA auch, bis eine Methode gefunden wurde, wodurch die DNA-Sequenzierung jetzt eine einfache Laborroutine geworden ist.'

‚Das kann sein', sagte Philippe. ‚Aber es kann ebenso gut sein, dass so ein Kurzschluss nicht gefunden wird. Jedenfalls ist eine solche Umwälzung jetzt noch nicht wirklich in Sicht. Ich meine eigentlich mehr die ‚Ausstrahlung', die man bemerkt, das Erlebnis, das man bekommt, wenn man sich in die Literatur vertieft. Nicht, dass der Enthusiasmus abgekühlt ist, sondern die Tatsachen sprechen für sich, dass es doch nicht so schnell geht. Ich denke, dass von Kurzweils schwindelerregenden Voraussagen vieles nicht eintreffen wird und dass er, wenn er siebzig, achtzig, neunzig, vielleicht hundert ist, doch einfach sterben muss. Er kann sich dann noch in flüssigen Stickstoff einfrieren lassen, in der Hoffnung, dass er wieder aufgeweckt werden kann, wenn die Technologie soweit sein sollte. Aber er wird doch Abschied von diesem Erdendasein nehmen müssen.

Die Gedanken, die Menschen wie Kurzweil und Freitas entfalten, sind gewagt und für einen Menschen wie mich von gotteslästerlicher Art. Wenn man sich darauf freuen kann, dass der Mensch in Zukunft kein Herz mehr brauchen wird, weil kleine Apparate im Blutkreislauf zirkulieren können – während es auch kein Blut mehr geben wird –, die für den Sauerstoff und die Atmung sorgen und den Abfall aufräumen, ist man doch wohl mit etwas sehr Seltsamem beschäftigt. Wenn man solche Gedanken aufnimmt, die auf der einen Seite wie eine Fantasie wirken, hat man andererseits doch eine bange Ahnung, dass durchaus etwas von Realität im Hintergrund steht. Wahrscheinlich haben die anderen dir das auch schon, wenn auch auf andere Weise, gesagt.

Mir macht es jedenfalls deutlich, wie wichtig es ist, nicht nur dieses andere Denken zu finden, sondern auch eine spirituelle Erkenntnis des menschlichen Leibes dieser technologischen Vorstellung des Leibes gegenüberzustellen. Die Biologie wird da als ein lästiges Gebiet betrachtet, das unvollkommen ist und lieber durch technische Apparate vervollkommnet werden sollte. Eine spirituelle Erkenntnis des menschlichen Leibes würde deutlich machen, dass so ein nicht-biologischer Leib bereits besteht. Ein solcher braucht überhaupt nicht erdacht und konstruiert zu werden, er ist seit dem Jahr 33 unserer Zeitrechnung da, und es ist eine Frage der Entwicklung, die Anwesenheit dieses Leibes erkennen zu können. Indem man ihn kennenlernt, nimmt man den Keim dessen in sich auf und erlebt, wie dieser Leib gleichsam im erblichen Leib wachsen kann, sodass man hoffen darf, dass man, wenn man stirbt – jetzt oder ein nächstes Mal –, nicht nur den sterblichen Leib abwirft und in ein geistiges Dasein übergeht, sondern dass man in diesem anderen Leib, der mit dem anderen Denken zu tun hat, auferstehen kann.'

Raymond sagte:

‚Das klingt für mich genauso fantastisch wie die Anschauung der Singularität.'

‚Der Unterschied ist', sagte Philippe ruhig, ‚dass diese fantastische Vorstellung als Wahrheit in sich selbst bewiesen werden kann, ohne dass noch irgendetwas von einem Zweifel übrigzubleiben braucht, einfach weil man diesen Leib in sich selbst gewahr zu werden beginnt, so, wie man viel früher dieses andere Denken in sich gewahr zu werden begann. Man kann sich dann in Gedanken doch vielleicht vorstellen, dass es, wenn das wahr wäre, möglich wäre, dass dieses andere Denken das Bewusstsein dieses anderen Leibes ist und dass es tatsächlich ein ewiges Leben hat.'

‚Und das ist nicht die Anschauung von Teilhard de Chardin?', fragte Raymond.

‚Nein, keineswegs, er hat, genau wie bei der Singularität, eine technisch-elektromagnetische Vorstellung eines ewigen Leibes, der für alle Menschen *einer* ist, während die Wirklichkeit dieses Geistleibes ist, dass dieser keinerlei Verbindung mit dem physischen Dasein hat, mit dem materiellen Dasein muss ich sagen, denn es ist sehr wohl ein physischer Leib, er hat alles, wovon die Menschen der Singularität sich vorstellen, dass ihr ‚Cyborg'-Leib* es einst haben wird – nur in der vollen Glorie der Totalität der Geistexistenz, die von Seele durchwebt und von Leben durchzogen ist. Keine virtuelle Existenz wird dieser Leib haben, sondern eine Existenz in einer Wirklichkeit, die so intensiv anwesend ist, wie man es jetzt nur in Momenten der intensivsten Liebe hat.'

* Die physische Zusammenführung von Mensch und Maschine.

Raymond empfand eine Art Schuldgefühl in sich aufwallen, und er wusste kaum, wo er hinschauen sollte.

‚Aber, Philippe, wo liegt dann der Ansatzpunkt von unserem materiellen Dasein mit unserem alltäglichen Bewusstsein? In der Singularität ist es deutlich: das ist die künstliche Intelligenz. Was ist der Ansatzpunkt in deiner Anschauung, und wie kultiviert man ihn so, dass auch wirklich zustande kommt, was du als Zukunftsanschauung schilderst?'

‚Nun', sagte Philippe, ‚es scheint ein ungleicher Kampf zu sein, und vielleicht ist es das auch. Auch wenn die Mehrheit der Wissenschaft in Bezug auf die Singularität wahrscheinlich skeptisch ist, strebt ein Teil diese Vermischung von Mensch und Maschine sicher an und wird sie letztendlich vielleicht auch erreichen. Es sind Hunderte, vielleicht Tausende von Wissenschaftlern aktiv an der Arbeit, es werden kapitale Summen dafür ausgegeben, und auch der Status, den man aus dieser Forschung schöpft, ist nicht gering. Dem steht eine Handvoll Menschen gegenüber, die ihre Arbeit mehr oder weniger im Verborgenen tun, die nicht auf der großen Weltbühne aktiv sind und die im allgemeinen auch kein Geld haben und auch keine Möglichkeit, eine Finanzierung zu bekommen. Das passt natürlich auch, wenn man bedenkt, dass das Geld zur Veräußerlichung gehört und dass für die Verinnerlichung natürlich kein Geld in Betracht kommt.

Außerdem greift man anfangs ins Nichts, während man auf wissenschaftlicher Ebene ein sehr großes, ausgedehntes Gebiet vorfindet. Und auch wenn es im inneren Leben mit vielen gelänge, einen Standpunkt zu erreichen, wird noch immer jeder, der dazukommt, in sich selbst an die Arbeit gehen müssen, um das Forschungsgebiet, das zugleich dieser neue Leib wird, aufzuwecken. Von Natur aus ist er unwahrnehmbar.

Aber deine Frage ist: Was soll man tun, um das, was man dann doch ab und zu ganz leicht im Denken gewahr wird – es wird ein Zipfel des über dem anderen Denken liegenden Schleiers gehoben –, zu verstärken, beständig zu machen, kräftig zu machen, sodass man da forschen und selbst entdecken kann, dass das, was wir hier sagen, auf einer Wirklichkeit beruht?

Ich werde doch noch eine ganze Reihe von Worten brauchen, um das gut zu beschreiben. An sich ist die Idee überhaupt nicht neu. Aristoteles kam schon im Beschreiben der Grundlagen seiner Logik zum Bewusstmachen der Kategorie der Substanz. Darüber kann man ausführliche philosophische Überlegungen anstellen, aber man kann auch sagen: An dem einzelnen Ding, das einem in der Wahrnehmung begegnet, stellt man mit Hilfe des Denkens fest, dass es *ist*. Das Feststellen des Seins eines Dinges in der Außenwelt ist zunächst unbemerkt die Sicherheit dessen, eine Art erste Orientierung, die von fundamentaler Bedeutung ist. Kant hat diese Sicherheit später ins Wanken gebracht, aber man kann sie wiederfinden. Das kostet einige Mühe, aber man muss sich immer wieder auf die Dinge und die Menschen um sich herum richten und sich fragen: *Ist* das wirklich? Das Feststellen des *Seins* eines individuellen Objektes ist eine Tat im Erkennen, könnte man sagen, die man fortwährend vollbringt, ohne wirklich ein Bewusstsein davon zu haben. Es ist zu selbstverständlich, um fortwährend dabei zu verweilen. Wenn man das wirklich regelmäßig tut, beginnt man schnell einen Unterschied zwischen dem zu machen, was positiv einen *Seins*eindruck macht, und dem, wo das weniger deutlich oder überhaupt nicht der Fall ist.

Wenn du dich auf die Bedeutung der Eins richtest, wie du es mit Johannes getan hast, wirst du finden, dass die *Eins* auf eine andere Weise *existiert*, als wenn du dich auf das Sein von zum Beispiel Els oder von diesem Tisch richtest.

Der nächste Schritt ist dann, dass man nach innen geht und sich fragt, inwieweit man sich selbst als ein *seiendes Objekt oder Subjekt* erkennt. *Ist* man wirklich, wie auch dieser Tisch wirklich ist? Wie ist es im Inneren mit dem Erkennen, dass man da ist? Das ist ein Seinsgebiet, bei dem ein Mensch noch viel weniger verweilt, weil man, sobald man dies tut, mit der Möglichkeit konfrontiert wird, vielleicht einmal *nicht mehr zu sein*. Es macht einem unmittelbar die Endlichkeit des Daseins bewusst, und darum geht man lieber nicht darauf zu.

Und doch ist es gerade dieser Punkt, wo der Anfang des Zur-Erscheinung-Bringens dieser Welt des anderen Denkens, dieses anderen Handelns liegt.

Wenn man genau aufpasst, wenn man das tut, wird man unterscheiden können zwischen einem *ich bin*, das mehr eine abstrakte Folgerung ist, und einem *wirklichen ich bin*, bei dem man gewahr wird, dass man in dem Moment wirklich existiert.

Das *ich bin* der Folgerung ist das gewöhnliche, alltägliche Ich-Bewusstsein, das ein Wissen vom Dasein hat, es aber nicht unmittelbar gewahr wird. Man schlussfolgert, dass man existiert.'

‚Ja', sagte Raymond, ‚so, wie ich das *ich bin* kennengelernt habe, ist es die Gesamtheit aller leiblichen Bewusstseinsprozesse.'

‚Du siehst', sagte Philippe, ‚das ist eine Folgerung. Das ist möglich, aber es kann auch sein, dass diese Wahrnehmung, dass man da ist, aus einer ganz anderen Quelle kommt. Es ist eine abstrakte Schlussfolgerung. Und doch weiß man sicher, dass man da ist. Man kann auch auf seine Biografie schauen und von dieser Biografie aus schlussfolgern, dass man da ist. Wenn man sich darin vertieft, wird man merken, dass der Hauptbestandteil des *ich bin* aus einer Art Blick in einen Spiegel besteht, wobei man etwas sieht, was sicher ist, dessen Herkunft man aber noch nicht wirklich kennt. Mit diesem *ich bin* kommen wir nicht wirklich weiter. Wenn man es mit dem Tisch, der da ist, vergleicht, kann man auch da schließen, dass es auf der Grundlage der Gegebenheiten der Wahrnehmung wohl so sein muss, dass da etwas ist.

Aber man muss tiefer gehen. Man kann wirklich die Anwesenheit des Tisches gewahr werden. So tief kann man mit sich selbst auch gehen. Das geht viel einfacher als bei dem Tisch, aber es ist wie gesagt auch viel bedrohlicher als bei dem Tisch, weil man die Möglichkeit berührt, dass der Tisch eine endliche Existenz hat – das ist höchstens ein Jammer; aber dass man selbst eine endliche Existenz haben sollte, das ist das größte Drama, das es gibt.

Und doch, wenn man den Mut aufbringt, zu diesem Seinsbewusstsein des Ich in der Tiefe vorzudringen, wo man sicher weiß, dass *man da ist*, dann öffnet sich da zugleich das Tor zurück zur Geburt und das Tor voraus zum Leben nach dem Tod. Man fühlt, dass das *Sein des Ich* nichts Zeitliches sein kann. Es ist, als ob man ein Stück des unendlichen Ozeans markieren und sagen wollte: Nur dies existiert, und an den Rest glaube ich nicht. Bei diesem wahrhaftigen, *tiefen ich bin* wird man den ganzen Ozean des Daseins gewahr, die Totalität der Ewigkeit, obwohl man sie gewiss nicht unmittelbar überschauen kann. Aber man bekommt ein Ewigkeitserlebnis in diesem *ich bin*, und das ist ein Punkt, der ziemlich einfach zu erreichen ist, wenn man den Mut dazu wirklich aufzubringen versteht. Er kann durch keine elektromagnetische Strahlung oder künstliche Intelligenz oder was auch immer berührt werden. Es ist wie ein Zauberwort, aber man muss es richtig machen.

Es könnte sehr gut sein, dass du es heute Abend versuchst und dann morgen zu mir zurückkommst und sagst: das ist überhaupt nicht wahr, was du sagst. Denn ich komme da nicht hin, und wenn ich vielleicht doch hinkomme, weiß ich es nicht sicher und werde ich fortwährend von allerlei anderen Gedanken abgelenkt.

So einfach ist es nun auch wieder nicht, sondern es geht um den *Kern der Seinserfahrung*, die zunächst sehr wohl mit der leiblichen Existenz zu tun hat. Aber man erlebt recht schnell, dass diese leibliche Existenz nicht die Grenzen dieses Seinserlebens bestimmt, dass dieses darüber hinausstrahlt und -reicht. Pass also gut auf: es geht um das *Sein*.'

Raymond hatte intensiv zugehört und sagte jetzt:

‚Das lässt mich an Fichte denken. Ich empfand es als interessante Philosophie, habe sie dann aber doch als veraltet beiseitegelegt. Ist es nicht so, dass er auch von dem Setzen des Ich spricht?'

‚Ja', sagte Philippe, ‚so ist es… Aber dies reicht weiter. Hier muss man sich wirklich auf die Suche nach dem Sein konzentrieren, und wenn man es gefunden hat, dann hat man den Geist des Menschen gefunden, wie er als Geist leiblich ist. Es gibt viele bildliche Beschreibungen davon. Die bekannteste ist, denke ich, das Neue Jerusalem. Das ist natürlich ein Bild. Und das ist für den Menschen unserer Zeit mit seinem Verstand schwer zu akzeptieren. Dennoch kann man, wenn man in seinen Gedanken behält, dass dies der Leib ist, der entstehen wird, darin durchaus Trost finden. Aber zwischen dem Schritt des Gewahrwerdens des *Seins des eigenen Ich* und der vollen Glorie des Neuen Jerusalems liegt noch eine lange, lange Zeit der Entwicklung.'

‚Woher weiß ich', fragte Raymond, ‚dass es das wirkliche Sein meines Ichs ist, das ich dann gewahr werde? Ich könnte mir vorstellen, dass ich in meiner gewöhnlichen Leibeswahrnehmung auch eine Art Ich-Gefühl habe. Das sehe ich dann vielleicht als die wahre Ich-Erfahrung an, die doch eine sehr andere Erfahrung des Seins des Ich ist, wie mir scheint.'

‚Das ist richtig', sagte Philippe. ‚Du musst immer im Gedanken behalten, dass das Ich in jenem anderen Denken sein Dasein hat. Da kann man es kennen und finden lernen, nicht im dumpfen Gefühl des *ich bin*, das von Natur aus da ist. Du musst dich also zu der Entfaltung reiner, nicht-sinnlicher, nicht-persönlicher Gedanken erheben und dir darin dann die Frage stellen: Bin ich?'

‚Das scheint mir so einfach doch noch nicht…', sagte Raymond zögernd.

‚Aber es ist wohl einfach in dem Sinne, dass es ein Punkt ist, den man sucht – und nicht eine ganze Welt unbekannter Eindrücke. Für den Wissenschaftler gibt es noch einen Zugang, der helfen kann, diesen Punkt zu finden. Man kann bis zur Grenze des Erkennens gehen. Der moderne Wissenschaftler hat die Neigung, keine Grenzen zu sehen oder überall Grenzen zu behaupten. Aber man kann auch einen Begriff nehmen, von dem man sehr wohl weiß, was er bedeutet, dessen Wirklichkeit man jedoch nicht kennt. Zum Beispiel den Begriff ‚Kraft'. Man kann diesen Begriff physikalisch bedenken und dann zu dem Schluss kommen, dass man damit die Kraft noch nicht gewahr wird. Dass man eigentlich nicht wirklich weiß, was Kraft ist, auch wenn man sie in Formeln ausdrücken und berechnen, Vektoren zeichnen kann und so weiter. Wenn man an diesem Punkt des Überganges von alledem, was man weiß, zu einem Bewusstsein, die Wirklichkeit dessen nicht zu kennen, balancieren kann, dann balanciert man in dem *ich bin*. Das kann nicht das Sein des Leibes sein, denn man denkt in einem Feld, wo der Leib nicht wirksam ist. Kann man auf dieser Grenze dennoch ein Seinserlebnis entwickeln, dann weiß man sicher, dass dies das *wahre ich bin* ist.'

‚Es ist wenig greifbar...', sagte er. ‚Du gibst einem keinen Halt mit einem Handgriff...'

‚Das geht natürlich auch nicht für ein Gebiet, das nicht tastbar ist. Aber du kannst diesen Hinweisen folgen, und ich erwarte, dass es nicht allzu lange dauern wird, dass du dabei auch bedeutende Gewahrwerdungen haben wirst.'

‚Ich muss es in jedem Fall auf mich wirken lassen und dann anwenden...', sagte Raymond. ‚Aber ich habe nun gänzlich das Gefühl, dass ich meinen Verstand verloren habe!'

Philippe brach in Lachen aus und sagte:

‚Das ist berechtigt, denn an diesem Punkt, an den ich dich jetzt bringe, hat der Verstand nur wenig zu sagen, es ist eine andere Ratio, die hier zu wirken beginnt. Das ist das *Ich als Handlung*, nicht mehr als eine Folge von Gedanken, sondern als eine Handlungssequenz.'

‚Ich bekomme dabei ein mutloses Gefühl...', sagte Raymond. ‚Man kann hiervon doch nicht erwarten, dass es ein Gegengewicht zu der enormen Entfaltung der künstlichen Intelligenz bilden wird?'

‚Du unterschätzt die Wirklichkeit der Welt der Idee. Diese existiert, und alles, was die Damen und Herren der künstlichen Intelligenz zu entdecken versuchen, ist in dieser Welt längst bekannt. Stückchen für Stückchen lüften sie ein paar Fäden des Schleiers. Ich sage dir, Raymond, wenn du diesen Punkt beziehst und da in dem *Sein des Ich* standhältst, wirst du merken, dass du da nicht ein paar Fäden eines Schleiers lüftest, sondern dass der ganze Schleier gelüftet wird und dass du der Weisheit selbst gegenüberstehen wirst, die alles umfasst.'

‚Ich habe noch eine Frage', sagte Raymond. ‚Was ich nicht verstehe, ist, wie eine so völlig subjektive, nicht wissenschaftliche Seinserfahrung des Ich je eine Übereinstimmung mit dem Resultat der wissenschaftlichen Gehirnforschung und des damit zusammenhängenden Reverse Engineering haben könnte. Das erscheint doch vollkommen irrational?'

‚Das ist eine verständliche Frage', sagte Philippe ruhig, obwohl er sah, dass sich in Raymonds Worte ein gewisser Spott eingeschlichen hatte. ‚Die künstliche Intelligenz ist als Wissenschaft auf der Suche nach einem spezifischen Algorithmus des individuellen menschlichen Gehirns, sodass mit diesem Algorithmus der ganze Umfang und die Bedeutung des individuellen Gehirns in einen Computer hochgeladen werden könnte. Das würde bedeuten, dass man seine spezifische Art, insoweit sie mit Gehirnaktivität zusammenhängt, in einer Maschine konservieren könnte. Das Programm würde dann wirksam bleiben, auch wenn der Leib gestorben ist. Sage ich es richtig?'

Raymond nickte.

‚Das entspricht dem Gedanken der DNA als einer Art Algorithmus für das Funktionieren des menschlichen Leibes. Es besteht eine Tendenz im Menschen, alles in Formeln fassen, festhalten und erkennen zu wollen. Sowohl dem Gehirn als auch der DNA entspricht jedoch eine bestimmte innere Qualität des Menschen, in der dies alles bereits in aller Feinheit und Detailliertheit anwesend ist. Ich habe das in meiner Darstellung heute ‚das Ich' genannt. Das ist eine etwas gefährliche Benennung, weil es philosophisch und psychologisch gesehen viele Deutungen des Ich gibt, auch naturwissenschaftlich kann man es in vielerlei Richtung betrachten, du hast schon eine genannt, und wir können noch eine ganze Reihe hinzufügen. Man müsste also eigentlich eine andere Bezeichnung haben. Aber was ich meine, ist die Sicherheit, dass du, als intelligent denkender Mensch, in diesem intelligenten Denken existierst. Du tust das auf eine sehr spezielle, individuelle Weise, diese möchte man uploaden. Ich tue es wiederum auf eine ganz andere spezielle, individuelle Weise. Obwohl wir uns im Denken mit den sogenannten Universalia beschäftigen – das heißt, mit den Begriffen, die an sich für alle Menschen gleich sind –, ist die Art und Weise, in der wir mit diesen allgemeinen Begriffen umgehen, völlig individuell.

Die künstliche Intelligenz sucht nach einer Formel, einem Algorithmus, um das zu bestimmen. Kurzweil hat entdeckt – und er wird nicht der einzige sein –, dass dabei das Erkennen von Denkmustern eine wichtige Rolle spielt. Diese Muster werden gesucht, und so findet man eine Möglichkeit, die Eigenarten des Funktionierens eines Gehirns zu bestimmen. Aber wenn man ausgehend von dem anderen Denken in diesen Dingen steht, sieht man, dass das, was das Gehirn zeigt, in Wirklichkeit nicht mehr als eine Reflektion ist, eine Umwandlung in Elektrizität auf sehr spezielle Weise, aber eine Umwandlung von etwas, was unendlich viel differenzierter und reicher ist. Aber diese Totalität dieses differenzierten, reichen, innerlichen individuellen Daseins kann man auch in einen Punkt zusammenfassen. Nur nennt man das dann nicht Algorithmus – ich nenne es der Einfachheit halber jetzt *ich bin*. Wir haben einen universellen Namen für uns selbst, nämlich ‚ich', aber die Wirksamkeit dieses Ich ist individuell verschieden, spezifisch, einzigartig. Man kann lernen, die Aufmerksamkeit auf dieses *ich* zu stärken. Man kann in dem eigenen intelligenten Funktionieren heimisch werden, man kann auch eine Art Reverse Engineering anwenden, indem man das, was man da entdeckt, noch einmal absichtlich nachmacht. Das Problem des Menschen ist, dass er den größten Teil des wachen Lebens an nutzlose Gedanken und Gefühle verschwendet. Das will die künstliche Intelligenz optimieren. Aber damit würde dem Punkt, den man *das Ich* nennen kann, die Möglichkeit genommen werden, sich in sich der Diversität und der Spezifität bewusst zu werden.

Sicher, da liegt ein Muster, da liegen mehrere Muster, und diese Muster strömen gleichsam in ein großes Lebensmuster zusammen. Aber wir haben in unserem Bewusstsein davon nur einen vagen Eindruck, und diesen Eindruck nennen wir dann ‚ich'.

Ich will dir sagen, Raymond, der wahre ‚Algorithmus' deines Menschseins ist ein ‚Algorithmus', der nicht nur für das Denken Bedeutung hat, sondern für das ganze Sein in diesem Leben und sogar für das Sein in vielen anderen Leben und in vielen künftigen Leben. Darauf verweist dieser ‚Algorithmus', aber ich setze ihn zwischen Anführungszeichen, denn es ist keine Rechenformel.

Du wurdest schon in der frühesten Jugend als ein hochbegabtes Kind diagnostiziert. Das bedeutet, dass du über eine Intelligenz verfügst, die derart schnell und tiefgehend ist, dass du dich von deinen Mitmenschen unterscheidest. Wenn du erst einmal eine Ahnung davon bekommen hast, *wer das ist*, der da diese Intelligenz handhabt und bereichert, dann wirst du einen Blick auf die Unsterblichkeit werfen. Der Leib ist dann nur noch ein Mantel, den du umgeworfen hast und den du am Ende des Lebens ablegst, um dich auf einen neuen Mantel vorzubereiten...'

Raymond fragte:

‚Bedeutet das dann, dass die Art, die ich habe, mit der Intelligenz umzugehen, bleibend ist?'

‚Nicht ganz...', sagte Philippe. ‚Die Hochbegabung, die du in diesem Leben hast, stammt natürlich auch aus der leiblichen Existenz, die du bekommen hast, auch auf der Grundlage der Vererbung. Du brauchst doch einen Reflektor, der gut arbeitet, um dasjenige, was du selbst kannst, auch im Leben auf Erden zur Verwirklichung zu bringen. Was die Qualität des Leibes beim nächsten Mal sein wird, welche Eltern du zum Beispiel bekommst, hängt davon ab, wie du in diesem Leben moralisch vorgegangen bist. Es könnte sein, dass du mit deiner Art, mit der Intelligenz umzugehen, beim nächsten Mal mit einem Leib konfrontiert wirst, der diese verschleiert oder dumpf macht, und dann bist du nicht so intelligent. Das wäre dann ein sehr großes Leiden.'

‚Aber wie soll ich es machen?', fragte Raymond. Der Spott war inzwischen wieder verschwunden. ‚Wie soll ich nun in dieses Dumpfe und Subjektive und doch so Allgemeine je eine Klarheit hineinbringen, die der Exaktheit eines Algorithmus entspricht?'

‚Ja', sagte Philippe. ‚Ich gebe dir keine Zauberformel. Dies ist eine Aufgabe, und du wirst, je nach deiner Vorgeschichte, kürzer oder länger dafür brauchen, etwas Licht auf dieses allgemeine Seinsgefühl im Denken werfen zu können. Es ist harte Arbeit, und es ist Arbeit in Einsamkeit, obwohl ihr natürlich gewiss gemeinsam darüber sprechen könnt und auch sprechen solltet. Aber es bleibt doch etwas, was jeder Mensch in sich vollbringen muss, und das sogenannte ‚Teilen', das in der heutigen Zeit eine Phrase ist, wird hier nicht viel Hilfe leisten. Wir können uns bezüglich unserer Erfahrungen austauschen, und das hilft, aber jeder Mensch hat seine eigene Aufgabe, die gehört gerade auch zu dem Umfang dessen, was wir *ich* nennen.'

‚Ich werde es in jedem Fall versuchen, heute, gleich...', sagte Raymond. ‚Und gibt es dann noch Gelegenheit, darüber zu sprechen?'

‚Wenn du willst, können wir hier morgen um dieselbe Zeit noch einmal darüber sprechen. Und dann wird sich in einer ersten Sicht darauf wohl zeigen, ob du in diesem Weg etwas sehen kannst oder nicht.'

‚Dass ich etwas darin sehe', sagte Raymond, ‚das weiß ich jetzt schon, obwohl sich vieles in mir regt, was es lächerlich machen will. Im Grunde weiß ich wirklich, dass du Recht hast. Dass es so ist. Und ich bin auch zu ehrgeizig – und das nun aber vielleicht mit einer positiven Wirkung –, um das, was ich jetzt kurz berührt habe, nicht weiter ausbauen zu wollen und darin der Beste werden zu wollen!'

Johannes und Philippe brachen in Gelächter aus.

‚Das ist ein guter Impuls!', sagte Philippe. ‚Obwohl du dahinter kommen wirst, dass man das hier nicht bestimmen kann. Da wirken andere Kräfte, die bestimmen, wie weit man darin kommen wird.'

‚Ach', sagte Raymond, ‚das ist in Wirklichkeit in der Wissenschaft auch so. Auch in der Software-Entwicklung, in der ich einige Jahre tätig war, ist es nicht so, dass man selbst bestimmt, wie schnell und effektiv man voranschreiten möchte. Es gibt immer einen Kontrast zu dem, was man gerne wollen würde. Ein Widerstand nach dem anderen muss überwunden werden, ein Problem nach dem anderen muss aufgelöst werden, und man arbeitet in einem Denkgebiet, dass bestimmt nicht angenehm ist. Ich glaube also, dass ich ganz gut vorbereitet bin, hiermit zu beginnen und dem auch täglich meine Energie zu widmen. Ich habe nur noch eine Frage über Gott und die Religion, die habe ich auch Johannes gestellt. Ist es nicht nötig, dass wir an Gott glauben, wenn wir diesen Weg gehen?'

Philippe sagte ernst:

‚Das kann man keinem Menschen auferlegen, das kann man auch von keinem Menschen erwarten. Der moderne Glaube beruht nicht mehr auf der Annahme der Existenz Gottes oder der Tatsachen des Neuen Testaments, sondern auf einer inneren Wirksamkeit, wodurch schließlich die Tatsachen – die Existenz Gottes und die Wahrheit der Evangelien – nicht so sehr bewiesen werden, aber sich einfach zeigen. Ich will mal sagen: Wenn du Gott gewahr wirst, mit Sicherheit, dann kann der Unglaube natürlich nicht mehr bestehen.'

‚Ich kann mir dabei fast nichts vorstellen…', sagte Raymond. ‚Und du, Els?'

‚Ich auch nicht. Wir sind beide ohne religiösen Hintergrund aufgewachsen, waren auch auf Schulen, wo es keine Andeutungen aus der Bibel oder so gab. Es gab höchstens hier und da einen Hinweis in der Geschichte, und das war meistens sehr negativ, die Kreuzzüge und so etwas. Ich habe mich manchmal gefragt, wie es eigentlich kommt, dass man als Mensch versucht, das Gute zu tun und das Böse zu vermeiden. Warum sollte man das tun? Warum sollte man sich als Arzt Mühe geben wollen, Menschen zu helfen, während man auf viel weniger intensive Weise ebenso viel Geld verdienen könnte? Das Geld kann es also nicht nur sein. Das verstehe ich eigentlich überhaupt nicht. Wenn man davon ausgehen würde, dass eine moralische Weltordnung existiert, die gut ist, die mit Gott zusammenfällt, würde man es verstehen können. Dann würde man sagen: Unbewusst versucht man, in Übereinstimmung mit dieser moralischen Weltordnung zu bleiben. Nun glaube ich, dass wir beide sehr wohl dafür leben – obwohl ich in der letzten Zeit, als ich von den Prinzipien der Singularität hörte, durchaus Zweifel bekommen und gedacht habe: Liegt der Beginn eines moralischen Handelns nicht doch in einem ethischen Denken? Wenn man solche gegenmenschlichen Gedanken haben kann, kann man dann noch moralisch leben? Aber andererseits kenne ich Raymond so gut, dass ich weiß, dass er ein durch und durch moralisch wollender Mensch ist. Das bleibt also vorläufig noch ein Rätsel. Darüber hinaus nehmen wir unser Sein natürlich auch einfach so, wie es ist, und haben glaube ich nicht den Impuls gehabt, liebevoller zu werden, als wir sind, wahrhaftiger zu werden, als wir sind. Moralische Selbsterziehung ist nicht wirklich ein Thema in unserem Leben. Ich könnte mir vorstellen, dass man in dem Moment, wo man die Existenz Gottes erkennt, da eine Veränderung herbeiführen wollen würde…'

‚Ich habe noch eine Frage…', sagte Raymond. ‚Über das nicht-ethische Gebiet in der Gedankenbildung der Singularität. Es wird vorausgesehen, dass es möglich wird, so, wie man jetzt äußerlich einen Film anschaut oder ein Computerspiel spielt, das auch in sich selbst tun zu können und in diesem Sinne auch seine Gestalt verändern zu können. Man könnte dann zum Beispiel erotische Verhältnisse mit vorgestellten Figuren haben. Wenn ich das ehrlich betrachte, denke ich: Das finde ich nicht mehr moralisch. Aber andere Aspekte davon sind sehr wohl anziehend. Die Beweglichkeit seines Aussehens, die Offenbarung seiner Persönlichkeit, das Teilen seines inneren Lebens mit seinem Mitmenschen… Man könnte dann durch eine Verbindung des einen Gehirns mit dem anderen alles, was man denkt, unmittelbar teilen. Was für eine Antwort habt ihr darauf?'

Johannes sagte:

‚Wir erwarten in der Zukunft – aber die liegt noch weit, sehr weit von uns entfernt – einen Übergang zu einem menschlichen Dasein, das sich nicht mehr in Fleisch und Knochen und Blut abzuspielen braucht. Dann wird ganz sicher auch eine Beweglichkeit entstehen, die jetzt unmöglich ist, weil der Leib, in dem wir wohnen, nun einmal so fest und materiell ist. Aber in dieser spirituellen Zukunftsanschauung wird dieser, sagen wir: übersinnliche Leib gerade mit entwickelter Moralität zusammenhängen. Sich da an anderen solchen Leibern zu ergötzen, wird eine grundlegende Unmöglichkeit sein.'

‚Das ist ein Thema', sagte Raymond, ‚das sehr wichtig ist, denke ich. Darüber müsste es dann auch eine Publikation geben, sodass wir Menschen, die sich nach einem Dasein sehnen, in dem der Tod des physischen Leibes keine Rolle mehr spielt, einen Trost finden können. Es muss doch irgendwo zu lesen sein, dass es in Zukunft anders sein wird, als es die Singularität anbietet? Diese bietet auf eine technische Weise einen gewissen Trost, und eine philosophische Untermauerung hat man, wenn man einen religiösen Zusammenhang sehen will, dann noch in der Philosophie von Teilhard de Chardin. So machen wir uns vielleicht weis, dass wir schon jetzt so etwas haben können, was dann, wie du sagst, viel, viel später tatsächlich kommen würde. Aber das kommt dann nicht in einem technischen, elektromagnetischen Gebiet, sondern als etwas, was wirklich über die Natur hinausgeht. Wenn ich es richtig verstehe, wird auch die Biologie überwunden, aber auf eine andere Weise.'

‚Wir werden in unserem letzten Gespräch noch darüber sprechen', sagte Johannes. ‚Morgen sprechen wir erst einmal über eure ersten Erfahrungen mit dem *Sein des Ich im Denken.*

Während des Mittagessens sagte Raymond zu Els:

‚Manchmal habe ich das Gefühl, dass wir bei einer Gruppe der Zeugen Jehovas gelandet sind...'

‚Wie kommst du jetzt darauf?!', erwiderte Els. ‚Ich habe das Wort ‚Gott' und ‚Bibel' nur gehört, als du davon angefangen hast.'

‚Dann eine Sekte. Sie sagen ‚wir finden dies und wir finden das'...'

‚Ich finde es Unsinn, was du sagst!', sagte Els. ‚Es geht keinerlei Zwang davon aus, sie arbeiten ganz mit dem eigenen Begriffsvermögen, und wenn man mit den Begriffen nicht mit kann oder will, ist es auch in Ordnung.'

‚Das ist schon so...', sagte er. ‚Ich fühle auch, dass es unberechtigter Unwille in mir ist, immer nur an die Aufrichtigkeit dieses ‚Kollegiums' zu glauben und keinerlei Zweifel zu hegen. Es muss dem doch wohl irgendeine Weltanschauung zugrunde liegen? Sie werden doch wohl Teil irgendeiner Gruppierung sein?'

‚Ich dachte', sagte Els, ‚dass du im Internet so zu Hause wärst! Hast du dann nicht nach diesem Institut in den Bergen geschaut?'

‚Ich bin in der halben Stunde, die wir zur Verfügung haben, noch nicht dazu gekommen, weil ich immer wesentlichere Fragen hatte. Aber du hast offenbar also nachgeschaut?'

‚Ich habe nachgeschaut...', sagte sie. ‚Und es ist sehr deutlich, dass diese Menschen auf eine vollkommen selbstständige Weise arbeiten, ausgehend *von der Anthroposophie*.'

‚Bah!', sagte Raymond aus dem Grunde seines Herzens.

‚Weißt du darüber etwas?'

‚Nein, aber das Wort ist ja bekannt und hat natürlich eine bestimmte Aura...'

‚Eine gottlose Person, die über Auren spricht! Du wirst immer interessanter, Raymond! Was diese Herren und die Dame uns in den letzten Tagen erzählt haben, ist einfach die Anthroposophie. Ich erinnere mich sogar, dass das Wort einmal umschrieben wurde, nicht als Name verwendet, aber sehr wohl als Beschreibung dessen, was sie da in die Praxis bringen. Aber sie sind sehr wohl völlig selbstständig, gehören nicht zu einer Vereinigung oder Gesellschaft. Sie sind gleichsam selbst eine Gesellschaft.'

‚Okay... Dann muss ich also ein Anhänger von Rudolf Steiner werden?'

‚Das Kennzeichnende der Anthroposophie ist, dass sie auf der Grundlage der Freiheit steht. Du brauchst also überhaupt nichts. Es wird ganz von dem nach Freiheit strebenden Begriffsvermögen des Menschen ausgegangen. Du willst verstehen, was verständlich ist, oder du wendest dich davon ab, und dann ist es auch gut. Du darfst auch herumirren, du darfst dich irren, du darfst eine Zeitlang ganz anderen Ideen anhängen, du darfst deine Gedanken zu kurz oder zu lang ausführen, du kannst immer wieder zu dem einen Punkt des Denkens zurück, der von Philippe so schön und ausführlich beschrieben wurde. Wenn du das erkennen kannst, erkennst du die Anthroposophie. Was Philippe uns erläutert hat, sind die ursprünglichen Ideen und Entdeckungen von Rudolf Steiner. Das heißt, natürlich auch wieder ausgehend von dem, was davor alles gewesen ist, er kommt nicht als ein völlig auf sich selbst beruhender Erfinder, sondern gründet mit seinem Denken auf dem Denken großer Vorgänger. Nur glaube ich, dass das Erkennen des Ich im Denken sehr wohl besonders der Punkt ist, der von Rudolf Steiner betont wurde. Er zeigt, dass in diesem Punkt ein anderes Wissenschaftsgebiet zur Erscheinung kommen kann – wie Philippe uns das so deutlich erläutert hat.'

‚Also keine Zeugen Jehovas, sondern Anthroposophen. Du hast dich gut informiert! Ich weiß nicht, ob ich das nun so toll finde.'

‚Sie machen kein Geheimnis daraus, dass ihre Arbeit eine Frucht der Anthroposophie ist. Aber sie haben sehr wohl den Anspruch, dass sie diese Anthroposophie weiterentwickeln und dass sie also nicht nur eine Repetiermaschine Steiners sind.'

‚Nun ja…', sagte Raymond, ‚was spielt das auch für eine Rolle! Es geht tatsächlich um die Frage: Hat man daran etwas, kann man hier etwas erkennen, was ein Gegengewicht gegen die Versprechungen der Singularität bietet? Oder ist es ein Luftschloss oder eine Seifenblase? Das werden wir, wie Philippe sagte, jeder für uns finden müssen. Und ich verstehe, dass es nur geht, indem es jeder für sich auch zu tun versucht. Ich bin also voller Erwartung auf heute Abend, wenn wir die Zeit haben werden, dies auch wirklich einmal zu versuchen…'

Sie machten eine Wanderung, aber Raymond hatte wieder Mühe, mit seiner vollen Andacht bei der Natur zu sein, denn er fand es spannend, was er am Abend unternehmen würde…

Als er schließlich auf seinem Stuhl im Schlafzimmer saß, versuchte er, sich an das zu erinnern, was Philippe genau gesagt hatte. Er bedauerte, dass er nicht kurz im Internet nachschauen konnte, wie es war, oder ein Buch aufschlagen konnte, um es noch einmal nachzulesen. Er musste ganz aktiv zu dem zurückkehren, was Philippe gesagt hatte…

Zuerst hatte er das Feststellen des *Seins eines Objekts* außerhalb von einem genannt. Dann hatte er die Aufmerksamkeit nach innen gerichtet und auf die Möglichkeit hingewiesen, im Entfalten des Denkens selbst die eigene Seinssubstanz zu finden. Er nannte das das Ich, das Ich, das die Gedanken entfaltet und miteinander in Verbindung bringt. Da also müsste man ein Erlebnis bekommen können, dass man wirklich da ist, dass es nicht irgendeine Schlussfolgerung aufgrund einer anderen Tatsache ist, durch die man zu dem ‚ich bin' kommt, auch nicht das dumpfe Leibesgefühl, durch das man fortwährend weiß, dass man da ist, denn das entspricht dem Sein eines äußeren Objekts.

Nun musste also ein Punkt gefunden werden, wo das ich sich selbst als sein Wesen erkennt.

Das Nachdenken dieser Gedanken war schon schwer genug, er vermisste den Halt der sinnlichen Realität, obwohl er es an sich gewohnt war, in nicht sinnlich wahrnehmbaren Tatsachen zu denken. Aber obwohl diese Tatsachen, die er zu denken gewohnt war, nicht wahrnehmbar waren, waren sie doch als in der sinnlich wahrnehmbaren Welt existent gedacht. Nun musste er seiner selbst als Denker derart bewusst werden, dass dies ein Seinserleben gab.

Plötzlich erinnerte er sich der Empfehlung, einen Begriff zu nehmen, mit dem man viel arbeitete, aber dessen Bedeutung man eigentlich nicht wirklich kannte – wie den Begriff *Kraft*. Man sollte dann darin standhalten und in diesem Standhalten müsste man gewahr werden, dass man da ist…

Er machte einen Versuch… Er erlebte die unglaublich kräftigen Gedanken, die ihn von seinem Standpunkt ablenken wollten, mit trivialen und weniger trivialen Gedanken.

Sehr kurz gelang es ihm, in diesem Nicht-Wissen, was Kraft war, standzuhalten, und in dieser Kürze erkannte er wieder sein Gefühl, seinen Verstand verloren zu haben. Zugleich fing er einen Hauch von sich selbst als demjenigen auf, der am Ringen war, um nur an Kraft zu denken und zu begreifen, dass er diese eigentlich nicht kannte. Es war so kurzzeitig und so flüchtig, dass er nichts anderes tun konnte, als es noch einmal zu versuchen – und beim zweiten Mal kam nichts zustande.

Einigermaßen mutlos hörte er auf und gesellte sich wieder zu Els. Auch sie hatte kein Resultat erzielt, noch weniger als Raymond. Aber sie sagte:

‚Wir können natürlich nicht erwarten, dass wir, die wir aus einem völlig veräußerlichten Leben kommen, beim ersten Blick auf ein aktives Denken sofort alles finden, was uns versprochen wird. Diese Menschen sind erfahrene Erforscher dieses Gebietes, sie widmen dem ein ganzes Leben, und wir sind Anfänger, allenfalls Lehrlinge.'

Raymond sagte:

‚Es ist ein bisschen peinlich, wenn man drei Studien absolviert hat, cum laude bestanden hat, mit cum laude promoviert hat und gefragt wird, Professor zu werden – und dann hier irgendwo in einen abgelegenen Ort in den Bergen kommt, wo ein paar interessante und beeindruckende Männer und Frauen sitzen, die einen auf das Gebiet hinweisen, das unmittelbar mit der Intelligenz zu tun hat … und man steht mit komplett leeren Händen da.'

‚Du kannst dich auch dafür entscheiden, es nicht so zu sehen. Du kannst auch sagen: Es ist traurig, dass ich nie zuvor jemandem begegnet bin, der mich darauf hingewiesen hat, dass es noch etwas anderes als die äußerliche, sinnlich wahrnehmbare Welt gibt, die von der Wissenschaft so bedrängt wird, dass sie schließlich bis in ihre kleinsten Teilchen ihre Geheimnisse preisgeben muss! Es besteht offenbar ein anderes Gebiet, und dieses Gebiet hängt offensichtlich mit meinem eigenen Leben zusammen, wo in meinem Inneren etwas wirksam ist, was diese ganze wissenschaftliche Entwicklung aus sich hervorbringt, was aber selbst absolut nie angeschaut wird. Das ist doch traurig? Was ist das für eine Welt, die so erschöpfend eine Qualität verwendet, ohne sich je zu fragen, worauf diese Qualität eigentlich beruht?'

‚Doch, das fragen wir uns sehr wohl! Das ist gerade das Human Brain Project, das ist sehr wohl die Sehnsucht, wissen zu wollen, wie die Intelligenz wirkt!'

‚Aber vollkommen äußerlich!', sagte Els. ‚Und man bemerkt, wenn man dann nach innen schaut, dass man sich da nicht einmal aufrechterhalten kann, so wenig Kraft hat man, sich außerhalb des Denkens, das mit den Sinnen wach bleibt, aufrechtzuerhalten. Es ist dann nur natürlich und selbstverständlich, dass wir sozusagen Säuglinge sind, die erst noch eine Amme brauchen, um dann allmählich in dieser völlig vergessenen, unbekannten Welt sein und erkennen zu können.'

‚Das ist echt wieder fantastisch Els!', sagte Raymond.

‚Verspottest du mich jetzt', fragte sie.

‚Nein, ich meine es wirklich… Du hast wirklich eine Veranlagung für die Entwicklung dieser Seite, du passt wirklich zu diesen Menschen da…'

‚Du auch', sagte sie stur.

‚Ich habe mit Hochmut zu kämpfen, meine liebe Els, das weiß ich, und der Hochmut des Intellekts ist ein schwer zu überwindendes Etwas. Aber ich sehe es, und du darfst es mir nicht übel nehmen, wenn ich immer wieder aufsässig werde, denn ich war einen ganz bestimmten Weg gegangen und war auf diesem weit fortgeschritten. Plötzlich erklingt eine Stimme, die sagt: Halte ein auf deinem Weg! Er führt nicht zum Guten, nicht zur Wahrheit, wahrscheinlich nicht einmal zu etwas Schönem! Dann ist alles, was ich getan habe, für nichts und wieder nichts gewesen, ein großer Irrtum.'

‚Nein!', sagte Els entschieden. ‚Denn du hast deine Intelligenz sehr intensiv trainiert, das muss eine Wirkung haben, wenn du dich in das Gebiet der Intelligenz selbst vertiefst.'

‚Nun, mit diesem mageren Ergebnis gehen wir also morgen zu Philippe zurück…'

‚Gestern war ich entmutigt', sagte Raymond zu Philippe. ‚Zwar habe ich sehr kurz etwas von einer Tätigkeit im Denken und vielleicht sogar im *Sein meiner selbst* wahrgenommen, aber so kurz und so flüchtig und so von allen alltäglichen Gedanken und auch widerstrebenden erfüllt, dass ich nicht mehr weitergekommen bin. Als ich heute morgen wach wurde, dachte ich: Ich kann mir doch vorstellen, dass man das Gebiet, was sich mir also kurz gezeigt hat – um dann wieder definitiv in der Unsichtbarkeit zu verschwinden –, in das volle, klare Bewusstsein bringen könnte. Dann könnte man mit einem klaren Selbstbewusstsein denken, dass dadurch auch alles, was man wahrnimmt – ich möchte sagen: an Kraft gewinnt… Aber es ist eine hoffnungsvolle Vorstellung mit immerhin einer Art logischem Untergrund. Ich weiß nicht, ob es eine reale Möglichkeit ist, dass ich je soweit kommen könnte.'

‚Eigentlich darfst du dich das nicht einmal fragen', sagte Philippe.

‚Wenn du einsiehst, dass es wichtig sein könnte, zu versuchen, diesen Punkt immer wieder und wieder ins Bewusstsein zu bringen, ist es eigentlich genug, dass du das dann auch übst. Ein Ziel darfst du eigentlich nicht haben wollen, das Ziel ist die Tätigkeit selbst, und in dieser Tätigkeit liegt das Resultat beschlossen. Es ist wie eine Blume, die sich entfaltet. Alles ist schon in der Knospe angelegt, aber die Entfaltung muss noch folgen...'

‚Ich glaube, dass ich jetzt zuerst selbst auf die Suche gehen muss, auch in den Büchern, die ihr publiziert habt, und im Werk Rudolf Steiners, und dass ich dann, wenn ich darin relativ festen Boden unter den Füßen gefunden habe, vielleicht zu euch zurückkommen darf, um mich belehren zu lassen, wie ich den Weg weitergehen soll.

Ich gehe hier wohl mit einem guten Bild weg. Einerseits die Natur, die sich einem hier so ungeheuer beeindruckend zeigt, im Hintergrund die Wissenschaft, die mit aller Macht versucht, diese Majestät zu verstehen, nachzuahmen und zu verbessern. Andererseits liegt mitten in der Natur eure Wirksamkeit, und diese eröffnet eine ungeahnte Welt, von der ich mir jetzt erst einige armselige Vorstellungen bilden kann. Aber wenn ich euch wahrnehme und erlebe und mit euch spreche und dich verstehe, ist es natürlich nicht so schwer, zumindest *daran* zu sehen, dass es wahr sein muss, was ihr verkündet. Abgesehen von der Tatsache, dass ich es auch selbst einzusehen glaube, verkündet ihr die Existenz einer noch größeren Welt, als es die Natur ist. Ich habe einen ungeahnten Drang in mir, so weit in dieses Gebiet einzudringen, wie es nur möglich ist. Ich kann diesen Besuch bei euch also nicht beiseitelegen und auf die alte Weise weitermachen. Mein Leben hat sich total verändert. Für Els ist das weniger der Fall, wenn ich für sie sprechen darf, denn sie steht eigentlich schon viel mehr in einer solchen Gedanken- und Gefühlswelt. Vielleicht ist das für einen Arzt auch einfacher, weil man immer wieder mit dem Aspekt der Natur konfrontiert wird, der das Menschsein ist. Ich kann also nicht mehr zurück, und ich frage mich, wie es nun weitergeht. Ich glaube, dass ihr uns gegeben habt, was im Moment möglich ist, aber wie geht es weiter?'

Nun ergriff Johannes das Wort und sagte:

‚Ich habe gestern schon etwas darüber gesagt. Du stelltest die Frage, dass doch eigentlich auch bekannt gemacht werden müsse, wie ausgehend von dieser Bewusstwerdung des Ich im Denken ein sehr konkretes Erleben einer Entwicklung entstehen kann, die die Menschheit durchmachen wird und die schließlich – im Laufe von Jahrhunderten und Jahrtausenden – dazu führen wird, dass es für den entwickelten Menschen möglich wird, auf Erden zu leben, ohne durch diesen schweren, materiellen physischen Leib gehindert zu werden, und auch, ohne durch die Erscheinung des Geborenwerdens und Sterbens gehindert zu werden.

Es wäre mir wirklich eine Ehre, Raymond, wenn ich die Gelegenheit bekäme, dir diese Zukunftsanschauung – die also Ähnlichkeit mit der Singularität hat, die aber eine rein geistige Anschauung ist, die zeitlich viel weiter weg liegt – schildern zu können. Ich würde dich dann einladen, einige Wochen an unserem – wie du es nennst – Kollegium teilzunehmen und aufzunehmen, was Philippe und ich diesem Kollegium vortragen möchten. Das wollen wir nun eigentlich nicht mehr tun, ohne dass du und Els dabei anwesend sind.'

Raymond senkte sein Haupt. Er seufzte tief und sagte:

,Woher nur diese Ehre? Dieser Irrende und Zweifler verdient das doch eigentlich überhaupt nicht!'

Johannes widersprach ihm nicht, und Philippe schwieg auch. Es eröffnete sich eine Tiefe zwischen ihnen. Sie ließen diese wirken, bis Johannes wieder das Wort ergriff und sagte:

,Wir, der Meister, Eva, Beato, Philippe, Peter und ich, wir würden es sehr schätzen, wenn ihr kommen wollen würdet, um zu hören und zu verstehen, was Philippe und ich über die Zukunft des Menschen, wenn er nicht mehr an einen physischen Leib gebunden sein wird, vortragen wollen würden.'

Wieder trat eine Stille ein, bis sie von Raymond mit den Worten durchbrochen wurde:

,Gut, nicht wahr, Els? Wir werden da sein!'

Els nickte...

In einem Halbschlaf sah Els wieder das Labyrinth. Es schien überströmt, gewaltige Wogen kamen nach außen, und plötzlich sah sie, wie das tote Ungeheuer, von den Wogen verschluckt, nach außen gespült wurde.

Aber wo war Raymond?

,Hier bin ich!', sagte er. ,Ich bin schon lange draußen. Ich war schon draußen, bevor wir in die Berge kamen, sonst wäre ich in den Bergen überhaupt nicht zurechtgekommen. Du musst wissen, Els, hier läuft die Zeit andersherum... Was Ursache ist, ist Folge, und was Folge ist, ist Ursache.'

Er lag einfach neben ihr im Bett, er schlief, er konnte unmöglich etwas gesagt haben, und doch war er es gewesen, der dies zu ihr gesagt hatte...

13

Sie saßen am Tisch in ihrem Appartement in Amsterdam.

Hier hatte alles begonnen... Hier hatte sie ihr iPhone auf den Tisch gelegt, um aufzunehmen, was er über sein Leben zu sagen hatte. Und obwohl man nicht sagen konnte, dass das Aussprechen selbst Ursache gewesen war, die Folge dessen veränderte ihr Leben völlig.

Wie es genau zusammenhing, konnte man nicht sagen, aber jetzt, wo sie wieder hier saßen, wussten sie beide sicher, dass Raymonds Selbstreflexion der Beginn gewesen war. Er wollte aufschreiben, wie das Leben eines hochbegabten Menschen verlief.

Nun saßen sie wieder hier... Alles war genau dasselbe, und doch war nichts mehr gleich. Sie hatten einen unbeschreiblichen Reichtum bei sich. Vielleicht hatten sie diesen früher auch gehabt, aber nicht bewusst. Darum hatte sich Raymonds Angst, er könne zu Hause in die alten Geleise geraten, unbegründet erwiesen. Der Unterricht da oben in den Bergen war so intensiv gewesen, dass es war, als seien sie getauft und hätten einen neuen Lebensimpuls empfangen.

Eine religiöse Stimmung war nicht da, oder vielleicht hatten sie eine einseitige Vorstellung davon...

Sie saßen zusammen am Tisch, um einen Text für die Einladung zu ihrer Hochzeit zu formulieren. Auch das war eine Umkehr in ihrem Leben – das hatte er nie erwartet, dass eine Hochzeit zustandekommen würde.

Als sie fertig waren, sagte Els:

‚Wie machen wir jetzt weiter mit dem, was wir da in den Bergen aufgenommen haben? Wir sind hier schließlich ganz allein.'

‚Eines ist deutlich', sagte Raymond. ‚Ich werde mich nicht irgendeiner Vereinigung anschließen. Die Verbindung mit dieser Gruppe da in den Bergen muss reichen, und wir haben schließlich schon wieder eine Verabredung für diesen Sommer. In den kommenden zwei Monaten will ich selbst intensiv studieren und das Denken nach dem Beispiel, das Philippe gegeben hat, üben. Ich muss sagen, dass ich dazu auch wirklich Lust habe, weil es etwas ist, was ganz neu ist und dem man sich mit einer Art kindlichem Enthusiasmus wieder ganz hingeben kann.

Wir haben einander... Die Zwei muss reichen, das ist doch etwas ganz anderes, als wenn man allein ist. Wir können alles, was wir erleben, miteinander besprechen, wir sind schließlich, das ist ja wohl deutlich, auf diesem Gebiet auch echte Partner.'

‚Ich hoffe nur, dass auch ich die Energie dafür finde...', sagte Els. ‚Du hast jetzt einige Monate Ruhe, um dich auf deine neue Aufgabe vorzubereiten, da kannst du dies sehr gut einfügen. Aber meine Arbeit mit den Patienten geht weiter.'

‚Es scheint mir sehr gut', sagte Raymond, ‚gerade gegen all diese Widerstände dennoch zu versuchen, dieses innere Gebiet freizulegen. Denn es ist schließlich ein gewaltiger Widerstand, das Erdendasein. Das Gehirn, der Blutkreislauf, die Organe, alles steht im Weg. Und das alles wird eigentlich mehr gewürdigt als das, was das eigentliche Gebiet der menschlichen Intelligenz ist, die also offenbar funktionieren kann, ohne von all diesen Milliarden Neuronen und Synapsen und so Gebrauch zu machen. Das war zuerst mein Forschungsgebiet, mit dem ich so unglaublich froh war. Das Gehirn muss jetzt mit aller Kraft vergessen werden, durchstrahlt werden... Mit jedem Tag wächst mein Interesse dafür, mit jedem Tag fühle ich auch, dass das ein gewaltiges Unterfangen ist.'

Els sagte:

‚Du hast dich sogar äußerlich verändert, Raymond. Du warst so eine Art intellektuelle Klinge... Nun beginnst du, etwas massiver zu werden, nicht dicker, sondern du beginnst, mehr Männern wie Philippe und Johannes zu ähneln, bei denen es natürlich auch nicht der Leibesumfang ist, der Eindruck macht, denn sie sind beide schlank. Aber eine bestimmte Willenskraft, die im Intellektuellen, ich will mal sagen: von all diesen Synapsen verschlungen wird, wird nun bis in deine Gestalt, dein Auftreten deutlich.'

‚Das scheint mir nicht schlecht für einen angehenden Professor...', lächelte Raymond. ‚Ich habe mich immer als den Gescheitesten empfunden, aber sicher nicht als den Stärksten.'

‚Wir wollen gegenüber unseren Freunden vorläufig noch schweigen, Raymond, bis vielleicht einmal der Moment kommt, wo das andere Gebiet stark genug ist. Sonst fürchte ich, dass wir durch Argument und Gegenargument unsere aufblühende Kraft selbst zertreten.'

‚Dann bleiben wir einfach zu zweit und holen uns ab und zu Nahrung in den Bergen... ‚Was kann der Mensch im Leben mehr gewinnen, als dass sich Gott-Natur ihm offenbare. Wie sie das Feste lässt zu Geist verrinnen, wie sie das Geisterzeugte fest bewahre.'* Ich sehe nun, dass ich in all meinem Wissensdrang immer nach dieser Offenbarung in der Natur gesucht habe. Aber weil man dieses andere Denken nicht kennt, kennt man auch Gott nicht und weiß nicht einmal, dass man ihn sucht.'

‚Wir wollen ihn suchen!', sagte Els.

---

* Goethe, Bei Betrachtung von Schillers Schädel, Gedichte, 1826.

Literatur

Ray Kurzweil, Die Singularität ist nah, Menschheit 2.0, Lola Books 2013

Ray Kurzweil, Interview auf Instapundit.com, 2005

Pierre Teilhard de Chardin, Der Mensch im Kosmos, Beck 1959

Pierre Teilhard de Chardin, Sinn und Ziel der Evolution, Shaker Media 2010

Marsilio Ficino, Über die Liebe oder Platons Gastmahl. Felix Meiner Verlag 2014

Joel Frohlich, Reverse Engineering the Brain, psychologytoday.com

The Human Brain Project, humanbrainproject.eu

The Blue Brain Project, bluebrain.epfl.ch

Singularity University, SU.org

Robert A. Freitas jr., Nanomedicine, nanomedicine.com

Kevin Warwick, kevinwarwick.com und Videos auf YouTube

Rudolf Steiner, Philosophie und Anthroposophie, Gesamtausgabe Band 35